高职
大学语文教学改革与创新

邹佩佚 著

辽海出版社

图书出版编目（CIP）数据

高职大学语文教学改革与创新 / 邹佩佚著. -- 沈阳：辽海出版社，2018.3
ISBN 978-7-5451-4686-8

Ⅰ.①高… Ⅱ.①邹… Ⅲ.①大学语文课－教学研究－高等职业教育 Ⅳ.①H193

中国版本图书馆 CIP 数据核字(2018)第 005548 号

责任编辑：丁　凡　高东妮
责任校对：丁　雁

北方联合出版传媒（集团）股份有限公司
辽海出版社出版发行
（辽宁省沈阳市和平区十一纬路 25 号 辽海出版社　邮政编码：110003）
北京市天河印刷厂印刷　　　全国新华书店经销
开本：710mm×1000mm　1/16　印张：15.5　字数：220 千字
2020 年 1 月第 1 版　2020 年 1 月第 1 次印刷
定价：60.00 元

前言

近年来，随着高职教育的发展，高职教育已占据了高等教育的半壁江山，成为高等教育事业的重要生力军，而着力提升高职教育质量已成为高职教育可持续发展的重中之重。要提高高职院校的人才培养质量，在加强技能培养的同时，还必须引导学生学习和吸收人类社会的优秀文化成果，优化学生的知识结构，提高学生的综合素质。也就是说，要把专业技能培养和人文素质教育有机结合起来，培养出能做事、会做人，能独立思考，勇于坚持真理和正义的和谐发展的人。而能力的提升，知识的传授，都必须以学生为主体，只有当外部的教育与学生主体的需求相一致，且学生对外部教育影响的内容与形式有着浓厚兴趣，表现出积极的情感、态度时，学生才能积极主动地接受教育影响，储存知识，提升能力素养。大学语文浓缩了中华五千年文明的精华，最具综合性、基础性。它丰富的文化底蕴和人文内涵，影响着一代又一代人。在高职院校开设大学语文课程，不仅可以增强大学生的人文知识和人文精神，而且可以使高职大学生具备明确的社会责任感和道德使命感，具备明晰的科学理论和创新能力。但目前的高职大学语文教育研究与教学活动却是个比较薄弱的环节，严重影响了高职院校对于学生人文素养的有效培养。

本书对现阶段高职院校大学语文教学的相关问题做了详细的研究，内容主要包括高职大学语文教学的内涵、发展历程、发展现状及趋势等等。其次，本书对高职大学语文教学的课程定位、有效性以及高职大学语文教学与传统文化的传承、人文素质教育问题做了研究。然后，本书对高职大学语文阅读和写作教学的改革与创新问题做了探讨，并选择性地介绍了高职大学语文教学的典型模式，如互动式、情境式、项目式等。最后，主要对高职大学语文教学改革与创新的总体战略问题做了分析。

本书由重庆工业职业技术学院邹佩佚所著，由于笔者时间与精力有限，书中难免存在不足之处，敬请各位读者与同行批评指正。

目 录

第一章 概述 ... 1
第一节 高职大学语文教学的内涵 ... 1
第二节 高职大学语文教育发展历程 ... 7
第三节 高职大学语文教学存在的问题及原因分析 ... 12
第四节 高职大学语文教学的功能与发展趋势 ... 19

第二章 高职大学语文教学的课程定位及有效性 ... 27
第一节 高职大学语文教学课程定位内涵 ... 27
第二节 高职大学语文教学课程定位的路径 ... 32
第三节 高职大学语文教学有效性简述 ... 39
第四节 提升高职大学语文教学有效性的措施 ... 46

第三章 高职大学语文教学中的人文素质教育 ... 53
第一节 高职院校人文素质教育内涵及现状 ... 53
第二节 高职大学语文在人文素质培养方面的功能 ... 59
第三节 高职大学语文教学实施人文素质教育的可行性 ... 65
第四节 高职大学语文教学中人文素质教育的措施 ... 71

第四章 高职大学语文教学与传统文化的传承 ... 79
第一节 高职大学语文教学与传统文化的关联 ... 79
第二节 传统文化传承视野下高职大学语文教学的改革 ... 85
第三节 高职大学语文教学中传承传统文化的策略 ... 91

第五章 高职大学语文阅读教学改革与创新 99
第一节 高职大学语文阅读教学的现状 99
第二节 高职大学语文阅读教学的模式创新 104
第三节 高职大学语文阅读教学改革与创新策略 111

第六章 高职大学语文写作教学改革与创新 117
第一节 高职大学语文写作教学的缺失及存在的问题 117
第二节 高职大学语文应用文写作教学的改革与创新 122
第三节 高职大学语文写作教学改革与创新策略 128

第七章 高职大学语文互动教学模式 135
第一节 互动教学模式概述 135
第二节 高职大学语文互动教学概述 141
第三节 高职大学语文互动教学模式的实践 146
第四节 合作学习在高职大学语文互动教学中的应用 151

第八章 高职大学语文情境教学模式 159
第一节 情境教学模式简述 159
第二节 情境教学在高职大学语文课堂中的效果 165
第三节 大学语文"读研写演"生态情景教学模式 171

第九章 高职大学语文项目教学模式 177
第一节 项目教学模式概述 177
第二节 高职大学语文项目教学的实施 184
第三节 高职大学语文项目教学策略 191

第十章 高职大学语文教学改革与创新的总体战略......**199**
 第一节 改进高职大学语文教学的管理方式...................... 199
 第二节 加强高职院校大学语文课程建设........................ 205
 第三节 网络环境下高职大学语文教学改革........................ 211
 第四节 改善高职大学语文教学方法和手段........................ 217
 第五节 改变高职大学语文考核模式............................ 223

参考文献..**231**

第一章 概述

第一节 高职大学语文教学的内涵

一、高职院校

（一）高职院校概念

高职院校即高等职业院校。它的办学宗旨是培养具有一定管理经验的技术型人才，而不侧重于输送高级科研人才，在教学方面更加突出实践操作能力，要求学生动手能力一定要强。高职院校是高等教育的重要类型，也是中国职业教育的重要组成部分，担负着培养面向生产、建设、服务、管理第一线需要的高技能、应用型专门人才的使命。

根据教育部相关规定，从 20 世纪末起非师范、非医学、非公安类的专科层次全日制普通高等学校应该逐步规范校名后缀为"职业技术学院"或"职业学院"，而师范、医学、公安类的专科层次全日制普通高等学校则应规范校名后缀为"高等专科学校"。"职业技术学院"或"职业学院"是高职院校的特有校名后缀。在中国，高等职业教育主要包括本科和专科两个学历教育层次。

（二）高职院校的战略地位

高职教育是我国高等教育事业当中一个非常重要的形式，担负着为经济社会的发展输送高级技能型人才与应用型人才的重要任务，其在我国高等教育活动中的重要地位是毋庸置疑的，在我国的高等教育发展中发挥着非常重要的作用。

当前形势下，我国政府大力发展高等职业教育的战略决策，为社会经济发展以及实现高等教育大众化做出了非常突出的贡献，随着我国经济的快速发展，高职教育也同时实现了自身规模上的快速发展。

在我国的高职教育规模跨越式发展的过程中，政府提出了高职教育人才培养模式适时转型的一系列指导思想，明确了高职教育要培养高级应用型人才的教学目标，这一高职院校的人才培养目标，使得高职教育既注重基础性理论知识的传授，比以往更加侧重实践知识的要求，强化学生的实际工作能力，为社会培养实用型人才，进而让高职院校与社会上广大企业之间的联系更加紧密，扩大了人民群众接受高等教育的机会，推动了教育公平和区域统筹乃至整个社会的和谐发展。职业教育并列三大战略重点职业教育在法律上被确认为国家教育事业的重要组成部分。

二、大学语文的内涵

"大学语文"的核心作用在于通过文学、哲学、宗教等的研究，从中阐释并领悟出人文思想的闪光点。大学语文作为一门体系科学，既不是上述三者的简单介绍，也不仅仅局限于语言自身功能的"完美展示"，而是从"人"的本质角度来体会"人是什么"，人与人之间、人与社会之间以及人与自然之间所具有的关系。

所以，大学语文的课程设置目的就是对这些问题进行一次比较系统性的阐述。但是，由于"人"、社会以及自然环境具有一定的动态复杂性，使得我们不能够仅仅依靠"大学语文"来完成对物质世界的认识。因此，有学者在经过研究以后把"大学语文"在功能方面的内容总结为了"人文性、职业性、母语性"三点。

如果我们以高职院校的学生作为主要的研究对象，以"大学语文"教材作为主要的探讨载体，那么"人文性、职业性、母语性"就足以概括其功能了。以此为基点，我们就能够把"大学语文"的功能细化为以下几个方面：

第一，以市场为导向，以就业为目的，培养专业的语言技能和应用能力；

第二，培养接受个体的情感想象、情趣智力能力；

第三，弘扬人文精神，培养过硬的人文思想和道德精神素养；

第四，进行系统化的审美教育，提高学生的审美意识和审美能力；

第五，培养学生的创新精神、创新意识，以及实践创新能力。

三、大学文学教育的要旨

（一）构筑文学的人生审美意境

提起"文学"，人们通常会将其与"语文"联系起来。诚然，文学与语文有着密切关系，却是两个不同的概念。与语文教学相比，文学教育更侧重于关注人自身的价值追求、生命的意义等终极人文关怀。注重从"文学"与"人生"的关系层面，为大学生构筑通向人生宽广纵深的认识审美领域，对学生进行人文情怀的启迪教育，培养出有思想、有高尚情操和社会责任感的人。从这点上讲，大学文学教育的目标与培育"大学精神"是不谋而合的。

所谓"大学精神"，可以概括为"创造精神""批判精神"和"社会关怀精神"，这些精神都是包涵于人文精神之中的。大学文学教育的使命重在培育"人文精神"，使大学生成为人格完善的，具有创新能力和社会责任感的人。

（二）让文学成为我们认识人生和世界的情感纬度

众所周知，文学就是人学，文学与人生有着天然的血缘关系。文学以其丰富的情感、深刻的人生哲理提供我们认识大千世界，包括认识人类自身情感的纬度。

当代大学生的生活经历比较单纯，缺乏足够的社会实践经历和人生阅历。大学文学教育应通过引导学生对经典文学作品进行开放式的阅读，使学生体会到人世的沧桑、历史的苍茫，以及大千世界的奥秘。

（三）让文学帮助我们超越现实物质层面，追求终极人文关怀

追寻生命的存在价值，或曰终极人文关怀，是人文精神中最核心的东西，也是大学文学教育的目标之一。

"终极关怀"是人类对世界、对人生中那些最根本、最基础的东西的关心和关注，是人类形而上的精神追求。它首先体现在人类对生存"困境"的思考。人类进入现代社会之后，工业文明和现代化又给人类添加了新的生存困境，诸如生存的焦虑、人性的异化等"现代困境"。即便科学技术发展迅猛，仍不能解决人类生存的各种危机，反而进一步加大了人与自然，人与人，人

与自我之间的矛盾。

只要有人类社会存在，生存的困境就永远不会消失。文学虽然不能提供解决上述问题的答案，却能赋予有限的生命以无限的意义支持。对于当代的大学生而言，踏上社会之后会面临各种各样的挫折、困惑和烦恼，面对生活的风风雨雨，如果没有良好的心态和充分的心理准备，随时会因心理失衡而陷入心理危机。

因此，进行文学教育，让我们学会超越现实物质层面，诗意地理解人生，自觉追求精神领域的高尚情怀。

（四）让我们从文学中汲取批判精神，成为有思想、有社会责任感的人

一个民主和自由的社会需要有责任感和具有批判精神的公民，他们意识到有必要经常审视我们生活的这个世界，让这个世界向我们向往的世界靠拢。可以说，没有文学，批判精神就必不可免地减弱，而这一精神是历史变化的动力和民族进步的最佳守护神。

凡是优秀的文学都会对我们生活的这个世界提出彻底的质问，文学为不驯服的精神提供营养，文学传播不妥协精神。

我们所崇尚的"大学精神"也是以"批判精神"和"社会关怀精神"为内核的。批判精神的来源，正是出于对"公平""正义""理性"等人类基本原则的信仰和追求。因此，大学的文学教育，应当使大学生从文学中汲取批判精神的养分，成为有思想、有理性、有社会责任感的人。

四、高职院校大学语文的重要作用

（一）增强交际能力，培养学生的终身学习能力

人在社会上生存，随时随地都要表达自己的思想；任何科学的发明与创造，都必须借助于语言进行描述，必须借助语言这一载体进行记录、推广和应用。这就是说，语言的运用能力对于生活、学习和工作都极为重要。不但如此，说和写的能力，还决定着人际交往的质量以及与人合作的成败。开设好大学语文课，强化学生的语言运用能力，是大学教育极为重要的一项任务。

终身学习能力是每个人一生当中最为重要的一种能力。再好的大学也不可能教给学生一生中要用到的全部知识，更不可能培养好学生一生当中所需要的所有能力。尤其是知识更新速度的加快，新技术层出不穷，终身学习能力对理工科大学生来说显得更加重要。

学习能力的核心是语言的感受、理解能力、表达能力和思维能力。大学语文课在这些能力培养方面的巨大作用是任何一门课程都无法替代的。从这个意义上讲，每一个理工科大学都要开好大学语文课。

（二）丰富人文知识，提高人文素养

人文教育说简单了就是人文学科的教育，包括语言教育、文学教育、历史教育、哲学教育、艺术教育、道德教育等内容。大学语文课不仅包容了这一切，而且赋予其更加博大的内涵和更为生动的形式。如：本书中所选的《洛神赋》《千字文》等，渗透了丰富的历史知识；诗歌《题西林壁》《登高》等都蕴含着哲理；《论语》《老子》《孟子》《增广贤文》等无一不是绝好的道德教育素材。大学语文课是大学里最好的人文课程。

开好大学语文课不但能够丰富学生的人文知识，而且可以大大提高学生的人文素养。

（三）突破思维定式，提升创造力

人最关键的能力是创造能力和创新能力，形象思维能力是创造力的核心。汉字是象形文字，汉语言是极易唤起人的形象思维活动的语言，是一种词、句都富有形象暗示的语言；文学作品是形象思维的产物。因此，学习汉语言和文学，可以大大丰富人的想象力，增强人的形象思维能力，改善人的思维品质，提升人的创造力。鲁班由带刺的草叶展开联想发明了锯，航空学家由于蜻蜓展开而联想发明了飞机，电子学家由蝙蝠展开联想发明了雷达……无数科学事实证明：形象思维是科学家获得创造灵感的主要方式。

从这个意义上讲，大学语文课是一门思维能力培养课，是一门创造潜能开发课，是一门创新能力培养课。仅仅从语言和文学的角度来看大学语文课，是一种狭隘和浅薄的表现。

（四）看到人和人格的力量

文学是人类灵魂的净化剂，能够剔除人内心的一切私欲和杂念，使人变得纯洁而高尚；文学可以在人的心灵深处播下善良的种子，可以唤醒人的良知，唤起人向善的意识；文学可以使人富有同情心、宽容心、仁爱心，使人感情丰富、疾恶如仇。一位盲人乞丐在路边乞讨，前面立着一块牌子，写着：我是盲人。但是没有几个人给钱。一位诗人见此情景，悄悄走过去改成"春天来了，而我什么也看不见。"路人纷纷捐钱给他。文学能够使人心胸宽广，志向远大。屈原的忧国忧民、范仲淹的"先天下之忧而忧"、朱自清在贫病交加中拒领美国的面粉，这些都说明文学对人的巨大影响。政治说教是苍白无力的，文学的影响却是深入人心的，大学语文课在大学生人格塑造方面的巨大作用是任何一门课程都无法替代的。

（五）唤起美感体验，提高审美鉴赏力

人一旦感受不到生活的乐趣，就会失去生活的勇气和信心。文学可以丰富人的内心世界，提高人的文学素养，培养人的生活情趣。文学是生活的审美反映，文学作品中的形象和意境极易唤起人的美感体验，使人获得强烈的美感享受，在潜移默化中提高人的审美鉴赏力，使人的思想充满活力。开好大学语文课，可以提高学生的文学素养，使他们的人生更充实，生活更快乐。

五、大学语文学习的意义

语文是我们语言表达的主要方式之一，它包含了我们日常生活的交际能力，阅读能力，也包括对中国历史文化的深刻认识以及对世界的影响等。语文学习的真正意义所在就是让一个人的文学素养与道德品质不断得以提高，符合一个现代大学生应该具有的标准。

大学语文学习是我们对前几十年语文学习的继承和发展，我们中学所学的语文基本上是课本上的语文，而大学语文则能够指引给我们一种生活作风、知识的延伸以及人文素养的提高。语文在大学教育当中不仅是让学生领悟到书本上的东西，更要使一个现代大学生了解其语文学习的内涵所在。我们学

习语文最基础的就是懂得鉴赏一篇文章的文学性、艺术性、创新性和深刻的人生哲理。学习大学语文，就是让我们在阅读过中外名人写的文章之后，可以从他们个人的世界观与价值观中得到启发，从中提取出精华的一部分，作用于自己的生活和学习、道德和情操等，进而使我们终身受益。

学好语文，可以使我们更加深刻的认识世界，而大学语文，更加注重人文素养的培养。人文素养的培养也在于对我们内心深处人格灵魂的提升，对于生活中的事情具有一个正确的指引方向，也就是我们所说的做人道理。语文学习是我们交流的重要基础，一个人的语文能力达到较高水平以后，所说的话与所做的事才能具有更大范围的提升，学习语文不单单是认识书本上文章的字里行间，更在于我们用自己头脑去思考，用自己的心灵去感受。认知语文是内在的，而表面的语文学习往往是最肤浅的。学习了语文这一门学科，可以将其活灵活现的运用到实际生活当中去，能够发表自己的感慨写出一篇文艺性强的文章，能够在一定的场合下表达出自己最恰当的看法。一个语文学习者如果能够做到这些，也就具有了一定的水平。

我们在大学学习的语文是以前十几年学习语文这门课程的升华，大学语文对课本上的知识进行了一个射线式的延伸，带给我们的是更多做人较高修养和内心较高素质的培养。大学语文的学习能够帮助我们达到更高的人生理想境界，提高我们的综合素质。

学习大学语文对我们大学生来说是尤为重要的，只有学好了语文这一门基础学科，那么对我们自己的认识能力才有更大的延伸，对我们自身素质才有更好地提高，对我们整个人生来说都是受益匪浅的。

第二节 高职大学语文教育发展历程

一、大学语文的初始时期

在我国的大学教育中，很早就开设了"大学语文"这门公共基础学科，最早可以追溯到20世纪初民国时期，当时叫"大一国文"，这一称谓一直延续到 1949 年。现在台湾地区仍然沿袭"大一国文"的称谓。故可以说大学语文学科的开设几乎是与中国现代教育的发展同步进行的。

20 世纪初，我国现代高等教育刚刚诞生，北京大学的前身——京师大学堂等学校就在预科开设"经学""诸子""词章"与"作文"等课程，后又经历 1913 年、1938 年、1943 年几次变更，国文成为在大学一年级开设的必修课——大一国文，并有了黎锦熙、朱自清等主编的《大学国文选》教材。最初的"大一国文"是新文化运动的副产品。

一方面，新文化运动冲击了古汉语教学，年轻人不愿意读文言文。但一些教育家认识到，中国的现代化不应该弃绝自己的传统："中国人虽然需要现代化，但总是我们中国人在现代化，得先知道自己才成；而这在现时还得借助于文言或古书。"因此，有必要补上文言文的欠缺。

另一方面，新文化运动提倡白话文带来了白话文的流行，但白话文学习过程中有只求快、只求了解文章大意的弊端，针对这一弊端又增添了白话文的佳作。在弥补文言文和增补白话文这两方面，国文的开设，有助于学生提高理解文字和运用文字的能力，故当京师大学堂更名为北京大学时，就规定在预科开设国文课。到 20 世纪 30 年代，全国的大学基本上都在大学一年级开设国文课，故称为"大一国文"，当时讲授国文课的教师，大多是一些知名的专家学者，如冰心、沈从文、闻一多、游国恩等。

在解放初的几年里，这门学科又被改为"现代文选及习作"，但仍是一门公共基础课。作为一门公共人文基础学科，建国前，我国各综合大学已普遍开设，作为非中文专业一年级大学生必修。但当时课时数、教材等不统一，也不可能统一。教学内容多由教学者自选，写成讲义散发。无论是讲授文言文还是白话文，着眼点都在"语言文字"上。这便是"大学语文"的前身。

二、大学语文断续发展时期

新中国成立后，从中学到大学，凡"国文"都改为"语文"，才有"大学语文"之名。新中国成立之初，我国一些综合性大学开设有大学语文学科，有郭绍虞、章靳以两教授所编的教材。

（一）低潮期

1952年，由于受苏联教育模式的影响，我国教育体制进行了院系调整，将原有的文、理、工、农、法、商、医等学科融合发展的一些综合性大学拆散，成立许多单科性的院校。大学语文这门课也随着这一剧烈变化，不仅在理、工、农、医、法、商等单科院校里不再开设，连在保存下来的多数文理合校的院系里也了无踪迹。持续了40多年的国文学科被迫取消。这一中断，再加上"文革"，这门原是当时高校里仅有的可以起到文理渗透、文化与科技交融作用，能起到培养大学生人文精神，营造大学里文化氛围的基础学科中断了20余年。

大学语文教育的中断，使高校正常的民族文化素质教育与专业知识教育严重脱节，人文教育成了一片荒漠，这严重违背了教育规律，造成了严重的后果，使我国在人才培养上走了不少弯路。

（二）复起期

20世纪70年代恢复高考制度的时候，流行"学好数理化，走遍天下都不怕"的口号，重理轻文的倾向非常严重。苏步青（时任复旦大学校长）等老一辈科学家、教育家提出要给理工科学生补语文课，并呼吁重新开设大学语文课。1978年秋，时任南京大学校长匡亚明教授与华东师大徐中玉教授联合倡议，在高校恢复开设"大学语文"学科，并在南大付诸实施，此举得到了数十所大学的响应。经教育部批准，中断了近三十年的"大学语文"学科得以开设。

这一举措对大学语文的复起具有重要意义。紧随其后，我国的许多大学都相继恢复开设了大学语文，并逐年增加，风气日炽。但当时的"大学语文"其基本性质还是"工具"课，目的在于提高理工科学生语言文字的阅读、理解、表达能力，为学好专业课服务。从现在看，这一目的起点较低，但它在特定的历史时期及时起到了"反拨"的作用，从而确立了"大学语文"学科在我国高校学科体系中的一席之地，为其后来的发展奠定了基础。

三、大学语文的"高潮"时期

大学语文课程自重启之后,在相关学者以及相关机构的大力推动之下,出现了一段短暂的"高潮"时期。这一时期一直持续到20世纪的80年代末。在全国语文研究会等的强力推动之下以及著名文科类院校的示范下,大学语文的地位得以空前提高,大有遵循课程自身的发展规律以"摆脱附属、自成体系"的大趋势。

与此同时,一些以理工类课程专长的院校也开始着手增设以大学语文为核心的社科类课程,甚至于在全国自学考试当中把大学语文设置为必考科目。在国家相关部门颁布的《高等自学考试大学语文考试大纲》以及《大学语文课程统一考试命题试行大纲》当中也把大学语文列为考试科目。

四、大学语文的"低潮"阶段

自大学语文重启之后,经历了短暂的高潮时期,随后又步入了低潮期,遇到了"瓶颈",究其原因,主要包括以下几个方面:一是教育管理模式比较落后;二是受到市场经济发展与社会就业压力的"双面夹击";三是社会风气与道德日渐滑坡。

教育管理模式落后主要指的是教育方法、管理理念不能够突破固有的束缚,"已有的改革"只是进行表面的局部改良而已。我国的职业教育起步相对来说比较晚,起点也较低,尤其是相对成熟的经验严重不足,教育理念的更新基本上都是借鉴国外,语文教学理论更是从零开始,从头做起。

现代社会,经济高速发展,物质生活得以极大丰富,民众的观念也是日新月异,特别是信息技术的不断发展,为人们了解世界、与他人进行交流提供了良好的平台。这种社会现状,一方面使得社会分工越来越细,传统的一、二产业所占比重越来越小,而新兴的第三产业逐渐担负起拉动经济的重要责任。由此派生出了很多职业,为毕业生就业提供了大量的机会;另一方面高校扩招,大量毕业生流入社会,而提供的岗位虽然与之前相比较而言有所增加,但毕竟绝对数有限,造成"千军万马过独木桥"的局面。不管是学校,还是家长、学生,始终坚信"狭路相逢有技者胜",所以在现实中依然注重技术能力的培养,而缺乏人文理念的熏陶。

五、大学语文课程的缓步发展期

当今社会中,很多人会想问,大学语文究竟能给我们什么?短时期来看好像什么都给不了。尤其在讲究功利性与实效化的今天,出现了诸如大学语文"无用论",大学语文"难学""无效""费时费力"等观点,所以就不必学,自然也就不用教了,学生厌学——教师难教——相关领导也就认为大学语文课程可有可无、可开可不开了。逐渐地,大学语文课程教育的边缘化问题引起了人们的警觉和广泛关注。

1993年6月,全国大学语文研究会第五届会议在武汉召开,很多的与会者都对大学语文课程的现状表示出了深深的忧虑。大学语文课程要摆脱危机感、要适应新形势、要寻求自由发展的道路,但是,高等教育中重实用、轻基础、急功近利的思潮严重影响到了大学语文课程的改革。作为高等教育的一个重要组成部分,大学语文课程有其自身的发展特点与规律,这些特点和规律决定了其在高等教育中的职能和地位,也决定了课程改革的重要方向和目标。

所以,加强大学语文课程的学科理论以及教学实践研究就成为目前课程改革的当务之急了。

首先,应当明确大学语文课程的性质和任务,明确大学语文课程的目的——我们为什么要教授大学语文这门课程,学校开设这门课程要达到一个什么样的目的,大学语文课程在高等教育活动中担负了什么样的任务?

其次,我们要明确大学语文课程的主要内容。大学语文课程的教师到底应该教什么,学生又应该学什么。

第三,要改革教学方法、教学手段。也就是要明确"我们怎样才能最好最快的达成本课程的教学目标。"

1997年，国家第三次对本科专业进行了结构性的调整，主要是改变过去"专业对口"的观念，重点明确知识、能力、素质，全面发展、共同提高"的人才观，使高等教育更加注重扎实的基础、宽广的知识面以及分析问题与解决问题的能力，进而快速提升学生的综合素质，最终构建起"传授知识""培养能力""提高素质"三位一体的多样化的人才培养模式。这样的教育改革背景，就给大学语文课程的发展提供了一个非常有利的环境，当然，这更是大学语文课程得以脱胎换骨的重要契机。大学语文是完成"全面提高学生知识、能力、素养"任务的最有效与最合适的课程。学好本国的语言文字、了解本民族的文化传统既是学好其他专业课程的基础，也是学生日后走上社会能够安身立命的必要条件。

目前，教育界对于大学语文的教学目的、课程任务、课程内容的认识还不是很一致，课程设置依旧处于一种自发的状态，任意性很大。很多高校仍然是根据各自的理解来组织教学，关于教学方法、教学手段、考核方式等方面也还没有具有比较明显实效的研究结果。多年以来，大学语文也始终没有能够获得如政治、外语、体育等公共课程那样权威的法定地位。不过，让人欣喜的是，依然有很多的有识之士没有放弃对大学语文课程在理论和教学体系等各个方面的深入研究与探索，有关大学语文课程的各级研讨会还在不断召开，大学语文课程的新教材更是层出不穷，大学语文教育进入了一个缓步发展的阶段。

第三节 高职大学语文教学存在的问题及原因分析

一、高职大学语文教学现状

（一）师生对语文学习态度淡然

所谓学习语文，就是对汉语系统化进行学习。常言道，态度决定一切，恶劣的学习态度是大学语文教学不能获得良好成效的罪魁祸首。在高职学习阶段，大学语文在多数情况下只是被当作选修课纳入教学范围，即使将语文作为必修课，其考核方式也很容易就能够通过，导致很多学生在日常学习中都把学习重点放在了专业课以及数学、英语等学科上面。

如果在高职自习室徘徊几次，恐怕很难找到正在学习语文的学生。而在实际的教学活动之中，不但学生对语文持漠视的态度，甚至连语文老师也会偶尔将时间腾出来与学生展开其他方面内容的探讨，语文教学的意义并没有被真正体现出来。

语文成绩的提升是建立在长期积累的基础之上的，有别于理科性质的学科，语文通常很难在短时间内获得长足进步，所以其就被盖上了"学不学都一样"的帽子，学了未必能够得到提升，不学反正不会下降很多，学生和教师对语文漠然的态度是致使大学语文教学效率低下的重要原因。

（二）高职语文是传统语文教学的延伸

语文教学模式并没有随着年代的改变而发生太大的变化，与其他学科有所不同，语文教学的开放性更强，学生觉得即便偶尔走神也并不会影响到后面知识的学习。教师觉得语文教学方法没有多少能够改进的地方，万变不离其宗。错误的观念导致错误的教学方法延续下去，也因此埋没了很多的可造之才。高职学生都经历过中学学习，中学生时期本是接受知识洗礼与思想升华的好年纪，但是传统教育将这一群青少年活生生的限制在了思想的牢笼之中，被迫接受填鸭式教育，错过了提升思想的最佳时段。

而所有中学生的目标只有一个，那就是在单一的考核制度期末考试中取得理想的成绩，不得不说，需求决定供给，应试教育最终培养出一批考试机器。到了高职学校之后，这种观念不但没有消失反而呈现出愈演愈烈的趋势。

（三）开课学时不统一，各自为政

目前，大学语文在各高职院校的开课时间基本集中在第一学年，通常只开设一个学期，学分是 2 分。当然，也有极少数学校会坚持开设两个学期及以上。

近些年来，大学语文的课时与学分一直处于被压缩的状况之下。在很多高职院校中，这一课程被应用文写作完全取代。应用文写作是一门以工具性为主导的课程，其并不能够取代语文课人文性的功能。学时少、学分低，导致大学语文课基本上被边缘化，大学语文教师也几乎沦为了学校当中最无足轻重的角色。语文课所受的重视比不上专业课，比不上英文课，也比不上同为基础课程的思政课和体育课。

（四）教学目的众说纷纭

1912年成立的"大一国文委员会"就大学语文的教学目标提出了四点主要内容："在了解方面，养成阅读古今专科书籍之能力；在发表方面，能做通顺而无不合文法之文字；在欣赏方面，能欣赏本国古今文学之代表作品；在修养方面，培养高尚人格，发挥民族精神，养成爱国家、爱民族、爱人类之观念。"

1978年，南京大学重新开设这门课程的目的也提出了四点：一是提升大学生汉语水平与运用能力；二是传承传统文化精髓；三是提升精神文明；四是在改革开放的时代背景下，用中国优秀的传统文化影响世界。

近些年中，大学语文的教学目的一直被讨论，众说纷纭影响较大的几派主要有以华东师范大学徐中玉教授为代表的"人文语文"、以北京大学钱理群教授为代表的"文学语文"、以南开大学陈洪教授为代表的"好文章语文"、以上海商学院乔刚教授为代表的"职业理念融合语文"，另外也有"审美语文""文化语文""社会学语文"等说法或实施。

各种理念互不相让，有唯我正统的气势。而在以教学目的没有能够达成一致的情况下，教学设计与教学内容的创新都被暂时搁置了。以至于不管以什么理念为支撑的大学语文课堂中，各教材的选文仍然是大同小异，教学方法也基本上都是教师借着幻灯片一言堂。

（五）"跨学科"成为语文教学改革的重要课题

复合型人才是适应社会发展、遵循教育发展规律的必然要求，需要交叉影响、整合多学科之间的联系。学生单一的专业领域、学科结构在社会对复合型人才的需求态势下已经很明显跟不上社会与教育事业发展的步伐，所以"跨学科"也就成了语文教学改革的重要课题。

不管是传统的文科院校、理工院校还是经管法院校、艺术类院校，其人才培养的目标都是具有综合素质的复合型人才。现实强有力地冲击着传统的课程布局，同时也冲击着传统的教学体系，大学语文作为提升学生人文素质的主要渠道自然而然地成了被强烈冲击的主要对象。

随着时代的向前发展，高职院校的学科体系主要呈现出了两大特点：科技整合与学科渗透。比如湖南环境生物学院近些年新开的两门课程：导游语文与医务应用文写作适应了学生职业发展的需要。

在众多现已开设大学语文课程的非文科院校当中，强势学科所形成的学习氛围与校园特色文化加上明确的职业发展规划导向决定着学校人才培养方案的制订，也决定着学生对大学语文的学习兴趣。有些学校历史传统以理科为主，有的以工科为主，有些以金融、法学为主，有些以农林为主，也有的以医疗卫生类为主，在经过近几年的更名之后，已经看不出他们的强势学科。但是强势学科形成的校园专业主导仍旧左右着文科专业、学生的学习导向和专业素质的提高。在教学过程中，专业知识的学习是学生的首选，大学语文在某种意义上只是学生提高人文素养的途径。

（六）教材缺乏特色与创新，很难符合高职教育的实际需求

当前，高职院校大学语文课程相关教材的种类非常繁多，各种新颖教材更是让人眼花缭乱，但是，总体而言，这些教材都没有能够真正跳出纯文本表述的框架，很多都是侧重于思想内容的范文选读，并主要以我国古典文学经典作品为主，西方文化以及现当代文学中与大学生实际状况结合度较高、能够真切地反映社会现实的文章则相对来说较少，部分教材则是把外国文学完全抛弃，存在着非常严重的厚古薄今、盲目自大的倾向，而且这些范文很多都是与中学语文教材有所重复。在教材编写体例方面，这些教材也大都基本相同。当前高职院校教材普遍存在缺乏特色与创新，对于高职院校大学语文教学实效性的提高非常不利。

除了内容方面千篇一律以外，当前高职院校大学语文教材当中还存在着以下诸多不足，使得其很难满足高职教育的实际需求：部分高职院校大学语文教材体系相对陈旧，很难与职业教育特点相符，这些教材在内容选择上相对比较狭隘，很多作品均缺乏现代意识，难以与职业教育努力培养创新性人才的要求相相符；部分高职院校大学语文教材存在过度深奥，即学术性色彩过浓，现代性程度较低等不足，这些教材通常是出于方便教师教学等因素进行考虑，很多内容艰涩难懂，这不仅忽视了高职院校大学生原有知识水平，也没有真正把学生当作教学主体进行看待，导致很多学生难以接受并有效利用这些教材。

（七）教学理念比较固化

高职院校的主要教学目标以及教学任务是培养具备专业技能的知识型人才，所以，很多高职院校的教学任务都非常繁重，在学制较之普通高校短的基础之上，很多高职院校忽视了大学语文教学，在课程的编制上面，挤占大学语文的教学时间，使得大学语文教学活动流于表面，长时间这样下去，就使得大学语文教师以及高职院校的学生都不再重视对大学语文的教学与学习，同时，有些高职院校太过重视对大学语文技术性的教学，使得高职学生反复的练习语文写作能力，比如，有些高职院校的大学语文教师偏激的要求学生不停地进行商务写作的练习，忽视了对学生文化素养的培养，再加上有些高职院校仅仅是在大一的时候开设大学语文课程，没有能够体现出大学语文教学的连贯性，这种种表现，都体现出现阶段高职院校在大学语文教学中的固化教学理念，严重影响到高职学生的高素质培养。

（八）师资队伍不够完善

一支优秀的师资队伍，是高职院校顺利实施大学语文教学活动的重要基础。但是依据目前的状况来看，部分高职院校在建立师资队伍的时候，极为忽视对大学语文课程的专业师资队伍建设，很多教师都是普通高校的兼职教师，这种教师在开展教学活动的时候，很容易产生应付了事的心态，不专心的教学心态，严重影响到学生对大学语文知识的吸收，同时也有部分教师是由中专等地方教学系统中抽调过来的，本身就比较缺乏专业的大学语文教学能力，导致高职院校在构建大学语文课程专业师资队伍时，力量薄弱，无法担负起大学语文的日常教学活动。

二、高职大学语文教学出现问题的主要原因

（一）高职大学语文教育目标缺位

首先，大学语文教育目标依旧偏重于知识的积累，而忽略了能力的形成。其次，大学语文教育目标存在自我封闭的倾向，缺乏与其他学科、其他能力的有效沟通。此外，大学语文教育除了对学生进行思想熏陶以外，还应该能够让学生养成良好的人格和修养。对学生的成才和发展来说，后者的作用更加直接，也更加明显。在教育目标当中，对于怎样通过大学语文教学培养和提高人格修养还需要进一步明确相关途径与方法。

（二）高职大学语文教学内容过时

首先，教学内容是引起学生学习兴趣的关键因素之一，也是实现教育目标的重要依托，它直接与学生发生联系，在很大程度上决定了教学的效果，尤其是对于语文教育来说，教学内容的选择就显得更加重要。语文教学内容首先应该要适合学生，要符合相应年龄段学生的心理发展水平，符合学生的语文知识水平。只有这样，学生在语文学习的过程中才能够非常顺利地掌握相关的知识和能力。

其次，教学内容应该让学生喜欢，即教学内容能引起学生的兴趣。不同时代，学生的审美情趣也会发生相应的变化，教学内容也应该根据实际情形进行调整和革新，与时代同步，牢牢抓住学生的心，才能够起到事半功倍的效果。令人遗憾的是，如今的大学语文教学却没有能够很好地解决这些问题。教材内容比较陈旧，语文教材主要是由文学作品构成的，很多优秀的文学作品都能够经得起时间的检验，历久弥新。这样的作品理应在教材中体现出来，让现代人继续沐浴他们的光华。

但不可否认的是，有很多的优秀作品是特定时代的产物，已经不能够符合现代年轻人的欣赏水平。从另一方面来讲，他们所反映的现实生活与当代的情形也是相距甚远，很难被当代的学生所接受和理解。这样的作品保留少量即可，毕竟它们也有自身的价值，而且能够让学生了解到过去的生活。但

是，这类作品过多，就没有更多的空间来安排反映现代社会生活的优秀作品，那就不免让人觉得落后于时代了。

（三）教材的编制研究滞后

高职教育在国内正处于蓬勃的发展期，很多学科都根据高职教育的特点，编制了大量适合高职的专用教材，但是在大学语文这一领域当中，这方面的工作仍然显得比较滞后。

一方面，缺少适合高职院校的优秀教材。国内并不缺乏优秀的大学语文教材，比如外语教学与研究出版社由朱晓进等主编的《新编大学语文》华东师范大学出版社由徐中玉等主编的《大学语文》，都是耐得住时间检验的优秀教材，但是面向高职层次的优秀教材却不曾面世。由于语文素养高深的教授通常是集中在本科院校，他们对高职层次的教育特点并没有很深入的理解，因此，即使有挂着这些教授的名字出版的所谓专科版、高职高专版的大学语文，但是其模式上，甚至内容上与本科所用的教材并无二致。面向高职层次的大学语文教材，由于没有高职教学经验的普通本科教师来编写，也不可能真正适应高职教育的特点。

另一方面，高职教师对教材的钻研不足。由于大学语文在高职院校处于比较尴尬的地位，愿意投身于本课程教材建设的高职教师也不是很多，课程的命运尚且不容乐观，也就无暇顾及教材这一问题上的瑕疵了。所以，即使有些出版社组织高职教师编写了面向高职的教材，但是由于质量有限，其引起的共鸣与反响并不好，甚至有一些教材，把应用写作、演讲与口才甚至商务谈判的内容也都纳入到了大学语文的课程体系当中，导致内容比较臃肿、重点迷失，更无法获得广泛认同。所以，虽然大学语文的教材貌似百花齐放，但实际选择的余地并不太大，很多教师在权衡之后，还是选择了本科教材，而对这些高职教师自行编写的教材并不青睐。

（四）社会对高等职业教育的认识和教育定性

随着现代化产业的发展，新产业中的岗位群急需大量的高素质，面向生产、建设、管理以及服务第一线的技能型人才。高等职业教育正是应这一社会需求而产生的。社会对高等职业教育的定位就是培养当前企业所急切需要的大量高技能应用型专门人才。

这些高技能人才只要具有熟练的操作技能、较强的动手能力与实践能力，毕业之后能够在生产一线立即上手就是良好的技术型、管理型和技能型的劳动者，能够培养出这类企业所需要的人才的教育就是成功的高等职业教育。在社会对高等职业教育的认识理解和要求中，"重技能、轻人文""短、平、快、立即上手"的倾向是非常明显的。

是否开设大学语文课程或进行其他人文素质教育，在企业来看都是无关紧要的。他们认为，高职院校只要注重学生技术、技能、应用能力的培养，让学生可以在工艺型、操作型、管理型岗位上发挥才华就够了，至于"宽基础""复合型"高素质的要求并不属于对高职高专学校人才培养规格的定位。作为高等职业教育毕业生用人单位主体的企业的认识，不可避免地会影响高职大学语文教育的开展。

第四节 高职大学语文教学的功能与发展趋势

一、高职大学语文教学的功能

（一）人文功能

《大学语文教学大纲》中指出："在全日制高校设置大学语文课程，其根本目的在于充分发挥语文学科的人文性与基础性特点，适应当代人文科学与自然科学日益交叉渗透的发展趋势，为我国的社会主义现代化建设目标培养具备全面素质的高质量人才。"这就把大学语文课程定位为了侧重于培养学生的人文素养，兼及提升学生运用语文的能力。

高职高专教育作为当代"以人的职业准备为中心"的职业教育，要求培养的学生不但应该具备娴熟的职业技能，更应当具有良好的职业道德和健全的职业人格。大学语文课程是一门非常重要的通识课程，是高职高专院校人才培养极为重要的基础课程，担负着培养学生人文素养的重任。大学语文课程以其特有的工具性与人文性，借助文学的渠道，在提升学生人文素养方面会起到其他课程所不能代替的作用。语文课堂上，学生通过对文学作品的学习，能够丰富知识，净化心灵，积淀文化修养，拓展人生阅历，提升其精神境界，培养其健全人格，进而使其在未来的职场当中更加具有竞争优势。

池莉说："语文是一种知识，但是更是我们生命的营养，一旦缺失，生命就会显得比较苍白；语文是一门科学，但更是我们生命健康的一种元素，削弱了它，我们就会缺乏必要的生活力量。"

（二）大学语文教学能够提升学生的从业实力

高职学生要想顺利就业并获得职业成功，除了需要具备相关的职业技能以外，一些基本要素也是必不可少的。比如良好的个人素质，包括坚忍不拔的毅力，严谨的工作作风，灵活的应变能力等；人际沟通合作技巧；有效的工作方法，分析问题和解决问题的能力；敏锐、广阔的视野等。这些通过单纯的职业技能教育，或通过简单的理论说教都很难达到。语文教育作为人文素质教育的主干课程，通过文学欣赏、美感熏陶以及思维训练等提高基本素质与应变能力，进而提升学生的职业能力。

高等职业教育的人才培养目标是培养生产第一线的实用性技术人才，所以需要学生的实际应用能力比较突出。学生踏入社会，首先展现出来的就是其语言应用能力的高低。与人沟通，表现自我以及总结工作等都需要良好的口头表达与书面表达能力。

事实证明，在充满激烈竞争的现代社会当中，谁的这两项能力掌握得好、运用得好，谁今后发展的机会就会越多。大学语文教学能够辅助其他相关学科帮助学生提高这些能力，进而提高学生的实际工作能力，夯实学生的从业实力。

（三）《大学语文》潜含着很强的创造因子

通过对《大学语文》课的学习，可能够有效地活跃学生的思维，激发学生的创造灵感与创新能力。在高职院校当中，理工科专业通常会占有较大的比重，再加上旧有的"重理轻文"观念的影响，文科学科更加容易被忽略，属于文科学科的《大学语文》则更容易被忽视。

对于高职学生而言，专业技能自然是最为显性、最为重要以及最受重视的。但是如果太过显性、重要和受重视，又会很容易将学生导入单一化、绝对化与封闭化的学习境地当中。殊不知，文史、艺术等方面的文科教育，较之于高职院校学生的学习与成长，是有着积极的、特殊的、必不可少的辅助与推动作用的。

1978年，中国科学院院长郭沫若在全国科学大会上也曾经发表讲话说："科学是讲求实际的，科学是老老实实的学问，来不得半点虚假，需要付出艰巨的劳动。同时，科学也需要创造，需要幻想，有幻想才能打破传统的束缚，才能发展科学。科学工作者同志们，不要把幻想让诗人独占了。嫦娥奔月、龙宫探宝、《封神演义》上的许多幻想，通过科学，今天都变成了现实。"

语文事实上对科学素质以及思维品质的培养和提高是具有非常大帮助的。就《大学语文》而言，不仅其所选的作品涉及了诗、词、文、赋、戏剧、小说等不同类型的体裁，古、今、中、外、文、史、哲、美等不同方面的内容，因而能够极大地开阔学生的视野、丰富学生的知识。而且，通过对这些作品的学习，可以积极而有效地引导学生进入"精骛八极，心游万仞"的非板滞、非狭隘的想象空间之中，引领学生进行"仁者见仁，智者见智"的非一解、非定解的积极思考，充分激发学生"横看成岭侧成峰，远近高低各不同"的顺逆向背、集中、发散的非单向、非定式的活跃思维。

而开阔的视野、丰富的想象、积极的思考以及优秀的思维品质，恰恰又是人们形成创新冲动与创造灵感的肥沃土壤和适宜条件。人们常常会说道："学好数理化，走遍天下都不怕。"而如何学好"数理化"，如何用好"数理化"，怎样去实践"数理化"，实在是不能够置文科于不顾、置文学于不顾、置《大学语文》于不顾。

二、高职大学语文的改革路径

（一）教学内容改革，开放教学时空，充实课堂内外空间

新教育理念认为，教学不能够只是局限在教材上面，而应该充实教学内

容,让学生能够在"良好的养料"当中主动汲取知识,这样,不但可以激发学生的兴趣,而且有助于培养学生的能力,达到提高综合素质的目的,进而适应现代社会对高职人才的需求。如今,高职大学语文教学课时与专业课课时相比较而言仍然处于被压缩状态,所以,如何抓住课堂内外教学阵地,在有限的时间内,充实教学内容,把丰富的语文知识最大限度地传授给学生,是摆在每位语文教师面前的重要课题。

(二)从学生实际出发,有针对性地改编教材

当前,很多学校实用的教材是本科教材,这些教材具有一些共同特点:以古文为主,缺少现代文;偏重文学作品,轻视精美时文;突出作品欣赏,忽视语言能力的培养。

而在实际学习活动中,有相当一部分的高职学生文字水平较低,理解能力较差,学习积极性不高。面对这样的学生,如果强迫他们去分析寓意深远的文章,描述远离他们生活的人物,必然会导致教学相克。根据苏联心理学家、教育学家维果茨基提出的"最近发展区"理论,教学应该建立在学生的"最近发展区"之上,教材要适应大多数学生的现有水平,要在必要与可能之间找到最佳接合点。

考虑到学生的接受能力、兴趣爱好与实际需要,高职的大学语文教材应当侧重选择通俗易懂、篇幅较为短小、经典时尚且富有强烈感染力的文章和文学作品。

同时,还应该实现人文教育与语言训练的并重兼顾,通过渗透民族精神、公民道德、人生观、荣辱观、人格与尊严、自重自爱和自强不息等内容,激发学生积极向上的学习热情,培养学生强烈的集体主义、爱国主义精神。在学生能够有效接受的基础上,训练他们的语言应用能力;在学生愿意接受的基础上,引导他们领悟人生哲理和职业道德。

(三)改进教学手段

目前,很多的大学语文教师仍然停留在"课本、粉笔、黑板加一张嘴"的传统教学手段层面上,其教学效果是比较有限的。使用图文并茂、声情相

生的多媒体教学设备，能够通过制造全方位的人文环境，充分调动学生视觉、听觉、触觉等多种感觉，让学生得以身临其境，受到审美感染，进而更加深刻地理解作家作品，收到良好的教学效果。

（四）重视设疑提问，唤起积极思维，培养创新精神

学习兴趣通常是在对疑惑的探索与感悟当中带来的快感中培养起来的。有了疑惑就具有了思考的起点、探索的动力以及求知的兴趣。在教学活动当中，教师要把握教材的内部联系，理解每单元、每节课的重点、难点和关键所在；要摸透学生、充分了解学生的知识基础与智力水平，精心设计一些具有一定思维价值的问题，向学生进行提问，引导学生通过自己的分析寻找解决问题的方法。

（五）从教学目标出发，改革传统的教学评价体系

首先，高职院校大学语文课程的教学评价体系应转变传统的结果式评价方法。事物都是处于不断变化发展中的，在大学语文教学中，不但要关注学生对知识的掌握程度，还应关注学生情感的变化、能力和水平的变化；不仅要关注学生已获得的成绩，还要关注学生在学习中的一些行为表现，以动态发展的眼光看待学生的变化情况，更加注重学生学习和成长的过程。所以，必须转变传统的一锤定音式的评价方法，采取动态发展的眼光来看待学生的学习和变化。

其次，应该采取多元化的教学评价体系。从考试内容上要将考查学生对教材知识的掌握程度转换到对学生各方面能力的考核，不但要注重结果，更要重视过程；不仅要重视理论课的学习，也要注重理论与实践的结合；不仅要考察学生的听说读写能力，还应该注重对其创新能力、应变能力以及心理承受能力等各方面综合素质的培养。

从考试形式上应当改变传统的一纸化考试的模式，换以开卷考试、论文写作、案例分析等开放式的问题，以便从各个方面对学生的能力进行考核。此外，除了根据期末成绩来评价学生的学习成绩以外，还可以把平时作业的完成情况、课堂表现情况、期刊文章发表情况等进行综合评价。

三、高职大学语文教学的发展趋势

（一）构建高职语文课程自主学习体系

高职院校可以通过开展与学生未来就业相关的新式课程，让学生通过实际应用充分掌握语文学习的技能，提高学生的书面写作能力和语言表达能力，进而推动高职院校语文课程改革。

高职院校语文课程改革在文化作品上，要让学生自己领悟文学作品所富有的内涵，丰富学生的个人的精神素养，培养学生的分析能力。高职院校语文课程在改革过程当中，应该逐步构建学生语文课程自主学习体系。在未来社会的发展中，知识会越来越丰富，学生对语文知识的渴望也必然会越来越强烈。

语文教师在教学活动中不仅担负着教学的责任，也肩负着知识传递的重要作用，所以教师应当提高自己的教学水平，改善教学方法，在明确教学目标的同时，细化教学过程中的细节问题，让学生在学习课本知识的同时也能够广泛阅读课外知识，并通过灵活的语文课程进行学习内容的交流和讨论，进而引导学生走向知识殿堂，构建一个学生自主学习的语文教学体系。

（二）充分利用网络学习资源

高职院校语文课程应当在传统高职院校语文课程的基础之上进行改革，拓展新的语文教学课程，完善高职院校语文课程教学体系，重视学生的就业能力与文化素质的培养，让每一位高职院校的学生在获得就业能力的同时，个人文化素质也可以获得很好的提升。

随着时代的不断发展，网络资源的不断普及，网络已经渐渐成为学生自主学习的主要方式。高职院校可以利用网络丰富的学习资源和便利的学习条件，把语文课程教学应用到网络当中，引导学生进行网上学习。让学生充分意识到，单纯依靠书本上的知识提高语文素养是远远不够的，必须通过多种途径大量学习课外知识，充分利用网络当中丰富的学习资源，不断提取营养，丰富自己的语言和情感，进而丰富自身的语文文化素养。

（三）语文教学越来越重视美学教学

语文教育家阎立钦指出："教育是科学，也是艺术。教育理论若不包括美育的研究，就是不完备的理论。语文学科教育若缺乏美的教育，将是贫乏的教育。"所谓语文美育，就是从语文教材当中挖掘自然美、社会美和艺术美等潜在因素，培养感知美、理解美、鉴赏美、评价美以及创造美的能力，树立正确的审美观念，形成健康高尚的审美情趣，完善心灵美的塑造，这一教育进程就是语文的审美教育。语文美育不但对学生形成健康高尚的审美情趣有关，更重要的是通过语文美，如语言美、文字美、形象美、构思美、情趣美等，引发学生对语文的兴趣，充分调动学生学习的积极性和主动性。

（四）语文教学融入工作生活

一般来说，语文的"语"即指语言文字，"文"是指"人文"，即人类文化和民族精神。也就是说，语文教育首先是学生学习祖国的语言文字，同时在母语学习中接受民族文化和人文精神潜移默化的影响。语言在社会实践中产生，又伴随社会的进步而发展。社会上处处存在语文，人们时时学语文、用语文。

语文学习不仅是学校课堂的教育，语文教育更应该面向社会、面向生活。目前大学中产生的文学沙龙、演讲辩论、诗文朗诵、周末论坛、自办校园广播电视节目等活动课都是语文教育走向生活化的重要标志，它是一种实践性、创造性、趣味性、应用性、实效性都非常强的语文教育综合课程。

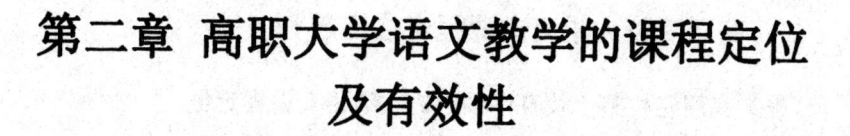

第二章 高职大学语文教学的课程定位及有效性

第一节 高职大学语文教学课程定位内涵

一、大学语文区别与其他人文素质学科的特质

（一）大学语文主要是通过文学作品来教育人、熏陶人

优秀的文学作品通过语言的力量可以使人们置身于种种具体的人生情境、面对种种独特的生命状态，并由此引发人们对自身以及他人的生存境遇的关注和思索，同时也可以通过对美的独特发现与生动描绘，使人们对于美的事物更加敏感，对真伪善恶具有更加强烈的爱憎之情。

伴随着文学素养的不断提高，学生会对文学所呈现出的世界产生比较强烈的感受领悟的能力，能够在某种程度上以文学的视角去观察自然、社会和人生，进而使得文学所蕴含的人文精神在一个受到文学熏陶的学生身上产生极为独特的作用。

（二）着重强调体验和感悟过程，而不仅仅是知识的积累

大学语文虽然也隐含价值观的教育，但是其主要方式是"动之以情，晓之以理"，它应该能够让学生产生基于自身真实感受的情感之上的认同、理性态度上的认同，同时也包括反思和追问。所以，大学语文理应更加注重学生体验感悟的过程。也就是说，对具体作品的品读应该比知识的讲授更加重要、更加根本。

（三）注重语言艺术

在其他课程的教材当中，语言是非常纯粹的承载内容表达意义的工具，但是对于大学语文来说，语言的艺术性、语言自身的美，不但应该成为选文的一条重要标准，而且要求教学过程必须引导学生去领略语言的美，去感受语言的表现力，去把握语言的风格特色。

二、高职院校大学语文课程定位问题

（一）高职院校整个教育体系中的大学语文课程定位

大学语文课程要为实现高职院校的办学性质、办学目标、办学功能以及办学定位提供服务，为高职院校主动适应经济社会发展需要，培养面向生产、建设、管理与服务等一线的思想素质高、实践技能较强、具备良好职业道德的技术应用型人才发挥出其应有的作用。

（二）高职院校不同专业中的大学语文课程定位

高职院校大学语文担负着培养不同专业学生综合素质的重要任务，其课程定位应该同专业进行有机结合，对高职院校不同专业具有提高学生专业素质、丰富专业知识以及培养专业人文精神的重要作用。所以，大学语文所指的就是提升各专业学生职业素质、培育人文精神的人文教育基础课程。

（三）高职院校所有公共课程中的大学语文课程定位

大学语文作为一门阐释人文思想的理论知识性课程，既不是单一的哲学、宗教学或者文学等，也不是人文科学各个分支学科之间的简单相加，而是对人文基础理论的系统性阐释，培养大学生系统的关于人文思想的主要概念体系以及主要知识框架，提高大学生的人文素质。

（四）高职院校教育功能上的大学语文课程定位

大学语文既拥有非常丰富的人文知识，又包含有雄奇的自然风物、悠久的历史风情以及灿烂的文化遗产，不但可以陶冶学生的情操，纯化其品质，更重要的是能够促进他们思维能力的发展，尤其是创造性思维的不断发展。为此，大学语文在高职院校教育功能上的定位为：通过情感教育、美育教育以及人生观、价值观等教育，在优化学生心理结构的同时，培养学生的团队合作精神、艰苦奋斗精神、职业技术伦理和环境道德等，在潜移默化的过程中发展学生的求同思维和求异思维，让他们能够在未来的职业活动过程中做到多角度、全方位地审视每一项工作任务，善于发现问题，并着力解决问题，由此及彼，触类旁通。

三、高职院校大学语文课程教学应遵循的原则

（一）科学性与可行性相结合

在教学实践当中要做到以人为本，对学生的综合能力加强培养，将职业能力培养与学生个性完美地统一起来。与此同时，也绝不能忽略高职院校以及学生的实际情况，比如，学校的教学环境怎么样以及师资力量是否雄厚等，这些因素都必须要考虑清楚，否则语文教学在实际操作过程中就会遇到阻碍。

（二）创新性与可持续发展性相结合

时代是在不断进步发展的，信息的整合以及更新的速度也是越来越快，所以在高职院校大学语文教授过程当中，必须要学会对知识以及教学方法进行适时更新，培养学生的创新意识。只有不断进行创新教育，才有可能使得学生与教育得到可持续发展。

（三）传统继承和与时俱进相结合

过去的传统教学模式虽然已经不再能够适应新时代发展的需求，但是大学语文当中的一些古老的文化以及中华民族的传统美德等还是需要继承下来的，在适应时代发展的要求之下，需要对大学语文教学课程进行一些创新和改革，让高职院校的大学语文课程定位得以顺应社会发展要求。

（四）理论指导与专业实践相结合

大学语文的理论与实践是紧密结合在一起的。语文素养的培养为学生的实际活动做好了铺垫，学语文就是为了要把语文当中的一些基本知识运用到实际活动中来，比如，听说读写能力的培养。高职院校培养的人才是技术应用型人才，这就要求他们在掌握职业知识的同时，要学会对职业能力及实践能力加强培养。

四、高职大学语文课程定位主要内容

（一）课程的功能定位

从大学语文的课程名称来看，"大学"代表层次，"语文"所指的就是母

语，大学语文旨在实现更高层次的母语教育。

教育部高教司《大学语文教学大纲》（征求意见稿）对于大学语文开设的目的和意义是这样进行描述的："在全日制高校设置大学语文课程，其根本目的在于，充分发挥语文学科的人文性和基础性特点，适应当代人文科学与自然科学日益交叉渗透的发展趋势，为我国的社会主义现代化建设培养具有全面素质的高质量人才。"由此能够看到，大学语文承载着提高学生人文素质和母语素养的重要使命。

作为"强化母语的人文素质教育课"，大学语文要培养学生在中学语文知识的基础之上进一步提升听、说、读、写的能力，同时，还应该解决在高层次上学习汉语言母语的问题，通过阅读古今经典的文学和文化作品，拓宽视野，领悟其中蕴藏的丰富的文化和博大的民族精神。大学生通过学习大学语文的经典篇章，能够进一步提升自己掌握和运用汉语言的水平，并通过语言载体，潜移默化地提高自身文化素养，理解其中的文化意蕴，感悟人生和生命的价值取向，进而达到提高人文素质，培养审美能力，完善人格品质的教育目标。要达到这样一个高层次学习汉语言的教育目标，大学语文在教学活动当中必须要坚持做到工具性、人文性以及审美性的三统一，绝不能凸显某种特性而忽略其他特性，这应当是大学语文课程教学的基本定位。

母语是弘扬、传承民族文化，凝聚民族精神的重要载体，其本身就是一种文化，所以，在基础教育阶段，各国都非常注重母语教育。而在提倡"终身教育""全人"教育、持续发展、培养创新精神和实践能力的教育目标的今天，高层次的母语教育是不可缺失的。

从目前高职院校的实际情况来看，其生源的综合文化素质要比研究型的本科院校的学生略低，而且学生在校时间比较短，学校通常会更加重视对学生专业知识的教育、专业技能的培养，而在人文素质培养方面普遍不够重视。急功近利的职业教育观念不仅会造成学生知识面狭窄，影响到学生的发展潜力，而且人文素质教育的缺失，也会使得学生缺乏在精神层面上的更高追求，这样一来又何谈培养高质量人才呢？

（二）大学语文的性质定位

首先，语文作为母语教育，首先应当对其基础性作用具有非常充分的认识。从出生到死亡，语文将伴随着一生，这是语文对个人生活所产生的重要影响。同时它的基础性又能够体现在对其他学科的影响上面，不管是理科还是工科的学习都需要以语文的学习为依托，打好坚实的语文基础，才能够在其他学科的学习活动中更加得心应手。

其次，大学语文是人文性和工具性的统一，应该在学习中认识到它的工具性意义和人文性价值。在工具性方面，语文是一种表达交流的重要工具，其所包含的内容包括了听、说、读、写等，所以，在对知识的掌握方面，强调语文学习对文学阅读、口语交际以及文章写作的重要作用。但是大学语文的学习，更多的是强调人文性的意义，强调对学生思想情感的感染，注重对真善美的熏陶，也重视在学习活动中培养学生的人文关怀，培养出学生健全的人格和个性特点。此外，通过人文性意识的培养与加强还能够有效提高学生的审美能力，帮助学生辨别善恶美丑，获得审美情趣。

（三）大学语文课程的类型定位

大学语文的课程类型的定位应该是公共基础课程，同时也必须作为一门必修课程来进行学习。虽然在课程定位上面确定其为公共基础课程，但是作为必修课程必须要引起高校教师与学生的重视，应该将大学语文课程放到与专业课程同样重要的地位。为了不影响专业课程的学习，在设置上应该以基础课程为主，即在年级开展。

但是鉴于目前高职教育当中，语文课程的尴尬处境使得大学生在语文的整体水平上都略显不足，为了弥补语文学习所存在的不足，有必要将大学语文当作一门必修课程进行学习，确保其在不影响专业课学习的基础之上加大对大学语文课程的重视力度和教学力度。

（四）发展目标定位

"大学语文"绝不是一个可有可无的中学语文"补课"课程。目前来说，虽然大学语文的重要性已经受到了很多人的重视，但是大学语文的开设情况仍然不容乐观，虽然很多高校都开设了大学语文课程，但是普遍处于低质量开设的状况，大学语文在高职院校的地位却是可有可无，被专业课和英语课排挤越来越边缘化。

究其原因，主要是由于实用性强的科学和信息技术越来越受到青睐，高职院校为了适应市场的需求，从自身发展角度出发，不断增加技术性和应用性较强的专业和学科，大学语文等基础性学科课时不断缩减，甚至出现不开设的情况。

相较于专业课来说，学生学习大学语文的氛围无法营造，兴趣日渐降低，尤其是理工科的学生，专业课学习任务比较重，占用了很多的学习时间。大学语文的学习面临着非常严峻的挑战，现状不容乐观。南开大学教授陈洪说过："语文水平下降是公众普遍面临的问题。对于当代大学生的学习、生活及日后的工作来说，语文的素养和能力不可须臾离之。"在素质教育受到广泛重视的今天，大学语文课程地位却呈现出岌岌可危的态势，课时不断受到压缩，教学质量很难得到保证，这样的现实促使我们不得不重新反思大学语文在高职院校课程体系中应该确立什么样的地位。

从世界范围来看，各个国家的母语教育课程都被确立为核心课程，课程承担着提升母语运用能力和发展学生人文素养的双重任务。我国的大学语文课程应该与世界潮流保持一致，高职院校学院作为我国高等教育的重要组成部分，其大学语文课程应当成为基础理论课程的中心，人文素质教育的核心地位，标举"母语高等教育"，回归"语文本位"。

第二节 高职大学语文教学课程定位的路径

一、大学语文课程教学目标的审视

按照现代教育理念的要求，大学语文的基本目标主要制定为：语文知识、语文技能以及语文情感三个方面。语文知识，主要是指语文学科关于语言以及言语（包括言语行为和言语作品）的相关知识。一般将知识划分为两种，即陈述性与程序性知识，二者相辅相成，构成基础与自动提高的关系。

大学语文陈述性知识主要包含语文中涉及的理论知识体系（字、词、句、篇、语法、逻辑、修辞、文化常识和文学）。陈述性知识是程序性知识的重要保障基础，程序性知识主要指的是在语言实践当中的阅读、写作、口语等语文策略知识等。

语文能力是指人们在实践活动中以语文专业知识储备为主，以智力为基础进行言语交际的过程中所呈现出来的一种综合素质能力。语文能力主要由四方面构成，即读、听、写、说，语文能力是建立在言语运用能力（读、写）与口头语言运用能力（听、说）两个维度上的。学生通常从小学语文就开始对这四个方面的能力逐步进行培养，而大学语文主要是对语文能力做出更加复杂、严格的教育。

语文情感指的是学生在语文课程内容当中所体验到的情感，大学语文情感主要包括情操、情怀、情趣以及情思，这四个方面分别指向思想、道德、审美和人格。大学语文情感的体验主要在程序性语文知识当中得以感悟，学生在语文知识的实践运用中，从阅读和写作当中所内化的思想感情，学习策略和口语交际等。小学和中学语文对陈述性知识的讲述比较全面，大学语文则是注重培养学生的语文情感，进而培养出具有文明气质、健全人格、综合素质较强的大学生。

二、高职大学语文课程定位的方法

（一）明确大学语文课程定位的重要性

大学语文课程在整个语文教育体系中的定位，是一门以人文素质教育为核心的，融合了语文教育的工具性、人文性和审美性的公共基础课程。大学语文课程在整个高职院校教育体系中的定位是为高职学生提升基本语文素质和人文素质以及各种综合素质的公共基础课程。大学语文在不同的专业当中，对提高高职学生对本专业的人文修养，对提升学生对专业职业素质的培养具有基础性作用，所以，大学语文在高职院校各个专业中的定位是提升各个专业学生职业素质、培育人文精神的人文教育基础课程。

　　高职院校的学制是三年，很多的学校专业设置偏向工科，学生迫切需要人文素质教育的培养，大学语文在整个高职院校公共课程中的定位应当是人文基础理论课程。大学语文课程在高职院校教育功能上的定位，大学语文应该具有：增强专业基础知识和基本技能，夯实就业实力与能力；培养并发展智力，增强人文素养；培养学生拥有过硬的思想和道德素质；进行审美教育，提高学生的审美能力；培养高职学生的创新意识，提高他们的创新精神和创新能力；加强职业道德的教育，团队合作精神以及友好环境的环保意识的培养。

　　高职院校大学语文课程的定位还应该是：一门以人文素质教育为核心的，融合语文教育的工具性、人文性、审美性为一体的，培养高职学生综合职业素质和能力的公共基础课程，应为高职院校各个专业的必修课程。

（二）高职院校大学语文课程定位后要求确立课程标准

　　培养社会急需的应用型人才，是高等职业教育区别与本科教育的主要标志。高职院校的大学语文，应该是一门以人文素质教育为核心的，融语文教育的工具性、人文性、审美性为一体的，培养高职学生综合职业素质和能力的公共基础课程。和传统语文有所不同，如何使学生的语文潜能向现实的职业素质生成，与社会政治、经济、文化的发展相适应，与现代社会的生产方式、生活方式的发展变化合拍，是现实社会需要的有文化、有技术、有道德的高素质劳动者，实现高等职业技术教育的主要目标。特别是强化高职学生的专业基础知识与基本技能，夯实他们的就业实力和能力；培养和发展他们的智力增强人文素质；培养过硬的思想和道德素质等，是高职院校《大学语文》课程标准最为关注的。

　　高职院校语文教学应当致力于全面提升学生的语文素质和语文能力。充分体现出语文教育的工具性、人文性和审美性。高职院校大学语文课程标准首先必须指向人的发展。《大学语文》课程是人的潜能向现实素质进行转化的信息载体。在这个载体当中，不但要具有知识和技能，也要懂得学习知识技能的过程和方法。还要具有在过程和方法中蕴含的积极情感、态度和价值观，进而促进人的品德素质、智能素质、心理素质、审美素质的整体提升，最终是要推动人的全面健康发展。

高职院校大学语文课程标准其次必须要着重关注现实生产、生活。大学语文课程内容只有与社会生活实际进行联系，才能够真正培养出社会需要的实用性人才。大学语文课程内容建设应该以开发职业角色需要的知识技能智力为主，带动或促进其他各项智力的发展，并结合其专业进行语文能力的有效训练。

（三）充分认识到高职教育课程中大学语文的职业性

高等职业技术教育主要是以就业为导向的教育，培养的是主要是高素质应用型人才，其课程设置提出了同普通高等教育明显不同的要求。所以，各高职院校都应该积极着手对从普通高校继承而来的专业课程体系进行必要适当的改革。高职课程必须要以职业能力的培养作为重点，课程的开发和设计应该是基于工作过程与工作任务，追求课程教学和职业岗位工作项目的同构性，要能够充分体现出职业性、实践性和开放性的要求。作为高职教育课程的大学语文同样面临着这一改革要求。

大学语文要想在高职教育课程体系当中占有一席之地，就必须要适应高职教育课程的相关要求，服务于高职教育的专业人才培养目标和专业相关技术领域职业岗位（群）的任职要求。

石伟平教授在评论高职院校教学改革和研究的时候曾经指出："文化课程尤其是语文课程却始终难以进行定位和革新，成为制约整体课程改革的重要因素。"这里至少包含这样两个启示：

第一，文化课程是高职课程系统当中的重要组成部分。也就是说，高职的课程系统如果想要作为一个完整的系统进行运作的话，是没有办法忽略现实存在的文化课程其存在价值和重要地位的。如果文化课程不进行适当改变，那么整个课程系统的发展就必将受到制约，甚至无法正常运作，完成教育使命就更是无从谈起。这就要求理顺文化课程与技能教育课程之间的关系。

第二，文化课程尤其是语文课程的改革事关重大。语文课程是人类所有民族公认的最为重要的基础课程。作为文化课程的最重要的组成部分，语文课程的改革最难办，其改革成功与否也最具有标志性。语文课程应该怎样改，改成什么样，获取到什么新的属性和特点是所有教育人士共同关注的焦点。语文课程的重新定位，意味着语文课程需要变革成为另一种形式、另一种内涵或者说是另一种全新的课程。技能教育课程的改革历程一定会对语文课程的重生过程产生非常重大的影响，可以说，语文课程的变革一定程度上是伴随技能教育课程改革而起的。

石伟平教授的文章还标识了文化课程的改革基本思路，那就是"把普通文化课程内容与专业结合起来，强化它们为专业课程服务的功能。"如何将高职语文课程与专业结合起来，强化其为专业课程服务的功能，是高职语文教学改革的重要课题。高职语文服务职业教育目标必须从其工具性和人文性兼具的特点出发，扬其所长，在职业能力教育、人文精神的培养、民族文化的传承等方面发挥其特有的功能。

三、高职大学语文课程内容构建

（一）教学内容与社会发展同步，体现时代特点

现代高职教育的目标是培养具备高素质的现代应用型人才。高职语文教学必须紧随时代发展，不断更新优化教学内容，让课堂教学新鲜活泼，呈现出时代气息和改革精神。教学内容要和现代文明同步，与社会现实合拍，才能让学生感兴趣。

此外，现代大学生的信息来源方式非常多，思想也比较活跃，不喜欢一成不变的教学内容，他们更容易接受新生事物，教学内容的与时俱进就显得更为重要。

与时俱进的教学内容能够让学生拓宽视野，引导学生将大学语文与现实社会各学科之间进行横向联系，去认识和了解我们的生活与世界。同时，高职院校大学语文教学内容也应该适应学生的语文知识水平和欣赏水平。

（二）根据不同专业的学生编纂高职院校大学语文教材

时代的进步和发展速度越来越快，社会分工也越来越细，现代社会需要的不仅是在专业上优秀的人才，更需要综合型的人才。高职院校的学生在学好自己专业的同时，也应该学好一些对工作和学习中有用的知识。不同专业的学生在毕业走进社会之后，所面对的环境会有所不同，如果我们可以将与某专业相关的人的作品或事迹选入教材，让学生去深入学习和体会，就能够获得更好的效果。

（三）大学语文课程内容精神方面的构建

高职院校大学语文的课程内容在精神方面的构建应当侧重于学生人文素质和社会修养的培养等方面，要能够发挥出语文人文素质教育的主体功能。在课程内容的构建方面，关注学生专业课程学习的同时，也应该注重学生精神方面的培养。一方面，课程内容在选择上应当偏向于那些既有华丽优美字词又具有内在思想和情感的文章，文章中既要包含作者的个性、修养、情感，内容本身又蕴含作者扎实的文学功底，而学生在对词句的不停琢磨中，不可避免地会受到文章的影响和熏陶，文化底蕴也会因此而慢慢积累。

所以，通过对中外名著的阅读，能够帮助学生增长见识、提升能力、明悟道理，使学生的人文精神与道德品行在春风化雨般的美文学习当中得到潜移默化的提升。另一方面，构建大学语文课程内容的多元化。不同类型的知识与文化都能够融入大学语文当中，以此来培养和提升学生的社会适应能力。这些内容在选择上应当更多地注重真实情感，不能够过分考量文化功底，这样反而可以帮助学生自主地借助这些作品来品味社会，进而帮助学生构建良好的人际关系，强化遭遇挫折时的抵抗能力，帮助学生树立团队协作意识，增强责任心。

高职教育是要培养具有高素质的应用型高技能人才，他们不仅应该具有谦逊的品质、自强不息的精神与坚忍不拔的意志，而且也应当能够把自己的情感通过言语表达出来。如果高职院校培养的学生不具有高素质高技能的特点，语文课程不能帮助他们更好地融入社会、在社会上立足，那么语文教育就不能算是成功的教育。

四、高职大学语文课程定位应注意的问题

（一）能够提升其解决问题的能力和创新能力

在定位高职大学语文课程的时候，其一定要能够让学生在阅读和欣赏文学作品的过程中逐渐养成独立思考的习惯，以提高分析问题、解决问题和开发创新的能力。文学作品是作家高度创造力的重要体现，通过大量的阅读，充分了解中外文学作品产生、发展以及不断改革创新的过程，领略相同或者不同的文化背景下风格各异的文学作品，有助于学生创新意识的形成。与此同时，在文学作品欣赏的过程中，加强学生的想象、联想、直觉以及灵感等非逻辑思维的训练，充分尊重学生个体理解的差异性，注重批判意识和能力的培养，能够有效地帮助学生养成独立思考的能力，进而提升学生的创新水平。

（二）要加强《大学语文》课程的师资队伍建设

由于《大学语文》课程定位的偏差，在部分院校《大学语文》教学日益边缘化的同时，承担《大学语文》课程教学的师资力量也呈现出日趋弱化的趋势，严重影响到高校人才质量的培养。一般来说，《大学语文》课程归属于汉语言文学专业，而根据教育部的相关规定，汉语言文学是一级学科，下设古典文学、现当代文学、外国文学、语言文字学等多个二级学科，每个二级学科又可下设若干个三级学科，但《大学语文》不是一个学科。例如，有些高职院校虽然设有《大学语文》教研室，但是其所处的地位却非常尴尬。其主要原因是在高职院校当中，教师配备、经费投入、职称晋升等通常是以学科建设为主。

所以，很多高职院校的《大学语文》教研室通常是如同虚设，教研室里的每个老师都有自己的专业，只是在专业课时不够的情况下，才会承担《大学语文》教学以补充课时要求之不足。这样，教学质量难以保证亦属固然。要解决这一问题，就必须要像"两课"一样，从学科设置上受到根本保证，建设一支稳定的教师队伍，在这一基础之上，才能够真正提高《大学语文》

的教学质量和管理水平。

第三节 高职大学语文教学有效性简述

一、有效性教学界定

对于有效性教学主要存在两种观点。第一种观点，主要是从教学产出与教学需求的角度解释教学有效性。这类观点认为，有效性教学主要指的是教师遵守教学活动的客观规律，以尽可能少的时间、精力与物力投入，获取到尽可能多的教学效果，进而达成特定的教学目标，满足社会与个人的教育价值需求。在这种价值取向下的有效性教学主要指的就是在有效益的前提下完成有效果、有效率的课堂教学，有效益是课堂教学有效性的门票，是课堂教学有效性的最底线，三者是一个整体，缺一不可。

第二种观点，主要是从学生的角度利用学生有效学习与发展的程度来衡量教学效果，主要指的是学生要实现有效的学习，并充分发挥学生的主动性，尊重学生的兴趣，激发学生的思维，引导学生去探索，让学生心灵受到影响，激活他们积累实践经验，使其在知识、性格、能力以及思想等多个方面得到提升。

课堂教学是一种目的性与意识性都非常强的活动，通过教学要让学生充分掌握知识，学会相关技能，发展其智力，形成良好的态度和相应的品质。可以说，有效性是教学的生命。有效性教学的理论界定，通俗来讲，就是指通过课堂教学活动，学生在学业上面有所收获、有所提高、获得进步。具体表现在：认知方面，从不懂到懂，从少知到多知，从不会到会；情感方面，从不感兴趣到感兴趣，从不喜欢到喜欢，从不热爱到热爱。从专业角度来讲，有效性指的是通过课堂教学，让学生获得发展。发展就其内涵而言，知识、技能、过程、方法与情感、态度、价值观三维目标的整合。即相对于人的发展这一目标，任一维度的目标都不能脱离整体而单独优质服务，缺少任一维度都无法实现真正意义上的发展。

二、高职大学语文有效性教学的特点

（一）教学中坚持以学生发展为目标

有效教学坚持以学生发展为教学目标，既要关注学生获得的实际分数，也要注重学生是否具有健壮的体魄、丰富的情感以及适应社会的能力，从知识与技能、过程与方法、情感态度与价值观等多角度去推动学生全面发展，让学生学会学习并形成正确的价值观。

（二）教学的预设和目标的生成统一

有效教学既是预设的，又是动态生成的，教学的预设与动态生成之间是辩证统一的关系。预设是生成的前提和基础，生成则是预设的超越与发展。课堂教学必须正确处理预设与生成之间的辩证关系，才能够真正实现教学目标，才能够满足学生的学习需求，促进学生的发展。为提高教学的有效性，在实践当中应该特别注意以下几点：第一，精心预设，为各种可能的生成做好充分的准备。第二，要立足于文本的重点、难点进行生成。第三，教师要做课堂智慧生成的引领者和创造者。

（三）运用高含量的有效知识

在教学活动中，知识的有效性是确保课堂教学有效的一个非常重要的条件。而教学实践证明，教学的有效性取决于高含量的有效知识。教学有效知识主要指的是在教学活动中，能够让学生充分理解，有助于学生发展且能够提高有效学习的知识。教学的有效知识量低的时候，教学效果必然也低，这个时候，不管教学内容是如何科学正确，都属于无效教学。教学效果取决于有效的知识量，学生的知识增长也取决于有效知识量。所以，教学活动中教师一定要具有高含量的教学有效知识。

（四）教师的教学行为以促进学生发展为取向

新课程标准的主要核心是"一切为了学生的发展"。所以就要求教师转变传统的教学模式，在教学活动中要准备充分、讲解清晰，组织课堂要有科学性，教学行为要以学生发展取向为主。而富有成效的教学行为是教师行为的外化形式，更是教师实施教学环节的关键。

1. 转变教学模式

将学生由"牵"转变为"跟"。"牵"就是牵着学生向前走，是指教师把教材里的内容在教学过程中按照规定讲完就行，很少会顾及学生在课堂上的实际表现，也不考虑教学目标是否能够真正实现。而"跟"，则主要是跟着学生走，是指教师在授课以前准备必须充分，在课堂上顾及并考虑到学生的实际表现及教学目标，让学生通过主观能动的努力，学会学习，促进自身的成长和发展。

2. 引导学生学会思维

在有效教学中，应当改变以教师的研究与思维代替学生的研究和思维的弊端，真正将学习的权利还给学生，以引导学生学会思维为主要目标，将教师的指导帮助和学生的自主学习和谐有机统一起来，确保教学的有效性。所以，教师要"既搞教育教学，又搞科学研究。"这是对现代教师的基本要求。

3. 将教教材转变为用教材教

教教材，就是教师把教材里的内容按照规定讲完就行，很少考虑课程目标是否真的实现。而优秀的教师并不是要求学生将一堂课的内容记个滴水不漏，而是引导学生首先一定要记住最应该记住的部分。用教材教，即利用教材来完成教学任务，实现课程目标。它是把教材作为实现课程目标的手段和途径。有效教学的特征是对教材的"用"而不是"教"。

三、高职大学语文教学有效性的理念

（一）关注学生的进步和发展

首先，要求教师有"对象"意识。教学不是唱独角戏，离开"学"，就无所谓"教"，所以，教师必须确立学生的主体地位，树立"一切为了学生的发展"的思想。其次，要求教师有"全人"的概念。学生发展是全面的发展，而不是某一方面或某一学科的发展。教师千万不能过高地估计自己所教学科的价值，而且也不能仅把学科价值定位在本学科上，而应定位在对一个完整的人的发展上。

（二）关注教学效益

要求教师要有时间与效益的观念。教师在教学时既不能跟着感觉走，又不能简单地把"效益"理解为"花最少的时间教最多的内容"。教学效益不取决于教师教多少内容，而是取决于对单位时间内学生的学习结果与学习过程综合考虑的结果。

（三）关注可测性和量化

如教学目标尽可能明确与具体，以便检测教师的工作效益。但是并不能简单地说量化就是好的、科学的。应该科学地对待定量与定性、过程与结果的结合，全面地反映学生的学业成就与教师的工作表现。因此，有效教学既要反对拒绝量化，又要反对过于量化。

（四）需要教师具备一种反思的意识

每一个教师要不断地反思自己的日常教学行为："我的教学有效吗？""什么样的教学才是有效的？""有没有比我更有效的教学？"

（五）有效教学也是一套策略

要求教师掌握有关的策略性知识，以便于自己面对具体的情景做出决策，并不要求教师掌握每一项技能。

四、高职大学语文有效性教学的理论基础

（一）建构主义理论基础

建构主义者通常认为，虽然世界属于客观的存在，但是其对于世界的理解和赋予的意义却是由每个人自己决定，所以，他们一般更加关注怎样借助已经具备的经验、心理结构与理念为基础来建构知识。所以，在学习过程当中，人脑并不是被动地学习和记录输入的信息，而是主动地建构对信息的解释，学习者根据已有的经验、心理结构和理念，对信息做出自己的理解，并进行独立判断和自主选择。

建构主义以心理学、哲学和人类学为基础，认为知识是暂时的、发展的

和非客观的，学习和发展是社会的合作活动，这种活动是没有办法被教会的，是经过学习者内心建构，并深受社会文化影响的，而不是由他人传递的。显然该理论强调"以学生为中心"，认为学生是认知的主体，是知识意义的主动建构者，教师只对学生的意义建构起到一定的帮助和促进作用，并不要求教师直接向学生传授和灌输知识，这与我国传统的教学模式，即课堂上老师的单纯讲述和传授知识，学生被动地、机械地学习具有相当大的区别。

学生有了具体的动机就能够进行自主学习，并且主动地利用所学语言去做事情，在做事情的过程中自然地使用所学语言，在使用所学语言做事情的过程中发展语言能力。这种教学模式符合学生的学习和认知规律，更加能够体现出学生学习的主动性和积极性。

当学生成为学习的主人时，学生各种非智力因素的发挥就能够进入很好的状态，学习的效率就可以事半功倍。所以社会建构主义理论支持下的教学模式能够使学生学习过程充满着真实的个人意义，这就要求语文教师学会推动学习者也就是学生的全面发展、学习能力的发展、积极的情感因素以及健康人格的发展。

（二）激励理论

1. 需要层次理论

亚伯拉罕·哈罗德·马斯洛于1943年初次提出了"需要层次"理论，他将人类纷繁复杂的需要划分为生理的需要、安全的需要、友爱和归属的需要、尊重需要以及自我实现的需要五个层次。1954年，马斯洛在《激励与个性》一书中又将人的需要层次发展为七个，由低到高的七个层次：生理的需要，安全的需要，友爱与归属的需要，尊重的需要，求知的需要，求美的需要和自我实现的需要。

马斯洛把七种基本需要分为高、低二级，其中生理需要、安全需要、社交需要属于低级的需要，这些需要通过外部条件使人得到满足，如借助于工资收入满足生理需要，借助于法律制度满足安全需要等。尊重需要、自我实现的需要是高级的需要，它们是从内部使人得到满足的，而且一个人对尊重和自我实现的需要,是永远不会感到完全满足的。高层次的需要比低层次需要更有价值,人的需要结构是动态的、发展变化的。所以,通过满足职工的高级需要来调动其生产积极性,具有更稳定,更持久的力量。

这是由心理学家马斯洛提出的动机理论。该理论认为,人的需要可以分为五个层次:

第一,生理需要——维持人类生存所必需的身体需要。

第二,安全需要——保证身心免受伤害。

第三,归属和爱的需要——包括感情、归属、被接纳、友谊等需要。

第四,尊重的需要——包括内在的尊重如自尊心、自主权、成就感等需要和外在的尊重如地位、认同、受重视等需要。

第五,自我实现的需要——包括个人成长、发挥个人潜能、实现个人理想的需要。

2. 赫茨伯格的双因素理论

双因素理论又被称为激励保健理论,是美国行为科学家弗雷德里克·赫茨伯格提出来的。双因素理论认为引发人们工作动机的因素主要包含两个:一是保健因素,包括政策、管理措施、监督、人际关系、物质条件等;二是激励因素,包括成就、赏识、挑战性的工作、增加的工作责任以及成长与发展的机会等。这两个因素当中只有激励因素才可以给人们带来满意感,而保健因素只能消除人们的不满。

赫茨伯格的双因素理论与马斯洛的需要层次理论有一定的相似之处。赫茨伯格的双因素理论中的保健因素相当于马斯洛所提出的生理需要、安全需要、感情需要等较低级的需要;激励因素则与受人尊敬的需要、自我实现的需要等较高级的需要基本等同。

把赫茨伯格双因素理论运用到管理活动中,首先应该对存在的各因素进行质的分析与划分,确保或创造出保健与激励因素两部分;其次,进行量的分析与划分,既保障保健因素的基本满足程度,又尽量加大激励因素成分,才能够最大限度地激发工作的积极主动性。

（三）认知主义学习理论

1. 克勒的顿悟说

学习的认知理论起源于德国格式塔心理学派的完形理论。格式塔心理学的创始人是德国心理学家魏特墨、科夫卡与克勒。克勒历时7年，以黑猩猩为对象进行的18个实验，按照其结果，撰写了《猩猩的智慧》一文，他发挥了格式塔理论，提出了顿悟说。主要观点：第一，学习是组织、构造一种完形，而不是刺激与反应的简单联结。第二，学习是顿悟，而不是通过尝试错误来实现的。顿悟说注重的是刺激和反应之间的组织作用，认为这种组织表现为知觉经验中旧的组织结构（格式塔）的豁然改组或新结构的顿悟。

2. 托尔曼的认知—目的论

托尔曼的学习理论主要包含两大特点：一切学习都是有目的的活动以及为达到学习目的，必须对学习条件进行认知。托尔曼用"符号"来代表有机体对环境的认知，认为学习者在达到目的的过程中，学习的是能达到目的的符号及其符号所代表的意义，是形成一定的"认知地图"，这才是学习的实质。托尔曼的学习目的和学习认知概念，直接来自格式塔学派的完形说，吸取了完形派思想中某些积极成果，认为行为表现为整体的行为，这种有目的的整体性的行为是学习认知的结果。托尔曼将试误论与目的认知论相结合，认为在刺激与反应之间有目的与认知等中介变量，不但研究行为的外部表现，还要探讨内部大脑活动。关于学习出现的原因，托尔曼认为外在的强化并不是学习产生的必要因素，不强化也会出现学习。

3. 对认知派学习理论的评价

认知派学习理论为教学论提供了理论依据，丰富了教育心理学的内容，为推动教育心理学的发展立下了汗马功劳。认知派学习理论的主要贡献是：

第一，注重人在学习活动中的主体价值，充分肯定了学习者的自觉能动性。

第二，强调认知、意义理解、独立思考等意识活动在学习中的重要地位和作用。

第三，注重人在学习活动中的准备状态。

第四，重视强化的功能。认知学习理论由于把人的学习看成是一种积极主动的过程，因而很重视内在的动机与学习活动本身带来的内在强化的作用。

第五，主张人的学习的创造性。

第四节 提升高职大学语文教学有效性的措施

一、有效性课堂的实施策略

（一）研读课标，明确教学目标是有效教学的前提

教学目标就是教师直截了当地表述出自己能够达到的教学效果。而课程标准主要是指对学习要点规定了基本的内容以及应该达到的结果。由此可见，教学目标的设计主要是根据课程标准进行制定的。但是教学目标的行为主体是学生，所以教师在设计教学目标的时候必须以学生为中心。在课堂教学准备阶段，教师应认真研读课程标准，针对课标的相关要求，再结合教科书分析相关内容，进一步了解课程标准当中的内容在教科书上是怎样表达的，再明确教学目标当中应该包含哪些知识要素，需要学到什么程度等，这样才可以更好地适应大多数学生的学习要求，更好地完成教学任务，达到更好的教学效果。

（二）设疑置问，合作探究，激发学生参与到教学中来

设疑置问环节最能够挑战教师的教学水平。作为培养学生思考能力的一个不容忽视新的环节，教师的设问，是开启学生智慧之门的重要钥匙；而学生提问，则是反映教师教学品质的镜子。在一个个问题面前，合作探究是有效解决问题的重要途径。充分发挥教学相长的作用，努力提升学生本身的素质的同时，也是推动教师教学向纵深拓展的基本策略，合作探究学习是人才成长当中的必由之路。

探究学习的过程就是发现问题、提出问题、分析问题以及解决问题的过程。形式能够多样化，如分组讨论、小组分工制作、小组展示成果、合演小品等。通过合作探究学习，还能够培养学生的独立意识、合作精神、批判精

神、求证精神，培养勇于探索、追根究底的好奇心，长期的合作探究学习形式更是可以让学生的学习能力不断提高。

（三）建构平等、和谐的师生关系

教师应该能够放下传统观念当中"师道尊严"的架子，要"俯下身子"同学生进行交流。只有在和谐、平等、融洽的师生关系当中，才有师生全身心的投入，教者神采飞扬，学者兴致高涨。这就需要教师树立以发展学生为本的观点，坚持教学服务于学生的思想，同时还应当明确自己是教学活动的组织者、合作者、参与者这一角色地位，与学生互动交流、平等相处。

（四）创设学习情境，激发学生学习兴趣

兴趣是最好的教师。教学活动中教师应该尽可能地与学生的实际进行联系，结合教学内容，努力创设各种生动形象的教学情境，激发学生的学习兴趣，引导他们积极、主动地参与到学习中去。从生活或具体情境当中引入新知，让学生在有效的情境中产生学习与探索的兴趣。教师还应当通过创设情境让学生产生学习新知的动机，积极投入到探索新知的活动中。

（五）巧设问题，激发学生的学习积极性

教师要力求从学生熟悉的生活情景与童话世界出发，选择学生身边、学生感兴趣的问题，充分激发学生学习的兴趣和动机，让学生初步感受知识与日常生活的紧密联系，感悟学习的乐趣，形成学习的需要，激发探索新知识的积极性，进而有效地参与学习。

（六）合理利用现代教学手段，实现课堂的有效性教学

随着社会的不断进步，现代化教学手段已经高度应用于课堂教学，从声音、画面图像等不同方面调动了学生的感觉器官，对课堂教学的有效性的落实起到了重要的推动作用，使得教学内容的宏观与微观、静态与动态、直观与抽象等方面可以有效地相互转换。但是，并不是所有的教学内容都适合利用现代化的多媒体进行教学的。比如，对于一些公开课、优质课，多媒体的使用可以发挥得淋漓尽致，动画、声音都能够派上用场。但事实上，这些教学形式是不带有普遍运用性的，其只不过是表现与展示的功能而已，它不能

完全适用于其他教学内容。毕竟课件的制作所消耗的时间和精力是相当大的。所以，对于不同的教学内容，合理地利用现代教学手段，在有限的人力、物力以及时间等条件下，达到提高教学效果具有相当重要的意义。

二、提升高职大学语文教学有效性的措施

（一）激发学生学习动机，引导学生主动参与教学活动

语文作为母语课程的学科，一直致力于引导学生学会"听、说、读、写"等多个方面的实际技能，进而在优美的文字和语言中，感知、体味美，进而推动学生在思想和行为上追求美。高职的语文课堂中，教师应该扮演多种角色，但是不能将自己扮成演员，将学生当作观众，如果整堂课师生缺少互动和交流，即便课程内容再好，教师再认真，也达不到让学生"学"的目的。这种课堂与我们通常认为的传统课堂所开展的教学模式是相同的，不能体现出学生学得有效。所以，针对高职学生的特点，教师在课堂上要激活学生，做到师生互动、教学相长。

（二）结合学生学习特点，锻炼学习思维，养成学习习惯

高职阶段的学习与中学时期的学习存在差异，怎样让刚入学的学生尽快适应高职的学习生活，这不仅会涉及教师的教学方法，也会涉及学生的学习策略。高职学生的"学习具有较高层次的职业定向性"，他们在刚刚进入校园的时候，就已经基本明确了将来的就业岗位，并主要围绕一定的职业定向进行课程学习。

所以，虽然高职学生普遍存在学习的积极性和主动性不足，学习情绪化较强，没有良好的学习习惯等情况，但同时他们具有更多的自主权，学习途径也更加多样，还有实践性教学环节能够为学生提供更多的展现舞台。

语文课程目的是致力于学生语文素养的形成和发展。其核心概念是"语文素养"，包括语言能力、语文学习习惯与方法、知识视野、情感态度、思维品质、文化品位、人文精神等等。学语文更多的是人文素养的一种培养与提高。教师在组织语文教学的时候必须要充分认识到学生学习的实际情况，结

合他们的专业特点，锻炼他们具有较强的思考意识以及科学的思维方式，养成良好的学习习惯：课堂上抓重点记笔记；知识上联系实际强化实践；方法上勤思考多练习。

（三）教学方法应当灵活多样

1. 互动式教学，充分调动学生的学习积极性

苏霍姆林斯基说过："上课，这是儿童和教师的共同劳动，这种劳动的成功，首先是由师生间的相互关系来决定的。"教学，说到底，是教师教与学生学的一个教学相长的过程。教师是学生和文本的中介，是阅读中的对话者、课堂阅读的组织者、学生阅读的促进者，而不应该取代学生在阅读活动中的主体地位。

教师应该指导学生带着问题具体、深入地思考课文的质量和深度，鼓励他们运用自己的想象力对作品的词汇、结构、情节、人物以及思想做出反应。如果教师在课堂上可以发扬民主，与学生密切配合，营造轻松和谐的教学氛围，让学生在学习中感到轻松愉快，就能够充分激发学生探索的欲望，提高学生的表达能力与分析能力，陶冶情操，健全人格，收到最佳的教学效果。

2. 利用网络资源，增强教学效果

伴随着信息技术的迅猛发展，校园网络环境的形成，网络媒体已经成为高职学生学习与生活的基本环境。在大学语文教学过程中，教师如果能够灵活运用多媒体等现代化教学手段，充分发挥网络资源的丰富性、形象性以及趣味性等特点，建构教学情境，调动学生的视觉与听觉感受，就能够充分激发学生学习新知的兴趣，增强教学效果。

大学语文教材选录的古典文学篇目较多。而文学是时代的重要产物，我国古典文学体裁多样，作品丰富，距今历史久远，古诗文中的意境、作者的情感抒发和当代青年学子的审美情趣定位不一。在古诗文教学中利用网络教学资源，可以让教师的教学打破时空的限制，有助于学生从不同层面更好地了解教学内容，容纳新知；有助于创设一个崭新的语文教学审美情境，激发学生的审美情趣。比如，介绍李白的《长相思》时，教师可以利用网络教学

资源，通过《一代诗仙》《千秋诗圣》等资料视频的收看以及教学情境的设置，可以让学生在有限时间内凭借联想和想象，对文学作品进行纵、横双向比较，激活自己原有的知识经验，增强课堂教学的趣味性，轻松地了解课文内容及李白不同类型诗作的差异、李白与杜甫诗作风格的不同及其原因等。这样，学生在欣赏作品、学习新知的时候，也能够训练思维，提升综合智力。

（四）重建教材，学用结合

"立国之本，在于教育。教育之良否，教科书关系最巨。"一直以来，高职院校语文都没有合适的教材，高职语文学科要想获得长足发展，必须要编写出适应现代高职教育的具有高职特点的优秀教材。

高职语文教材的编制，应该邀请学科专家和教学一线的老师参与，进行相互研讨以多方征求意见。在知识的组织和选择上要以达成高职语文教学目标为导向和依据，体现"实用性"和"实践性"。同时还要具有弹性和灵活性。"如果从商业的角度来说，教科书产品是一种公共性极强的工具读物。所以，其必然要符合大众的口味，体现出社会的主流价值，这样才能够不断适应市场的需求。"因此，高职语文教材一定要与学生的生活实际相结合，也要便于进行实践活动。

高职语文教材的编制应该吸取各院校《大学语文》的长处，精选一些古今中外经典名篇，但是要打破经典名篇一统语文教材天下的局面，而且要尽量做到通俗化。原因是，就学生水平而言，目前很多的先秦诸子的文章看不懂，不懂就无法对其产生兴趣。所以，应该改变目前《大学语文》过于注重学科本位和强调内容系统性的特点，在内容选择上要改变当前"繁、难、偏、旧"的特点与太过注重书本知识的情况，注重课程内容与学生生活实际以及现代社会和科技发展的联系，关注学生学习的兴趣与经验。

选择一些能够反映中外当代生活的作品，如"焦点访谈""百家讲坛""名人访谈"等群众喜闻乐见的节目内容选入课本，同时，为了能够体现出教材的地方特色，还可以把具有当地民族特色的民风、民俗、艺术等内容编入教材当中，既增加了教材的时代感与现实感，同时也能够提高学生学习语文的兴趣。这样可以使学生感觉到语文就在我们身边，生活中处处都是语文，上课也有话题可说，有助于提高学生语文分析、判断和语言的表达能力，一举多得。

当然，高职语文在选文上面要做到既是中学语文教材内容的延伸和深化，而不是重复，又富有广度与深度，同时要加强实用与实践内容的分量，体现职业性的特点。在内容编排上应以单元教学或模块教学为宜，最好存在一些能够灵活替换的"活动"的单元和模块，以方便教师选择和更换。学校再根据本校专业特点再增加一些实用性文体的内容，如计划、总结、简历、报告等，做到灵活实用。教师可以按照学生专业的不同和实际情况而选择相应的模块进行教学。

（五）有效把握课堂节奏

课堂一个教学流程可以由"导入—铺成—高潮—终结"四个阶段构成，它们的教学紧张度逐渐加大，按照前后顺序呈现出阶梯性，反映教学认识和教学情感的不断深化。教师合理地营造和调控教学节奏，能够增强艺术感染力量，学生的问题意识必然会受到点燃与启发。

要提升大学语文课堂教学的有效性，教学节奏的把握应该是教师考虑的一个重要因素，根据教学内容的不同，教学对象之间存在的差异，自己的教学风格与思维方式，教师应该选择适合的节奏教学，进而提升大学语文课堂教学的有效性。

（六）布置恰当的课后作业

1. 强化记忆

大学语文课本中所选的文章，几乎全是名篇。所以教师在布置课后作业的时候，应该给学生适当地布置一些背诵的篇目，比如屈原《离骚》、陶渊明的《饮酒》、李白的《蜀道难》、徐志摩的《再别康桥》等等。还有一些文章，虽然整篇背诵难度较大，但是也应该让学生熟读，如《孔子论修身》、苏轼《前赤壁赋》等等，丰富相应的知识积累，让学生在潜移默化中感受中国文化的魅力。

2. 课外阅读

对于大学生来讲，仅仅阅读课本上的文章是远远不够的。教师可以根据学生兴趣的差异，向他们推荐适合自己的文学书籍阅读，并让他们写读后感。然后在课堂上举行读书论坛，向其他学生介绍自己的体会，进而培养学生的阅读能力与写作能力。

第三章 高职大学语文教学中的人文素质教育

第一节 高职院校人文素质教育内涵及现状

一、人文素质概述

(一) 人文素质的内涵

人文素质主要指的是人们在人文方面所具有的综合品质或所达到的发展程度。现代的"人文主义",在很大程度上是作为"科学主义""金钱拜物教"的对立面而出现的。其相对于"科学主义"而言,着重强调的是关注人的生命、价值与意义的人本主义;相较于"工具理性"或"技术理性"来说,其重点强调的是价值理性与目的理性;相对于实用主义而言,强调的是注重人的精神追求的理想主义或浪漫主义。"科学""实用"与"人文""理想"是人类生存和发展不可或缺的两个价值向度。

正如孟子所说:"仁义礼智根于心,其生色也睟然,见于面,盎于背,施于四体,四体不言而喻。"(《尽心上》)人文素质是人对生活的看法,人内心的道德修养,以及由此而生的为人处世之道。

(二) 人文素质的主要内容

1. 具备人文知识

人文知识是人类关于人文领域(主要是精神生活领域)的基本知识,比如历史知识、文学知识、政治知识、法律知识、艺术知识、哲学知识、宗教知识、道德知识、语言知识等。

2. 理解人文思想

人文思想是支撑人文知识的基本理论及其内在逻辑。同科学思想相比,人文思想是有很强的民族色彩、个性色彩和鲜明的意识形态特征。人文思想的核心是基本的文化理念。

3．掌握人文方法

人文方法是人文思想中所蕴含的认识方法和实践方法。人文方法表明了人文思想是如何产生和形成的。学会用人文的方法思考和解决问题，是人文素质的一个重要方面。与科学方法强调精确性和普遍适用性不同，人文方法重在定性，强调体验，且与特定的文化相联系。

4．遵循人文精神

人文精神是人文思想、人文方法产生的世界观、价值观基础，是最基本、最重要的人文思想、人文方法。人文精神是人类文化或文明的真谛所在，民族精神、时代精神从根本上说都是人文精神的具体表现。

在人文素质4个方面当中，人文精神是核心。人文精神主要表现在：在处理人与自然、人与社会、人与文化的关系时，突出人是主体的原则；在认识和实践活动中，以人各种需要的满足为最终诉求，强调人是目的的原则；在人与物的比较中，突出人高于物、贵于物的特殊地位，强调精神重于物质，人的价值重于物的价值，生命价值优先的人道主义原则和人本主义原则；在人与人的关系中，强调相互尊重对方的人格尊严，突出人人平等的原则。人文素质的形成主要有赖于后天的人文教育。

（三）人文素质的重要性

人文素质也可以说成是文化修养，包含了一个人精神层面与道德方面的素质，是一种以人为对象、以人为中心的精神，是一个人的内在本质。换句话说就是感受幸福和快乐的能力。不管科技怎么发达，经济条件再怎么好，如果没有对生活的感性认识，我们就感受不到发达的科技和优越的条件带给我们的幸福，因为我们所做的一切最终都是为了人们能够更好地生活，都是以人们对生活的感受作为回报和目的。

人文素质越高，就越能辨别社会和自我、他人和自我、物质和自我的关系从而做到自我精神和认识的独立，而不是迷失在五彩缤纷的物质世界中。有较高的人文素质，才能够以主人翁的姿态去认识世界，看待社会，驾临物质，就可以站在高处将所有的关系一览无余，才不至于迷失方向。

有一定的人文素质，才能够透过事物或事件本身，看到其深刻意义，我们才甘于为了追求自己的目标，在自己为之奋斗的东西上贡献我们的时间与精力，并获得极大快乐和满足，尽管在探求过程中可能会失去常人应有的快乐，我们仍然孜孜以求，因为我们深切知道，我们的工作是有意义的，是造福更多人的。

通过人文素质修炼的过程，我们其实就是追寻生命意义的过程，在构建自己的人生观、世界观的过程。人文素质提高了，其人生哲学必将越来越深刻，人生理想会越来越高尚，进而成为造福人间的使者，这样的人生才是幸福的人生，这样的人是"巨人"，他代表的已经不再是他一个人，而是社会意义上的一个主流，一个先锋者。

有人文素质，我们才能够用一颗善良而美好的心去观察和体会这个世界，进而感受到这个世界美妙的东西，而不只是因为社会上存在的某种丑恶的现象而放弃了对美好的追求放弃了为了使人们都朝向美好的一面的探索。人文素质高了，我们就有发现美的能力，并举起美的旗帜，将社会上丑恶的东西赶出我们的领地，我们是美好阵地的守护者和宣扬者。

人文素质是一切的归宿点和出发点，我们做任何事情都有动机和目标的，而这些动机和目标就是如何使得我们生活更加美好，使得我们的社会关系，自然关系，人和人之间的关系更加和谐，我们更加悦纳自己。

二、人文素质教育

（一）人文素质教育定义

"人文"一词，在词典上界定为"泛指人类社会的各种文化现象"。中国自古便有注重人文教育的传统。《易经》上面说："观乎天文，以察时变；关乎人文，以化成天下。"这里的"人文"用现在话来说，就是精神文明；这里的"化"就是教化，即教育的意思。讲道理，讲文明才是中华民族语言的基石。所以只有那些优秀的可以升华的人的精神，提高人的价值的文化才能够列入人文教育的内涵当中。"人文素质"是指由知识、能力、观念、情感、意志等多种因素综合而成的一个人的内在品质，表现为一个人的人格、气质、修养。

人文素质不能直接创造出社会财富，往往会被人们所忽视。人文素质对社会与个人的作用一般是"润物细无声"，在潜移默化当中改善个人的品质，提高个体的修养，发展个人的能力，推动社会的发展，让社会在和谐中前进。我们不能因为其对社会和个人的间接作用而忽视其社会价值，不能因为它的非实效性而忽略它的存在，它一直伴随着社会前进的脚步，为社会和个人的发展做着默默无闻的贡献。

人文素质教育是素质教育的重要基础，更是高职院校教育改革的重要目标。何为人文素质教育？林绍雄认为"人文素质教育，就是更加注重学生人文精神的培养和提升、重视学生人格的不断健全和完善的教育；对于高职院校来说，就是注重大学生内在精神品质与文化素质的有机结合和协调发展，也就是提高其人文精神的涵养水平。人文素质教育就是将人类优秀的文化成果通过知识传授、环境熏陶以及自身实践等教育活动使其内化为人格、气质、修养，成为人的相对稳定的内在品质。人文素质教育的目的，主要是引导学生如何做人，包括如何处理人与自然、人与社会、人与人的关系以及自身的理性、情感、意志等方面的问题。人文素质教育就其基本内涵来说就是将人类一切自然科学和社会科学的优秀成果，以各种各样的教育方式，包括知识传授、环境熏染、自我反省等方式传递给个体，使之内化在个体的思想当中，培养个体独特的气质、修养、道德、品质，并将其外化为具体的行为当中的教育过程。具体说来人文素质教育就是传递人文知识、塑造人文精神、外化人文行为的教育过程。

（二）高职院校人文素质教育现状

1. 社会对人文素养的认识不够

在全社会重理轻文，重专业技能、轻综合素质，重实用、轻基础，急功近利等不良观念的影响下，高职院校同样受到冲击。学校在专业规划、专业建设上同样存在急功近利的短期行为，忽视学生综合素质的提高和全面发展。通过对部分高职学生的调查，发现他们不爱学习，相当一部分学生存在旷课，厌学现象。认为有用的技能学点，其他无所谓。人文素质的缺失使他们思维过于狭隘了。

2．对高等职业院校的定位产生误解，从而忽视学生人文素质的培养

高等职业技术院校是以培养高等技术应用型专门人才为根本任务，是以适应社会需要为目标，以培养技术应用能力为主线设计学生的知识、能力、素质结构和培养方案的。由此可以看出技术应用性和能力对于高职院校学生的重要性。虽然《教育部关于加强高职高专教育人才培养工作的意见》关于课程和教学内容体系改革的实施意见指出要注重人文社会科学与技术教育相结合。但有些人将技术应用性和能力这两点看成最重要的甚至是唯一的教育教学的依据。因而课程设置中专业技能技术课程占了绝大多数，而无人文课程的地位。即使有人文课程，大多也都是选修课，是附属品，不能引起学生足够的重视。可以说，高职院校在培养学生掌握一技之长、学会生存方面是较成功的，而在培养学生如何做人上却是比较欠缺的。

3．高职院校人文底蕴较薄

高职院校多由各类成人院校改制或中专院校升格或合并而来，无论从办学历史，还是师资力量、硬件设施都较普通本科高校有所差距。尤其从人文底蕴上，更是无法相比。许多高校有少则几十年多则近百年的历史，它们那古朴凝重的建筑，幽雅美丽的校园本身对学生就有着"润物细无声"的影响；而且那里也是我国名家大师云集的地方，大师们那令人"高山仰止"的学术造诣，高尚的人格魅力影响和感召着大批学生。高职院校则少有或没有这样的人物。而且，从生源素质上高职院校的学生也较它们的低一些。

4．教育理念与教育模式落后

新建的高职院校的各级各类机构尚处于组建过程中，人员配备不足，有些教师尚未摆脱旧的教育观念和教学模式。多数教师仍停留在只传授专业知识技能，忽视学生人格教育的，认为人文素质教育只是专门人文学科教师和

57

专门机构（如党团组织）的任务，而与他们无关，造成人文教育的单一化，无法形成全面的网络。

5. 校园文化体系不够成熟

校园文化对大学生的人文素质的培养起着非常重要的作用。新建高职院校一般成立时间较短，校园文化还未形成自己的特色，缺乏深厚的基础和底蕴。由于高职院校学制较短，多为二至三年，各类学生团体组织人员流动较快，无法深刻反思总结，不成气候，难以形成持久稳定的校园文化。读书是人文精神形成的基础，在重视实用技能的高职校园中读书自然成了少数人的奢侈行为，而且图书馆的人文类藏书也相对较少。缺乏了人文精神的校园文化自然不利于学生人文素质的培养。

6. 学习功利性

很多大学生为了在以后的工作中能够得到高职高薪，在学习中总是把利益放在第一位，带着功利心去考研或者考取各种证书，为了各种理由选择逃课，为谋取高分成绩，又不惜运用作弊、请人代考等手段。

7. 艺术修养和审美能力的缺失

人的思想和行为源于人的认知，审美能力是认知水平高低的标志，但是当代大学生的艺术修养及审美能力却不尽人意。当代大学生比较重视专业技能的学习，常常忽视文学等方面的艺术修养的提高，甚至于出现有人连四大名著都不知道的情况，着实可悲。大学生审美能力缺失，对性别的概念日益模糊，如"春哥"现象的产生，追捧"春哥"，追求所谓的"中性美"，甚至于把它当作是一种时尚。

8. 不正确的价值观念及世界观

许多大学生把社会本位转向个人本位，把追求理想转向注重实惠，把英雄崇拜转向功利主义。在物质和精神追求上，片面追求物质利益，缺乏社会理想。在道德的责任意识方面，对社会的关怀表现淡漠。比如，某些人对个人卫生非常讲究，对宿舍脏乱却习以为常；不爱护公物，不注意爱护图书，将课桌乱刻乱画；满口脏话，不文明举止时有所见等。

（三）人文素质缺失现象产生的原因

1. 社会变化的影响

随着经济的发展，在人民物质生活普遍得到改善的同时，精神文明的建设相对滞后，特别是对于年轻的大学生来说，他们在充分享受改革开放的物质利益，却无法正确对待社会发展的负面影响，其道德水平未能提高，反而滋长了享乐主义、个人主义的思想。

2. 学校教育本身的影响

出于教育的功利主义思想着重强调为国民经济建设的专业教育，忽视了提高人的素质的人文教育，以致出现了很多热门专业、热门学校。人文教育的空间不断缩小，出现"科学主义""工具理性主义"的哲学思潮，人文教育和科学教育相脱离的状况也日益加重。

3. 课程设置和专业设置不合理

一方面，某些专业口径过于狭窄，不适应市场经济条件下职业变换的人才流动的需要；综合课、基础课和选修课相对较少。另一方面，作为教育内容的载体的课程设置在很大程度上忽视了最高层次的道德和价值系统以及方法论学习方面的培养（流于形式）。

第二节 高职大学语文在人文素质培养方面的功能

一、大学生人文素质教育的意义

人文素质是大学生成才的必备素质。跨进高职院校的每个学生，都渴望自己能够成才，但是如果只具备一定的专业素质，而欠缺相应的人文素质，最终只能够成为人们所说的"机器人""工具人""单面人"，所以，加强大学生人文素质教育对大学生成长成才具有非常重要的意义。

（一）加强人文素质教育能够培养大学生创新思维能力

由于自然科学主要是依靠逻辑思维，其思维方式通常是收敛的、确定的和必然的，而人文社会科学则主要是依据形象思维，其思维方式经常会带有发散性、多元性以及或然性。培养良好的人文素质能够促使大学生经常进行两种思维方式的交差与互补训练，形成全面的知识结构，这对于大学生创新思维的培养具有良好的推动作用。事实证明，超一流的科学家身上都会具有超一流的人文素质，他们是科学家，同时也是具有良好的人文道德修养的思想家、哲学家、艺术家。

比如，在科学发展史上具有划时代地位的科学家爱因斯坦，不但是一位建树卓越的学者，还是一位伟大的哲学家和出色的小提琴演奏家。那些为人类历史发展做出过卓越贡献的伟大科学家们，如居里夫人、爱迪生、李四光、竺可桢、华罗庚、钱学森等，他们对人类的贡献，不仅在于科学本身，还在于他们伟大的精神力量以及可贵的品格。所以，大学生培养良好的人文素质，将关系到所学专业上的成就，为创新思维的培养和开展创造性活动打下坚实的基础。

（二）加强人文素质教育能够促进大学生综合素质的提高

人文素质是一种基础性素质，其对于其他素质的产生与发展具有很大的影响力和很强的渗透力。人文素质对于推动大学生综合素质的提升，不仅表现在提高大学生的专业素质、心理素质、思想道德素质等方面，还表现在树立正确的价值观、培育民族精神、改善思维方式、增强非智力因素等几个方面。

（三）良好的人文素质能够促进人的全面自由发展

知识经济时代是人的发展进一步走向全面发展的时代。人的全面而自由的发展，是与人的人文素质的提高离不开的。人的人文素质的提高，既是人全面发展的重要内容，也是社会进步与发展的内容，也是人的其他方面（专业能力、业务素质等）发展的必要条件。

从某种意义上来说，人的专业能力、业务素质只是人的全面而自由发展的条件，而人的人文素质，即思想境界、情操、认识能力、文化教养，才是人的全面而自由地发展的重要标志。高雅的人文修养可以使学生自觉关怀他人、关怀社会、关怀人类、关怀自然的意义和价值，逐渐具备健全美好的人格，不断由必然王国向全面发展的自由王国攀登。

（四）加强人文素质教育的实践意义

高职毕业生就业比较困难，实际上并不是单纯的学历问题，人文素质也具有非常重要的作用。从现状来看，人文素质较高的人，在求职面试、工作期间胜任度以及创造性方面都占有一定的优势。高职学生在缺少学历优势的情况下，要想扭转被动局面，首先应该具有良好的人文素质作为支撑。一个人所学的科学技术，能否或在多大程度上被正确运用，受其人文素质的高低所制约。高职毕业生如果人文素质较低，就可能会片面逐物，唯利是图，很难成为和谐社会的积极因素，而且即使由于其对某项技术操作表现出了较娴熟的技艺而得到录用，由于其人文底蕴不足，缺少发展后劲，在激烈的竞争中也同样可能面临被淘汰的局面。

二、语文教育人文性的历史溯源

"人文"一词，最早见于《周易》："刚柔交错，天文也；文明以止，人文也。观乎天文，以察时变；观乎人文，以化成天下。"孔颖达解释说："文明，离也；以止，良也。用此文明之道，截止于人，是人之文德之教。此责卦之象，既有天文、人文，欲广美天文、人文之义，圣人用之以治物也。"早在先秦时期，中国儒家的"六艺"教育，即诗、书、礼、乐、御、射，就充分体现出了丰富的人文教育内涵，可以说是中国通识教育的发端。这个教育传统一直绵延整个中国漫长的古代社会时期，中间虽然横亘自隋朝开始的带有较重功利色彩的科举教育，但是古人的教育一直都在强调琴、棋、书、画、诗的兼修。由此可见，中国古代教育的人文内涵从来没有被中断过。

清朝末年，中国出现现代大学的雏形。"五四"以后，受到西方自文艺复兴以来重视人文主义教育的外来影响，在迅速发展的中国现代大学课程中出现了近同大学语文课程的国文课，朱自清、沈从文、吕叔湘等都曾经执教过这门课程。1978年改革开放以后，为凸显大学教育当中的人文传统，南京大学校长匡亚明和复旦大学校长苏步青联合倡议在全国高校开设大学语文课程。自此之后，中国大学的全面性人文教育开始踏上了新的征程。时至新世纪的

2006年，国务院印发的《国家"十一五"时期文化发展纲要》当中明确提出，高等学校要创造条件面向全体大学生开设中国语文课。教育部随后发文要求各大学做好大学语文的教学改革工作。国家对于大学语文这门课程的重视，在改革开放之后的30多年时间里得到了充分体现。

三、大学语文的人文素质培养功能的界定

大学语文课程区别于其他专业课的最大特点就是人文素质培养功能。1996年，国家教委高教司就已经指出："大学语文课，是普通高校中面向文（汉语言文学专业除外）、理、工、农、医、财经、政法、外语、艺术、教育等各类专业学生所开设的一门文化素质教育课程。"徐中玉先生则更加明确指出："现在的'大学语文'课程，必须重视人文教育和人文精神的培养。'大学语文'的工具性当然仍要注意，但应该不断渐进，进一步还得讲究兼顾文学性、艺术性、审美性、创新性乃至深刻的人生哲理性。总目标仍在提高大学生的品格素质与人文精神。"刘晓鑫等人所认为的"母语水平和人文素质是大学语文课的两大支点"，无疑更是抓住了大学语文课程的本质特征。

同时，大学语文课程人文素质培养功能的实现还具有非常突出的现实意义和推广价值。

第一，大学语文课程教学内容涉及范围非常广泛，是包含人文素质主要内容最为全面的课程。王振槐把人文素质的内容主要分为了四个方面：具备人文知识、理解人文思想、掌握人文方法以及遵循人文精神。

第二，大学语文课程能够超越专业课程实用价值的制约，关注大学生的生命观、价值观、青春观、职业观以及受挫观等。

第三，大学语文课程教学也能够解决处理一些教学问题，比如课堂教学活动中缺乏积极性、课堂氛围比较低沉压抑、学生的参与意识淡薄，缺乏主体性意识、注意力不集中等。

第四，通过大学生把大学语文课程的人文素质培养功能的实现传递到社会，这对于建立民众社会信仰、革除浮躁社会风气、实现中华民族的伟大复

兴具有十分重要的促进作用。

四、高职大学语文人文素质培养功能的主要内容

（一）大学语文教学对学生良好的思想道德素质的培养起着潜移默化的熏染的作用

思想道德素质的培养是一个系统工程，是需要学校全体教员、全体管理者以及其他方方面面的共同努力的。大学语文所选讲的中国历代文学精品当中，铭刻着前贤们上下求索的心灵历程，富含有中华民族优秀的传统以及深厚的文化内涵。这些优秀的民族传统和精神对我们精神文明建设依然具有非常重要的现实意义。

大学语文教学不仅是让学生了解、读懂其字面意义，更重要的是引导学生以当代人的眼光与思维对我们民族的传统文化和精神进行全新的审视，深刻领会其精髓，并将其内化为自己内在的品格。比如，在《孔孟语录》的学习当中，能够指导学生从分析其文字意义方面入手，让他们清楚地看到其中所包含的闪光的民族传统精神——"舍生取义""不为富贵违仁"以及"与民同优乐""生于忧患死于安乐"的思想，"推善及人""身正令行"的人格力量，"三人行必有我师"的求学精神等等。这些思想和精神对当今青年学生思想道德素质的培养仍然具有其历久弥新的现实作用。从屈原的《离骚》到岳飞的《满江红》、辛弃疾的《过零丁洋》，从梁启超的《少年中国说》到鲁迅的《中国人失掉自信力了吗》，从郭沫若的《炉中煤》到舒婷的《祖国啊，我亲爱的祖国》，其字里行间均奔涌激荡着的是中华民族源远流长、任何磨难都无法摧毁的爱国主义精神。

指导学生分析、阅读、欣赏这些作品，能够使他们在情感上与作品主旨产生共鸣，进而激发起他们发自于心地对祖国的责任感与使命感。诸如此类，这些内容都是我们进行思想道德素质教育的好素材。大学语文教学的这种从情感上打动人，从思想上教育人的独特形式，对学生思想道德素质的培养是具有潜移默化的熏染作用的。

（二）培养大学生积极健康的价值取向

文以载道，美善合一是中国文学的重要特征。《大学语文》教材里面所选录的篇目，基本上都是中国文学史中久经岁月磨炼的经典名篇，是内容美与形式美的重要结晶，是作家真情实感和价值取向的流露，更是作家人格的重要体现。所以在《大学语文》的教学活动当中，除了基本的字词、语法和结构之外，更要让学生领悟到其中所富含的深刻内涵和人生哲理，引导学生培养积极健康的价值取向。

比如，《孔孟语录》十二则，通过言近旨远的只言片语，得以体现出孔子的不为富贵而违仁、松柏后凋、身正令行、杀身成仁等思想以及孟子的为民父母、与民同乐、得道多助失道寡助、生于忧患死于安乐等思想，让学生领悟到孔孟的价值标准与取向。在《不朽——我的宗教》一文中，胡适从小我推及至大我、从个体推及至社会、国家，深入浅出地将儒家的立志、立言、立功作为人生的不朽价值进行论述，为学生树立正确的人生价值观给以良好的启迪。

中国文学历来强调有感而发，有所寄托，好的作品可以反映时代，也能够呈现出作家的思想情感与内心世界。在《大学语文》的教学活动中，让学生学习、领悟作家的思想情感和内心世界的同时，认识社会，思考人生中如价值、理想、追求的重大问题。如孔子"知其不可而为之"的人生态度，屈原的"虽九死其犹未悔"的斗争精神，范仲淹的"先天下之忧而忧，后天下之乐而乐"的责任感，顾炎武的"天下兴亡，匹夫有责"的使命感，杜甫"安得广厦千万间，大庇天下寒士俱欢颜，吾庐独破受冻死亦足"的"宁苦其身以利人"的忧患意识，苏东坡的"天地之间物各有主，苟非吾之所有，虽一毫而莫取"的磊落人格等等。所有这些都能够让学生在面对失败与挫折、个人利益与国家利益、个人喜好和社会取向等诸多问题时做出明智正确的选择。

优秀的文学作品与优秀的作家人格的潜移默化，能够帮助学生树立自己的精神价值和道德取向的坐标。所以，《大学语文》的教学由文字到情理，使得《大学语文》教学具有人情人性之美，以其厚实的人文底蕴影响学生。

（三）《大学语文》教学有助于学生对真善美的追求

《大学语文》当中的很多文学作品，都能够让学生获得真善美的深切感受和体验，进而引导学生更好地去发现美、欣赏美、追求美、创造美。因为，这里是一个水秀山明、风景如画、气象万千的世界。既有鸟语花香，莺歌燕舞，也有潺潺流水，细雨和风；既有"飞流直下三千尺"的壮阔，也有"万条垂下绿丝绦"的柔婉；既有"天苍苍，野茫茫"的辽阔，也有"小桥流水人家"的温馨精致；既有"天光云影共徘徊"的明丽，也有"秋水共长天一色"的迷蒙；既有"千里莺啼绿映红"的喧闹，也有"一行白鹭上青天"的井然。这些作品清澈明朗，晶莹亮丽，生机盎然，反复咏读，令人神清气爽，身心愉悦。

这里还是一个充满了仁爱友善、溢满柔情甜美的世界。有孟子"仁者爱人"的善良，有范仲淹"先天下之忧而忧"的博爱；有鲁迅"俯首甘为孺子牛"的眷眷之心，有吉鸿昌"我以我血荐轩辕"的赤胆忠心；有孟郊"慈母手中线，游子身上衣"的暖人亲情，有杜甫"露从今夜白，月是故乡明"的思乡柔情。

第三节 高职大学语文教学实施人文素质教育的可行性

一、语文教学在高校人文素质教育中的地位

高等院校是为我国培养人才的摇篮。大学生作为国家未来的栋梁，应该具备良好的人文素质，但是，很多高职院校只是将培养学生的专业知识与技能当作学校教育的终极目标，而忽视了对学生所进行的人文素质教育。再加上受到其他诸多因素的影响，势必会影响到学生的全面发展。目前如何让学校和学生对人文素质教育具有一个比较清晰的认识，怎样积极探索并采取有效措施改进高等院校的人文素质教育，已经成为高等院校所面临的刻不容缓的重要任务。

世界特别是中国具有上千年的文化积淀,中国是四大文明古国之一,而且文明也没有被中断过。其在漫长的历史发展长河当中沉积下来的宝贵精神遗产中,语言文学是传统文化当中极为重要的组成部分,是文化财富当中的精粹,它为后人蕴蓄了取之不尽的精神源泉,不仅以其语言艺术形象地呈现出了世界以及中国的历史进程,而且蕴含着非常先进的文化思想、高尚的道德情操以及丰富的民族精神,不管是在艺术性上还是在思想性上都熠熠生辉,非常值得我们认真学习和传承。

语文教学是进行人文素质教育的一个最好的方式。其是传授传统文化最初期也是最直接的方式,不但可以增强大学生的民族自信心和自豪感,还有助于他们汲取道德力量,塑造健康人格,这是时代与自身发展的需要。语文教学对学生人文素质的培养既具有直接的也具有潜移默化的影响,这种影响不只存在于短期的学校教育阶段,而是终将伴随他们一生的良好习惯和优良品质,对提高大学生的人文素质修养具有重要意义。

二、大学语文教学与人文素质培养结合的可行性

人文素质的养成并不是一蹴而就的,必须要进行长时间的积累。学生在义务教育阶段与高中教育阶段一直在不断地接受人文素养的教育,其人文素质得到了一定的提升,但是高职阶段的人文素质教育也是十分关键的,其对于学生今后的人生具有非常重要的影响。大学语文教育是人文素质教育的重要途径之一,如何将大学语文教学与人文素质的培养结合起来是不少高职院校面临的难题。大学语文教学与人素质培养结合的可行性为:

(一)语文教育彰显人文特征

语文课堂是学生学习传统文化、学习如何做人、树立正确三观的重要场所,大学语文教育不但要对学生的能力进行培养,更重要的是对学生素质进行提升。在大学语文教学活动当中,人文历史、人文知识对人的精神境界的提升作用和人文艺术鉴赏能力的培养,以及健全丰富的人格的培养具有非常重要的作用。大学语文教育通常是在潜移默化的过程当中,让学生掌握一定

知识的基础之上,慢慢沉淀出一份内在的气质,不断提升其自我修养。

(二)语文教学内容与形式体现人文精神

大学语文教学的主要内容是文学作品,是特定时期当中社会生活与人文精神的重要体现,是作者思想感情的表达,是对人与自然、人与社会以及人类自身发展的不断认识,是对人性、人权、人道和人生的深刻感悟,充满了人文精神。通过对文学作品进行讲解和分析,探讨文学作品所蕴含的人文思想,能够不断提升学生的人文素质。

(三)《大学语文》教材适应了人文素质培养的需求

《大学语文》虽然存在了多个版本,但是其教材内容的选择和结构排列上实际上相差不大,文学作品涵盖了古今中外的优秀作品,人文知识非常丰富,便于学生理解人文思想,培养学生的人文精神,进而提高学生的人文素质。在大学语文教学活动当中,教师要对教材进行深入研究,发挥大学语文教学对学生人文素质的培养功效,促进学生综合素质的提升。

三、高职大学语文教学中实施人文素质教育的必要性

(一)人文基础常识缺乏

在当今的高职教育活动中,很多学生严重缺乏文、史、哲以及艺术等方面的知识,甚至连最为基础的文史常识、最基本的艺术审美能力都非常欠缺。学生们普遍认为人文知识对自己将来的发展没有太多的实际意义,所以对于人文知识的学习非常不注重。尤其是理工科专业的学生,更是认为人文的东西应当是圣贤之人的谈资,和自己毫不相关,更与就业无关,专业课、英语和计算机的学习成绩才是真正关系到自己前途的"硬指标"。在很多学生看来,看一篇名著,品一则哲学论断还不如记忆一个英语单词来得实惠,更不如在网络游戏中疯玩一把过瘾。

(二)民族精神缺失

根据相关的调查结果显示,当今社会中有很多的高职院校学生对中华民族数千年来的悠久历史和灿烂文化了解非常少,缺乏民族自尊心和自豪感。

很多学生甚至没有读过四大古典名著,不知道唐宋八大家都有谁,甚至连中国古代四大发明都难以数全。但是对于西方的文化和生活,他们却趋之若鹜。现在的在校高职院校学生,几乎都是在改革开放的年代里面长大,他们的文化心理通常是中西文化共同作用的结果,西方文化的渗透对他们产生了相当大的影响。相当比例的学生热衷于追逐西方生活和西方文化,热衷于过外国的圣诞节、情人节等,而对于我们自己的传统节日却没有什么兴趣。因此,西方文化的渗透已经严重弱化了当代高职院校学生的民族文化自信,造成了民族精神的流失。

(三)理想信念淡化

近些年来,由于受到功利主义、拜金主义等思想的影响,很多高职院校学生逐渐失去了崇高的理想与坚定的信念,对国家、民族以及社会都缺乏基本的责任感与奉献精神,甚至出现了精神失落、道德滑坡等状况。在专业的选择、课程的学习以及择业目标上也不再以国家需要和个人理想作为指针和动力,不再拥有强烈的进取心和执着的信念,而是将混张文凭谋生、获取丰厚的收入或争取出国机会等作为人生追求的主要目标。相当一部分人更是将经济尺度作为引导个人行为的唯一坐标,唯利是从。部分大学毕业生将"到基层去,到边疆去,到祖国最需要的地方去",变味为"到国外去,到外企去,到挣钱最多的地方去"等等。

(四)道德观念淡薄

传统的善恶观、美丑观以及道德标准,在如今的很多高职院校学生身上已经明显失位。校园当中,有为数众多的学生行为不文明,生活品位低下;语言粗鲁,举止粗俗,缺乏基本的礼仪修养;对人生意义认识比较肤浅,对事物的善恶、美丑缺乏相应的分辨力。甚至有一些高年级学生,以欺骗的手段将假冒伪劣产品卖给刚入学的新生,不以为耻,反以为荣;有的在公交车上从不给老人、孕妇让座,将见义勇为、助人为乐的人看成是傻瓜;还有的在课桌上、墙壁上乱刻乱划,写一些低级庸俗的所谓"课桌文学""厕所文学",甚至当众表演恋爱行为等。

（五）个人主义严重

一些学生集体观念比较淡薄，价值取向个人至上。在高职院校当中，这样的场景屡见不鲜：图书馆的报刊书籍或被撕得残缺不堪，或干脆"尸首全无"；自习室的座位被一件件物品长期"霸占"，宁可空着也不允许别人去坐；对待公益活动敷衍了事或拒绝参加，而对评奖评优等有利之事却争先恐后，绝不相让……一切以自我为中心考虑利益得失，讲索取多，讲奉献少，忽视个人在社会中应当承担的责任和义务。

四、高职大学语文在人文素质教育中存在不足

（一）高职大学语文在文化素质教育课程体系中定位仍不明确

高职大学语文从课程对象来看，应该属于高学龄段课程；从课程性质来看，属于核心课程；从课程类别来看，属于公共基础课程；从课程形式来看，属于必修课程。但是由于不同高职院校对于高职大学语文的定位并没有统一，使得高职大学语文在文化素质课程体系当中开设与否，成为视其学校自身的情况而定。此外，各高职院校在"将大学语文设置为何种性质的文化素质教育课程"的问题上也是处于纷繁复杂、混乱无章的状态，一些设置为了基础课，一些设置成了公共课，还有一些设置为了选修课。"当需要向大学生补充基础知识的时候，它是一门公共基础课；当教育部提倡素质教育的时候，它又是素质教育课；当国家提出人文科学与自然科学要并驾齐驱的时候，它又成为大学语文知识课。"所以，高职大学语文到底应该是基础课、素质课还是人文知识课，至今仍然是各执己见、众说纷纭。

高职大学语文在文化素质教育课程体系上的定位不合理，使其难以发挥出应有的人文教育作用。所以，高职大学语文到底应当树立什么样的定位观念，又该与文化素质教育确立怎样的关系，已经成为目前高职大学语文课程改革亟待解决的问题。

（二）偏重知识积累

很多的高职大学语文教师在教学内容安排上过于强调学科知识的系统性，

在教学方式上依然是以灌输知识为主。将全部精力都用到了对教材知识点的掌握上面，眼中只是紧盯着教材当中的知识点，把传授语文知识当作首要教学目标，甚至除了语文知识再不顾及其他层面。通常高职大学语文的教学过程就是研读字词句，分析段落大意，讲述中心思想，背诵文学常识。似乎只有向学生传授全部知识点，才能够圆满地完成教学任务。这样一来，只是让学生被动接受知识，学生学得没有任何乐趣，教师也教得索然无味。等到一学期结束的时候，很多学生已经不能够再回忆起这篇文章究竟讲述了什么内容，又或者对学过哪些知识基本没有印象，更不用说抒发自身的心得感悟。

（三）轻视能力养成

在高职大学语文教学活动的开展中，部分语文教师并没有对学生相应能力的培养具备足够的重视，学生的汉语发音、情感朗读以及思维分析等方面的能力发展呈现出不均衡状态。比如，口语训练一级基本应用文写作这些方面，由于很难在短时间之内收到成效，而被压缩成为单独几节课，而没有贯穿教学过程始终。有相当一部分学生甚至在临近毕业的时候，还对基本应用写作的格式没有基本概念，更不具备写出一封言语通顺、格式正确、内容严谨的求职信的书面表达能力。同时，教师也进一步忽略了对自我认知、逻辑思考、信息处理、沟通交流、应变决策、合作学习、解决问题、自我管理、终身学习等非智力因素能力的培养。总体来讲，语文基础能力存在短腿现象，思维分析与自主学习能力呈现出滞后状态。

（四）语文教学模式较为单一、枯燥

根据相关的调查研究发现，大学语文教学依旧存在以课堂教学为主，教师主要仍是采取灌溉式的教学模式开展教学，虽然这种教学模式可以集中对学生进行管理，提升学生的理论知识水平，但是与大学语文教学大纲不相符，更为重要的是这种模式不利于培养学生的人文素质。通过语文教学培养学生的爱国情感以及树立高尚的人格品质是语文教学的重要任务，但是传统的教学模式是很难达到上述要求的。比如学生的爱国精神培养必须要通过实践锻炼获取，而传统的课堂教学模式是难以真正培养学生的爱国情怀的。而且大

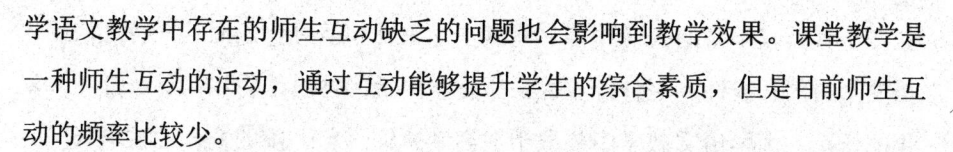

学语文教学中存在的师生互动缺乏的问题也会影响到教学效果。课堂教学是一种师生互动的活动,通过互动能够提升学生的综合素质,但是目前师生互动的频率比较少。

(五)大学语文考核方式单一陈旧,难以体现人文素质教育特点

大学语文教学的重点是"文",侧重于培养学生的人文素养,但是当前高校对于大学语文的评价考核大多以书面封闭考试为主,而且考试的内容随意性比较强,一般考试内容多是由任课教师完成,这样一来不仅在试卷的内容上缺乏创新性,而且在考核方式上也存在较大的"水分",例如任课教师为了教学质量评估,他们会在考前给学生圈重点,以此提高成绩通过率。此种考试模式是难以激发学生的人文素质的。

第四节 高职大学语文教学中人文素质教育的措施

一、准确定位教师角色

《大学语文》课程由于其教学内容具有一定的特殊性,要求教师博学多才,具备较高的文学修养。同一篇文学作品,可能会由于不同水平教师的讲解而精彩纷呈或味同嚼蜡。所以,加强大学语文教学,培养高水平的大学语文教师任教是重中之重。教学过程不只是忠实地执行教材与教案的过程,更是一个师生共同参与的动态、发展、富有个性化的过程,语文课尤为如此。但实际中,一些教师的教案却很少充实新的内容和教学方式,即使教学过程中出现了偏离教学设计的情况,也通常会选择避而不谈,强制性地将学生的思路拉到自己设计好的路径上来,而不是随机应变地利用教学机制及时地给予学生指导,因为这样才能够确保考纲中所规定的教学重点的完成。大学语文教学应该让大学教师充分认识到教材、教案,要根据不同对象,不同环境,及时打破既往的规范。

同时,对学生突发问题也应当及时进行指导。我们应该充分相信大学生可以阅读和理解语文教材,不能将自己当作知识的权威。语文学科的特殊性就在于其具有丰富的人文精神，充满了形象性和情感性，而这些特征决定了语文学科的开放性，这种开放性又正是学生批判性思维得以萌芽、开花和结果的沃土。大学语文教学中要敢于放弃字、词、句、段的基础性教学任务，甚至敢于放弃灌输式的讲解和分析，应该由学生通过查阅资料、自主学习的方式进行弥补和提高。大学语文要将批判性思维的培养作为主要的教学目标和重要的教学任务。教师的角色应该是课堂教学的策划者、组织者、资料的提供者、问题的提出者、学习的监督者，为学生个性的展示搭建平台。要鼓励学生挑战教材，挑战权威，师生在课堂上的话语权应该是平等的，要有勇气从知识的转播者转变为知识的引导者。

二、渗透传统文化，提升人文素养

文化是民族的血脉与灵魂，是人们的精神家园，更是国家发展与民族振兴的重要支撑。中华文化源远流长、博大精深，早就已经在国际上引起高度重视和广泛研究。中国经典的文学作品当中包含了中华民族五千多年的历史积淀和文化积淀，其内涵非常丰富，题材也比较广泛，包含了儒家的"修齐治平"，道家的"天人合一"，唐诗宋词元曲中悲天悯人的高尚情怀等等，中国数千年的灿烂文化贯穿记载于经典著作当中并流传至今，这些优秀的文学作品凝聚了我们民族的思想感情，是中华民族文化的根。经典的文学作品不但能够让我们感受到汉语言文字的独特魅力，更在字里行间传递着优秀传统文化的精髓。

高职大学语文教学通过加强国学经典教育，在课堂上实现对传统文化的有机渗透，可以使高职学生在浓厚的民族传统文化氛围中得到精神感化与文化熏陶。教学过程中，在课堂上开展一些小型的文化活动，简要介绍一些与文本相关的传统文化理论，并让学生结合时政热点进行案例分析，强化学生对人文思想的认识。还能够借助选修课、校园社团、校园文化活动等方式，列出一些学生感兴趣、适合学生阅读的书目，营造良好的文化氛围，提升学生精神境界和人文素养。

三、立足课堂，创设最佳教学情境，提升学生学习兴趣

课堂是语文教学的主要阵地。课堂上呆板、枯燥的授课方式，会使学生产生厌烦的心理。教师应该按照高职学生自身的特点，结合教材内容，利用各种教学手段，创设良好的课堂氛围，激发学生的求知欲望，让学生通过自己的努力去获取新知，进而培养学生喜爱学习的良好习惯。比如，在学习诗歌、散文的时候，先让学生分组进行朗读，让学生对诗文具有一个初步、直观的认识。当学生们进入状态时，再适当地讲解和启发；在戏剧教学中，让学生分角色扮演戏剧中的主要人物，在讲台上把戏剧情节再现，通过戏剧表演，能够帮助学生把握剧中人物的性格特点和作品的主题；学习议论文时，先让学生对相关论题展开辩论，借以培养学生的语言组织能力，然后老师再进行适当引导。还有，利用多媒体课件开展教学活动，可使教学变得更加直观、生动、形象，用图片、音乐更好地吸引学生的注意力，让他们积极参与到课堂活动中来，取得良好的教学效果。

实践证明，在教学中，巧妙地创设情境，营造轻松愉快的课堂氛围，能够很好地激发学生的学习兴趣。学生一旦拥有了强烈的求知欲，在学习过程中就会努力钻研，以坚韧的毅力完成学习任务。

四、要充分利用选修课开设具有浓厚人文色彩的课程

语文教师要根据自己的特长，利用选修课的拓展性，以中华民族传统文化作为基础，对大学生进行人文知识的基本训练。比如，书法、作文、诵读、文学鉴赏等。或侧重于情感熏陶，或侧重于健康人格的培养，或侧重于审美情趣的引导。利用实践活动课程，可以组织读书会、诵读会、演讲会、辩论会、文学社团，通过国学讲座、读书、讨论、参观、访问、考察等方式积极开展活动，并以此为根基，引导大学生兼收并蓄，了解和学习世界各民族的优秀文化，创造学习的人文氛围，使人文教育既具有中国特色，又具有鲜明的时代特色。

五、确保大学语文的核心地位，发挥语文教学的人文价值

大学语文在教材内容的选择上，一般选用具有代表性、典型性的古今中外优秀文学作品，他们的思想性与文学性都具有一定的价值和意义。其生动的语言描述、细腻的形象刻画、人文情操的培养和升华以及良好的人性品格传递出的正能量，都能够会对学生起到潜移默化的作用。同时，大学语文教材的内容设置和编排，也有助于培养学生的民族自尊心和自豪感。通过对大学语文的学习，可以使学生更好地掌握母语知识，对培养学生的审美情趣和思想情操，以及正确的人生观、价值观和弘扬民族文化都具有不可替代的作用。所以大学语文在人文素质教育中的核心作用是其他学科无法实现的。

以大学语文为载体，能够陶冶学生人文情操。结合社会发展的新形势，适应市场经济发展对于人才人文素养的新要求，开展丰富多彩的课堂内外教学活动，充分调动学生学习语文的热情，激发他们对母语的热爱。在课堂教学活动中，应该多给学生动手、动脑、动口的机会，培养他们听、说、读、写的能力；通过开展诗歌朗诵、文章品鉴、剧本表演等活动，调动学生的学习积极性，培养他们的团队合作意识和求实创新的精神；运用多种手段，充分展现学生的语文才华，培养语文知识实际运用能力；同时，结合开展人文素质教育讲座、人文素质辩论大赛、语文基本功比赛以及文学作品展示等活动，以大学语文为载体，促进学生人文素养的养成，努力培养学生人文情操。

六、以人文素质教学为语文教学中心，改进人文素质教学方法

大学语文教学的目的，是培养学生高尚的道德情操与较强的审美能力，让学生建构出健康的人生观、世界观和价值观。这就需要学生通过学习优秀的文学作品，提升对作品的阅读能力和理解能力，从精神角度去分析和思考问题。所以，把人文素质教学放到大学语文教学的首位，能够丰富学生精神生活、陶冶性情、悟道人生哲理，体现出人文教育"以人为本"的思想。将人文素质教学作为大学语文教学的中心并不意味着要忽略对学生阅读理解能

力的培养，通常情况下，听说读写的能力，可以帮助学生更好地把握作品的精神内涵，体会优秀作品的独特魅力。

以往的语文教学主要以教材的讲解为主，人文素质教育一般以课外的阅读活动，师生之间的读书交流活动形式进行。好的人文素质方法，可以使学生在学习语文知识的同时，潜移默化地培养学生人文素质，提升学生独立思考的能力。教师在教学过程中，不能够拘泥于教材课程的安排，可以适当增添一些人文素材的文学作品的阅读交流活动，从时代背景、人物性格、人生阅历以及文化修养等角度去分析文学作品的优秀人文素质。

此外，通过动态学习的方法，将学生平时的学习表现、知识的运用、论文材料的收集等内容作为最终考核的依据，可以提高学生对人文素质学习的积极性。

七、学生自身应该提高对大学语文的重视

高职院校学生未来就业岗位将在我国物质文明、精神文明建设的第一线。他们文化素质的高低，会直接影响到社会认可与否。相当数量的高职学生由于阅读质量的低层次使得想象力、创造力和逻辑思维能力大大降低，写作水平捉襟见肘，这就要求学生要有意识地强化阅读、扩充知识量，提升自身的人文素养。

相较于本科院校的学生，高职学生在专业知识的学习上深度和广度都要略逊一筹，但在实践能力训练上的要求却更高，所以只有从学生自身开始，提高学生的接受能力和自学能力，才能够使学生克服学习上的困难。

而丰富、扎实的大学语文学习，不但可以强化学生的听说读写能力，更能对学生的专业学习和理解起到一定的指导和辅助作用，帮助学生深入理解专业课知识，以便更好地适应社会需要。

大学语文涉及很多传统学科的内容，涵盖传统文化诸多方面，同时在横向联系各学科的过程中与之"相互渗透"。进而达到大学语文与专业课协调发展，更好地为社会培养全新的自成体系的独特人才。

八、转变教学模式

（一）形成以"读""议"为中心的教学模式

由于大学语文课程课时比较少，教师在课堂上一般很少留时间给学生自主阅读，通常会以析代读，以析代议，这样就使得学生难以深入理解文中真意，对教师的解读缺乏兴趣。所以。应该转变这种情况，教师在课内要留有时间给学生去自主阅读，如果是诗词教学，应该加强诵读环节，通过各种形式的"读"，让学生有个性化阅读体验，结合自身的人生经历读出自己的感受，进而发扬民族文化传统和优秀的人文精神，培养健全的人格和高尚的情操。

（二）形成以小组为单位的研究性学习模式

以上以"读""议"为中心的教学模式要真正发挥作用，必须要学生积极参与其中，一方面课时有限，另一方面学生之间存在个体差异，如果以个人为单位，讨论时会很难兼顾到所有人，所以建立学习小组非常重要。高职院校的学生普遍具有竞争意识，通过组与组之间竞争，既能够保证发言的质量，也可以锻炼他们的团队合作意识。

九、坚持以学生为本，整合和优化教学内容

高职大学语文教学应当坚持以学生为本的原则，将语文的基础性和高职的专业性相结合，把语文教材的有限性和语文教学的开放性相结合，根据所教学生的专业性质，密切关注市场对这类人才的能力需求，切实将教学目标定位到学生将来的就业需要上，把教学重点放到培养学生的听说读写方面，整合并优化大学语文教学内容。

此外，还应该注重学生个性的培养以及兴趣的激发。如针对高职英语专业的特点，在教学中贯彻民俗文化、西方文学及中西方文化比较的内容；针对机械、信息类专业的学生，可以让学生多训练实习总结、实验报告、说明介绍等应用文的写法等等。只有让学生真正了解大学语文课程的学习对帮助他们专业的提升具有重要作用的时候，他们才会主动产生对语文学习的兴趣，

变"要我学"为"我要学"。

十、更新观念，建立科学的、可操作的人文素质评价标准

科学的评价机制既是检验教学中素质教育实施效果的重要手段，也是推动素质教育实施的有效措施。只有构建起科学的评价标准，才能对学生大学语文学习成果进行准确判断，才能够发挥评价标准对学生语文学习的积极导向作用，进而推动语文教学健康发展。根据大纲"以过程性考核为主，终结性考核为辅"的原则，加强过程考核，可以有效克服平时不努力、期末搞突击的弊病。

教师应该以专业分类为范围，就听、说、读、写等能力进行测试评价，以达到"能听、会说、善读、能写"的目标，培养基本的语文应用能力。同时教师也可以将学生平时书面作业、定期作文周记、阅读笔记、课堂讨论、演讲、课外社团活动、参赛获奖等，根据具体情况确定加分分值，和前面提到各项因素相加，共同构成总评成绩，进而对学生做出综合评价。

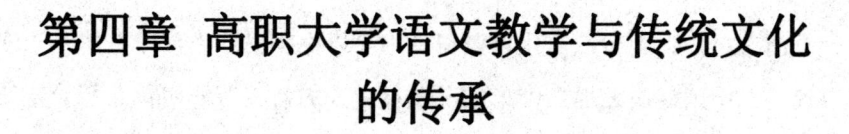

第四章 高职大学语文教学与传统文化的传承

第一节 高职大学语文教学与传统文化的关联

一、传统文化

(一)传统文化的基本内涵

中国传统文化作为一个概念,不仅是指"文化",而且强调"文化"与"传统"的结合。

文化有广义和狭义之分。广义的"文化",主要是指人区别于动物,人类社会区别于自然界的本质特征,是人类卓立于自然的独特生活方式,是人类生活的总和,包括精神生活、物质生活以及社会生活等极为广泛的方面。狭义上的"文化",则是剔除掉人类社会历史生活中有关物质创造活动及其成果的部分,即只包含精神创造及其成果,是意识、观念、心态以及习俗的总和。一般来说,我们经常提及的文化,主要是指狭义的文化。中国文化是中华民族在生息繁衍中形成和创造出来的文化,涵盖古今。所以,我们需要突出中国文化的传统性。

"传统"指的是世代传承的具有自身特征的社会历史因素,是历史传承下来的思想文化、制度规范、风俗习惯、宗教艺术甚至思维方式、行为方式的总和,具有时间上的历史性、延续性以及空间上的拓展性和权威性等特点。

把"传统"和"文化"有机结合起来的中国传统文化,作为中华民族繁衍生息进程中形成的,影响到民族发展进程的一切物质和精神,从纵向分析主要指我国传统社会的文化,到清朝晚期之前的文化。横向来看主要是指中国传统社会中民族的整体生活方式与价值系统,出了儒家、道家、法家以及佛教学说等之外,还包括自然科学、人文科学的各个门类,如艺术、法律、哲学、道德等以及历史、地理、文物、书法、服饰、医学、天文、农学等古籍文书。

总而言之，中国传统文化可以概括为"以中华民族为创作主体，于清晚期以前，在中国这块土地当中形成并发展起来的，具有鲜明特点和稳定结构的、世代传承并影响整个社会历史进程的宏大的古典文化体系。"传统文化当中有精华有糟粕，所以，对于传统文化，我们应该正确分析其精华和糟粕，在现实的基础之上批判继承，用科学的方法去粗取精、去伪存真、去旧赋新，取其精华去其糟粕。

（二）中国传统文化分类

中华传统文化首先应该包括思想、文字、语言，之后是六艺，也就是：礼、乐、射、御、书、数，再后是生活富足之后衍生出来的书法、音乐、武术、曲艺、棋类、节日、民俗等。传统文化是我们生活中息息相关的，融入我们生活的，我们享受它而不自知的东西。

中华传统文化应包括：古文、古诗、词语、乐曲、赋、民族音乐、民族戏剧、曲艺、国画、书法、对联、灯谜、射覆、酒令、歇后语等；传统节日有：正月初一春节、正月十五元宵节、四月五日清明节、清明节前后的寒食节、五月五日端午节、七月七日七夕节、八月十五中秋节、腊月三十除夕以及各种民俗活动等；包括传统历法在内的中国古代自然科学以及生活在中国的各地区、各少数民族的传统文化也是中华传统文化的组成部分。

至如今，古今中外的学者们尚不能得出定论，除了多维视野的原因之外，还有语言学角度的客观歧义。广义上讲，文化是人类精神生活与物质生活的总和。

第一，从时间角度上讲，可以分为原始文化，古代文化，近代文化，现代文化。

第二，从空间角度讲，有东方文化，西方文化，海洋文化等。

第三，从社会层面上讲，有贵族文化，平民文化，官方文化，民间文化，主流文化，边缘文化。

第四，从社会功用上，分为名号文化、礼仪文化、制度文化、服饰文化、校园文化，企业文化。

第五，从文化的内在逻辑层次上，又可分为物态文化，心态文化，行为文化，制度文化四个层次。

第六，从经济形态方面，又有牧猎文化，渔盐文化，农业文化，工业文化，商业文化之分。

除此以外，还有分得更加俏皮的，比如张远山先生在其《上下五千年》的文化随笔中，将文化分为了头脑文化，胸膛文化，腹部文化以及下半身文化。下半身又被他分为两段，为胯部文化与胯部以下文化。他说，以唐中叶（安史之乱）为界，此前是中国文化上半身，此后是中国文化下半身。细分的话，从尧到周，即公元前 3000 年到公元前 552 年孔子诞生，约 2500 年，是中国文化史前时期，尚没有头脑。孔子诞生前后，春秋战国，中国进入了头脑文化时代。秦始皇在一统、集权加专制，胸脯拍得啪啪响，中国进入了胸膛时代。汉朝拍得更响了，拍得匈奴大兵都哆嗦。霍去病墓关的石猪石马，一看就知道是最没头脑的人刻的。最有头脑的司马迁，却被最没头脑的武帝阉了下半身。也是这个没头脑的汉武帝，宣布独尊儒术，导致中国两千年的知识分子大都成了无脑人。

二、高职大学语文教学中融入优秀传统文化

（一）提升中华优秀传统文化的重视度刻不容缓

和平与发展已经成了当今国际社会的主要潮流，伴随着世界各国政治、经济、文化交流不断加强，世界各国日益形成了这样一个共识：21 世纪是各国"软实力"相互较量的时代，是以文化力量为中心的竞争时代。在这一时期，仅凭借军事与经济等"硬实力"拼斗是很难能够赢得各国尊重的。传统的、独创的、与自然相互协调的人文力量会更加受到世界各国的青睐。改革开放以来，我国在政治、经济、科教文卫等诸多方面都获得了骄人的成绩，赢得了世界各国的赞誉，中国经过不到半个世纪的改革开放却走过了其他资本主义国家数以百年的道路，这不得不让世界惊叹于中国人的智慧和力量，

而这一切都源于我们中华民族刚健有为、尚和贵中、崇德利用的传统文化精神。

随着中国国际地位的不断得以提高，中华优秀传统文化越来越受到外国的关注：2004年11月，中国第一所海外孔子学院在韩国首尔挂牌；2005年5月澳大利亚首家孔子学院落成；2006年2月加拿大首家孔子学院揭牌；2006年8月美国境内孔子学院增至11所……2008年奥运会在北京胜利召开，方块汉字、祥云火炬、巨幅画卷、金镶玉奖牌等诸多中国优秀传统文化元素的注入，让世界见识到了东方优秀传统文化的魅力，甚至在全球掀起了一股经久不衰的"汉语热"与"国学热"。

（二）大学语文教材是传统文化传承的重要载体

教材是实现教育目标最直接的手段和工具，对于学生的学习过程能够产生非常重要的影响。高校大学语文教学所选用的教材种类较为繁多，编排体例各有侧重，质量也是参差不齐。根据大学语文教学实践经验以及相关的调查研究发现，由张铭远、傅爱兰主编的《大学语文》教材可以说是高校开展传统文化教育的经典范本。该教材以提升学生的中国文化基本素养为主，辅以汉语应用基本能力的训练。其中传统文化的学习内容主要包括中国哲学、文学、艺术、民俗等部分。中国哲学部分主要以《论语》《庄子》《老子》等经典作品为代表，言简意赅、意蕴较为丰富，是中国社会几千年发展的内在驱动力，能够发人深省，对现代生活具有十分重要的现实指导意义。近些年来兴起的"国学热"把古典哲学的经典作品称作现代人都市生活的"心灵鸡汤"，由此可见传统文化在现代社会环境当中依然能够引发人们心灵的共鸣，传统文化对于大学生人格的养成具有至关重要的作用。

中国文学部分编入不同历史时期的经典文学作品，将其当作大学生感受传统文化魅力的生动范本，在培养大学生文学审美鉴赏能力的同时，也可以提升大学生在现代语境下母语应用的能力与水平。中国古代的作家、诗人在他们的文学作品中大都表现出崇高的人生追求与价值目标，学习古典文学作品对于大学生人格的养成会产生极为重要的作用。中国艺术部分主要介绍了书法、绘画、建筑、曲艺等传统艺术形式的艺术特点、历史渊源，能够激发学生的求知欲，带动学生参与艺术实践。民俗部分是传统文化在大众生活中的具体呈现，是传统文化中最接地气的表现形式，与民间生活联系，是民间风俗习惯约定俗成的历史沿袭。民俗文化教育，既能够引导学生感受传统文化潜移默化的影响力，也可以对现代生活的认知形成更深刻的理解。

（三）有助于激发大学生的爱国情怀，增强民族自豪感，增强中华民族的凝聚力

中华民族是由华夏族衍化而来的汉族以及55个少数民族的总称，我们都是炎黄子孙，都是龙的传人，我们的祖先在历史上所创造出来的灿烂辉煌的文化值得我们每一个中国人骄傲自豪。在中华优秀传统文化当中，爱国历来被看作一种大节。"当仁不让""舍生取义"，崇尚气节，讲求情操，培养出了中国人的正义感和是非感，形成了民族的浩然正气。

西汉的苏武誓不投降匈奴，在北海牧羊19年，忠心不变；岳飞精忠报国；范仲淹提出"先天下之忧而忧，后天下之乐而乐"；明朝的东林党领袖顾宪成提出："风声、雨声、读书声，声声入耳；家事、国事、天下事，事事关心"；抗倭名将戚继光写下了"封侯非我愿，但愿海波平"的著名诗句；明末清初的顾炎武提出"天下兴亡，匹夫有责"等等，上述诸多方面。无一不是爱国主义精神的典型写照，这种精神感染了一代又一代的中国人，成为中华民族最可贵的精神传统之一。

（四）有助于塑造大学生高尚的道德品质

中国优秀的传统文化从总体上来看是一种伦理型文化，中华民族在漫长的大一统的历史发展过程中，构建了一套较为成熟的道德价值体系。儒家主张"修身、齐家、治国、平天下"，认为个人品德的修养是将来建功立业的重要基础。孟子提出"穷则独善其身，达则兼济天下"，成为千百年来中国人共同追求的行为方式和道德目标。《易经》开篇就指出："天行建，君子以自强不息。""天行健"就是天运行刚健的意思，天的这一特性，主要表现为太阳的东升西落，四季的更替变化等天地之间无休止的运动，是说人要效法天的

刚健特性，要具备自强不息的精神，而坤卦的卦辞当中提道："地势坤，君子以厚德载物"，显示出了大地包容、承载万物的品性，启示我们真正的智慧总是与谦虚有所关联的，真正的哲人，心胸必然如同大海一样宽厚。当今社会发展迅速，物质生活得到了极大的提高，竞争也呈现出越来越激烈的态势，然而，文化的多元化发展，各种价值观的冲突加深，心理健康已经越来越为人们所关注。

高职阶段是学生人生观、价值观、世界观形成的关键时期，是心智成熟的重要阶段，理想与现实、独立与依赖、社交与封闭等诸多矛盾和冲突交织在一起，不免让我们的心灵偶尔会迷失方向。中国古代文化当中出现的大量优秀作品，包含了哲学、历史、文学、艺术等，能够为我们带来思想上的启迪与情感上的陶冶，可以丰富我们的精神世界，可以使我们的人生更加充实，更加富有情趣。

在大学语文教学活动中，挖掘和渗透传统文化精神层面的要素，让学生通过语文学习从优秀的传统文化当中汲取精神营养，自觉养成自强不息、刚健有为、深思慎取、脚踏实地、开拓进取、团结协作、和谐包容、博爱仁义的优秀品格，这些都是当代高职学生进入社会的坚实有力的基础。

母语是民族文化的地质层，积淀了深厚的民族情感、思想、经验以及历史，彰显出了民族的精神、意志、旨趣和思维。语文作为母语教育课程、作为民族语言学习的主要途径，必须要承担起传承民族文化传统、丰富民族文化内涵的重要责任。著名学者刘国正认为："中国语文教育与传统文化如胶似漆，密不可分。多年来，我们对这方面探索甚感不足。学习传统文化，使语文教育丰富多彩，不再是干巴巴的几条筋，而是增进学生的思想道德修养。"

大学语文教学过程当中，蕴含着的核心内容与本源要素，是中华文化的命脉所系。大学语文教学应当把自身浸透着的深厚的文化底蕴、多样的传统文化，通过张扬文化个性，显示生命张力，给学生以文化滋养和性情陶冶，充分体现它的文化特性。换句话说，传播文化的意味、气质、精神正是语文教学的灵魂和根本。

第二节 传统文化传承视野下高职大学语文教学的改革

一、传统文化在当代高职教育中的缺失

（一）现代高职教育忽视了学生非专业知识的教育

目前，高职院校所开展的教育教学活动通常奉行的是满足社会需要以及功利色彩较为浓厚的实用主义。除了对专业知识的学习以外，学生花在外语、计算机等课程上面的时间要远远大于对传统人文学科的学习。甚至有很多学生对中华民族的悠久历史文化缺乏应有的了解，特别是缺少中华民族所特有的文化艺术与情操品格的熏陶，导致高职学生的整体文化素养有所下降。当今社会是一个知识信息爆炸的社会，是一个信息社会，学生们需要学习和掌握的东西非常多。在高职求学阶段，他们不但要花费大量时间学习他们的专业知识为将来的就业打好专业基础，他们还需要将剩余时间放到英语和计算机的学习上，导致他们根本没有可能将时间放到传统文化的学习上。更何况学生们也认为，传统文化知识对于他们日后事业的发展并没有很大帮助。一些高职毕业生在文学修养、语言表达以及文字书写上可以说没有达到应有的水平。在高职院校中，还存在这样一种现象，学历越高，专业面越窄，非专业知识也就越浅薄。最基础的文史哲知识，常常被答非所问而闹出笑话的不乏其例。这在提倡素质教育、全面教育的今天不得不令人深思。

（二）现代高职教育忽视了学生综合素质的提高

素质外显为能力，内化则是个性心理品质与素质。高职求学阶段是学生世界观、人生观、价值观形成与发展的重要阶段。目前来看，高职院校的思想品德教育还没有真正形成一个较为完整有效的体系，通常只是强调有针对性地进行灌输，而没有注重其自我教育。再加上现代社会情况较为复杂，竞争十分激烈，导致一些高职学生的人格非理性化，自控能力与承受逆境能力较差，遇事容易走极端，不懂得和他人进行沟通合作，或自高自大、或妄自菲薄，缺乏基本的礼仪道德修养，缺乏适应环境变化、迎接挑战的生存能力

与自我发展能力。而传统文化所特有的德育模式，具有将内在的德行、外在的伦理、现实的政治贯通一体的特点，这种循序渐进，由内到外不断生长、实现的有机过程是值得今天的高职德育教育借鉴的。

（三）现代高职传统文化教育缺乏制度上的引导

承袭了几千年的中国传统文化，是整个中国社会发展的宏观大背景，每一个居住在这个社会环境中的成员，都要浸润在这一社会文化的大氛围之中，形成具有本民族文化特征的行为模式与思维特点。当代高职学生作为中国社会文化的重要承受者和创造者，无疑要受到中国传统文化更加深刻的影响，进而把传统文化的精华充分内化成为自己的精神品质，支配自己的行为模式与价值取向，指导自己的人生实践。根据相关的调查与研究发现，当代高职学生接受传统文化教育的渠道是多方面的，其中包含了社会环境的影响；教师、父母、朋友的影响；影视书刊的影响以及课堂活动中相关知识的学习等等。虽然高职学生接受传统文化教育的渠道比较多，但是从其接受教育的方式上来看，却多是以间接的、潜移默化的方式，从不知不觉中接受而来为主，以一种无意识的渗透形式居多，还缺乏来自学校与社会经常化、系统化与制度化的指导和引导。这样就使得高职学生对中国传统文化的总体概貌掌握得不够全面，认识方法也不一定得当。从产生影响的结果来看，积极效用与消极效用并存。一些比较优秀的传统文化成果，还不能有效地内化成为高职学生稳定的精神品质，进而不能对高职学生的价值取向、行为模式、思想意识起到积极作用。

二、高职大学语文教学中优秀传统文化的缺失

（一）高职院校对大学语文传统文化教育的经费投入不足

现阶段，随着信息时代的到来，信息量传递速度的丰富性和迅速性对传统文化教育产生了巨大的冲击。为了适应我国高等文化教育的需要，高职院校通常只注重学生的专业课程的培养而忽视了高职院校大学语文课程的传统文化教育，因而往往缺少对大学语文课程的投资力度，严重阻碍了开展高职

大学语文对传统文化的教育，使得其不能够满足发展需求。为了确保高职大学语文文化教育课程当中传统文化教育工作能够顺利进行以及传统文化的传播发展，高职院校增加语文课程传统文化教育的经费投入是保障现阶段传统文化教育顺利进行的物质基础。

但是，高职院校每年在专业项目成果的研发方面资金投入较多，对文化资金方面的投入还不能够满足开展大学语文传统文化教育课程，使得传播传统文化受到了严重的制约，对于传统文化教育活动的有效开展非常不利，降低了教师对传统文化教学方式进行创新的积极性，不利于高职院校高职学生的全面发展。

（二）学生参与高职大学语文课程传统文化教学的积极性不高

随着我国社会主义文化建设的不断推进与新世纪高等教育体系改革的不断深入，我国高职大学语文课程的传统文化教育模式也在不断得以创新和完善，但是，传统文化传播方式的单一性以及传统的文化教学模式使得我国高职院校大学语文课程传统文化教学难以充分激发学生的学习兴趣，影响了高职院校学生参与传统文化教育的积极性和热情，降低了高职学生对传统文化的归属感与认同感。

现阶段高职院校大学语文课程传统文化内容的单一性，也使得我国高职院校传统文化的教育规模较小，很少能够出现多样化的传统文化教育活动，不利于实现我国高职院校更大范围内高质量传统文化建设活动的顺利开展，降低了高职学生参与相关传统文化活动的积极性。

（三）社会功利化，学科定位偏差

当今社会中，人们受到后消费主义的严重冲击，金钱至上，道德孱弱，实用主义观念大为流行。高职院校当中功利现象屡见不鲜，对于文化的学习过于片面，很多在语文课程学习成绩较为优秀的学生，在毕业之后的就业状况并不理想，这使得更多的高职院校学生对于语文课程的学习严重缺乏主观能动性。高职学生对人文类学科和基础理论课程缺乏兴趣，但是对各种培训以及各种资格考试却趋之若鹜。社会上也普遍存在这样的看法：一个满腹经纶的学者型人才，不如一个不通文法的技术人员有前途。由于社会发展的需求同高职院校的教育缺乏衔接，使得学生在对语文课程学习以后，面临严峻的就业问题。

所以，高职学生往往对于理论知识和文化素养的学习非常不重视，只是片面追求实用性的知识。从这一角度来看，在现今的高职院校中，由于社会功利化的因素，使得高职院校中学生和教师对语文学科的定位出现偏差，这在一定程度上阻碍了学生对该门课程的学习，同时也阻碍了高职院校语文课程的健康发展。

（四）教材内容单一，缺乏国学精品

大学语文内容本来是应当体现出传统文化的内涵，比如以'仁义'为核心的道德追求、中庸为贵的和谐精神、"贵义贱利"的价值趋向、"勤俭""知足"的生活观念等等，这些都是中华优秀传统文化的精华所在。但是现行的大学语文教材种类繁多，良莠不齐，由于对大学语文学科的定位不够科学合理，近些年来很多大学语文教材内容比较单一，以应用文、现代文以及实践实训教学为主，忽略了传统文化中的精品美文，硬生生将一本大学语文等同于工具书。

语文课程这样教学开展的状况，普遍存在于当今的各大高职院校中，一部分高职院校中语文学科的教材很难对我国的传统文化进行传承，更难以实现对传统文化的发扬，这对于我国经典文学来说无疑是一种浪费，而对于现阶段高职院校的学生而言更是一种损失，失去了对语文知识深入学习和探讨的机会，基于这样的状况，应该引起各大的高职院校和国家教育部门的关注，在保障提升学生就业率的基础之上注重对经典文化的学习和深入的探讨。

三、传统文化视角下高职大学语文教学改革措施

（一）注重内在修养和追求崇高人格的精神

中国传统文化非常注重修身，重视做人之道。比如，在个人修养方面，讲求孝、悌、忠、信、礼、义、廉、耻，主张修身养性，比如内圣外敛、独

善其身等；在交往方面，强调"上交不谄，下交不骄"的不卑不亢之作风，言重有法，行重有德，"非礼勿言、非礼勿动""大公无私""言必信、行必果"等。儒家文化非常推崇高尚的人格，对于抑制世俗价值观的泛滥起到非常重要的作用。世俗的价值观，简而言之就是势者升官，利者发财。庸俗的人不但以这两者当作价值追求的主要目标，也用其作为评定他人价值大小的重要标准，这是剥削阶级的思想。

儒道墨三家都对这一思想进行了尖锐的批评，今天看来，是极富现实意义的。"杀身成仁，舍生取义""富贵不能淫，贫贱不能移，威武不能屈"、重视气节操守的民族性格，"喻于义"而"坦荡荡"的君子精神，对当今精神文明建设依然大有裨益。

（二）以天下兴亡为己任的爱国精神

以儒家为代表的中国传统文化历来强调以齐家治国平天下为人生最高目标，以大一统当作社会理想状态，将国家民族的前途与命运置于首位，这种爱国主义情怀深深积淀在了中华民族文化心理结构当中，感染并熏陶了中国历代无数的仁人志士。从范仲淹的"先天下之忧而忧，后天下之乐而乐"到文天祥的"人生自古谁无死，留取丹心照汗青"，从顾宪成的"风声雨声读书声，声声入耳；家事国事天下事，事事关心"，到顾炎武的"天下兴亡，匹夫有责"，从林则徐的"苟利国家生死以，岂因祸福避趋之"到鲁迅的"我以我血荐轩辕"等等，这些格言时至今日依然闪烁着熠熠光辉，无一不是这种爱国主义精神的典型写照。

古代的中国知识分子大都具有"学而优则仕"的心愿，对于相当一部分人来说，其包含一种兴国利邦的抱负、为民请命的精神以及对国家前途命运关心的忧患意识。"儒者用君则忧君之忧，食于民则患民之患"，均能够体现出他们以报国报民为人生最高价值的崇高思想境界。

（三）应树立大学语文教学契合时代发展的教育理念

第一，树立文化育人的理念。重视大学语文对学生精神世界的深刻影响，应该深入挖掘课程当中所具有的文化内涵、文化意义以及文化价值，培养学生成为品德高尚、情感健康、情趣高雅以及人格完善的优秀人才。

第二，应当树立理论与实践并重的理念。以青年人成才作为主要目标，以能力素质提升为核心，以创新教学方法为重要手段，加强基础理论与技能训练之间的有机结合，推动知识向能力、素质转化，进而实现人才培养全面发展。

第三，树立以创新为核心的教学思想。要提倡学生独立思考，不拘泥于传统的经验和方法。鼓励学员敢于思辨，不仅善于求同，更要善于求异。教学过程中尊重个性、培养个性。

（四）有针对性地选取教学篇目

大学语文课堂教学活动中，教师一般都要引导学生对文学作品进行赏析和讨论。所以，为了实现弘扬中国传统文化、提升学生人文素养的重要目的，选择什么样的教学篇目就成为一个重要问题。大学语文教材当中的文学作品，特别是精讲篇目基本上都蕴涵着极为丰富的传统文化因子，这些作品不但能够开阔学生的古代文化知识视域，同时还能够给他们以思想上的启迪以及情感上的熏陶。

（五）采取有针对性的课堂教学手段

目前，部分大学生对于学习传统文化缺乏兴趣，导致这一问题出现的原因有很多，陈旧的教学方法便是其中非常重要的一个方面。学生从小学、初中到高中，长期以来，所接受的都是传统的"填鸭式"教学方式，教师按字、词、句、点、章的程式把语文知识一一灌输给他们。到了高职院校，如果教师继续采取这种教学模式，让学生继续充当被动的知识接受者，他们必然会感觉到这种学习索然无味。

所以，大学语文教师应该尽可能激发学生的学习兴趣。比如，在实际教学活动中，教师可以选择情境教学法等新的教学方式让他们了解传统文化知识，让学生以自由分组的形式表演情景剧，再现作品当中的情节，尽可能地让他们复制、还原当时的历史背景。这样一来，学生在学习过程中获得了主体性，就会对作品的解读更加深刻，学习兴趣也就油然高涨。

（六）加强社会实践，利用地域文化资源进行传统文化教育

地域文化是中华民族传统文化的重要组成部分，是一种非常宝贵的文化资源。地域文化是中华文化多元绽放以及孕育民族精神的重要基础，中华传统文化的积累与创新，中华民族精神的培育与升华全部都需要根植于地域文化的深厚积淀和肥土沃壤，利用地域文化资源开展传统文化教育，将传统文化教育推向社会实践领域，是大学语文教育的重要途径。我国历史悠久，地域辽阔，各地都具有非常丰富的历史文化遗产，学习地域文化，能够进一步强化对整个中华民族文化的认同。

所以，大学语文教学应当通过组织学生参观、访问、采风、专项调查，写采访手记、访谈录、调查报告以及编写反映本地区历史文化的教材等，触摸活生生的传统文化，增强学生的语文实践能力。

（七）大学语文进行传统文化教育应注意的问题

大学语文课程既要立足于本民族的传统文化，同时也应该将视角延伸到当代中国、放大到世界文化背景下深入思考中国传统文化的民族特点与重要地位以及对当代中国的双重影响等，充分体现出历史的流动性和传统的延续性，体现出贯通古今中外的开阔视野与多元的阐释思路。此外，大学语文课程应该历史辩证地对待传统文化，既有丰富的文化知识，又包含对历史问题和社会现象的辩证分析，特别有利于学生对现实问题的理解分析能力的提升和理性精神的培养。进而实现以人为本、潜移默化的人文精神教育，提高教育的效果。

第三节 高职大学语文教学中传承传统文化的策略

一、优秀传统文化传承的意义

（一）历史意义

众所周知，我国的优秀传统文化是中华民族生生不息的命脉，是中华民族凝聚在一起的强大精神动力，体现着我们的爱国主义精神与民族创造力。

中华民族的伟大复兴必然伴随着中华文化的繁荣。在社会主义市场经济不断完善与发展的今天，文化的繁荣昌盛越来越重要，文化的发展是当今社会主义事业中的重要组成部分，关系到社会主义现代化能不能实现，而我们传统文化的继承与发展问题，是社会主义文化发展的重要组成部分，弘扬中华民族优秀传统文化是一件具有深远历史意义的大事。

可以说，中国的社会主义先进文化的建设主要是在两个基础之上创造发展的，一是中国特色社会主义的实践基础，第二个基础就是我国的优秀传统文化，二者缺一不可。我们建设优秀传统文化传承体系，建设中华民族共同拥有的精神家园，既是对中华优秀传统文化的传承与发展，更是推动社会主义先进文化向前发展的重要标志，意义非常重大。

（二）现代意义

生存危机，信仰危机以及诚信危机，归根结底就是文化方面所面临的危机，是传统文化断裂与缺失的重要表现。我们有必要加强传统文化的学习与继承，优秀的传统文化是中国特色社会主义不断发展的内在动力与精神推力，在一定的社会与经济条件的推动之下，我国优秀的传统文化能够与社会实践相互结合，进而转化为符合社会与人民群众需要的社会主义新型文化，与此同时，我国的传统文化还能够通过借鉴先进的外来文化，汲取其中的精华部分为我所用，为我服务，也就是说，让我们的优秀传统文化面向未来、面向世界，走出中国、走向世界，真正实现现代化，这样才能够更好地为大众和社会提供服务，尤其是对我国实现现代化建设与实现小康社会具有极为重要的现实意义。

首先，应该弘扬优秀传统文化，加强我国的文化建设符合市场经济发展的需求，是人们生活得以不断进步的必然要求，尤其是社会主义市场经济迅猛发展的今天，市场上义利失衡现象日益严重，一些商人和企业眼中只重视利益，见利忘义，诚信缺失，抛弃了传统文化中的"义"。

其次，传承优秀传统文化是社会文化建设的需要，文化是民族的重要标志，文化是民族的灵魂，文化创造了希望，文化创造了发展，文化可以使人民团结一致。我们五千年的历史文化可谓是无与伦比,而且在五千年的发展中积厚流光。中华民族曾经一次次受到外来武力的侵犯与干扰,但是我们的民族文化从未中断。我们应该站在文化建设与战略的高度,站在精神文明与物质文明和谐发展的高度来弘扬我国的优秀传统文化,给广大青少年以美好的文化滋养,重整中国人内在的理想,构建一个海晏河清、祥和安乐的和谐社会。

最后,这是社会道德建设的需要,"观乎人文,天下化成"。文化是一切道德的基础,中华民族历来就是重视文明教化的民族。所以,我们应该把道德资源几乎无处不在的优秀传统文化教授给学生,给我们这个人心浮躁、诚信缺失、急功近利、道德滑坡的时代以补救和滋养,让全社会都能够沐浴在优秀传统文化的阳光之中。

中国传统文化所蕴含的内容是非常丰富的,是全世界文化宝库当中最为璀璨的一颗明珠,所以,必须要加大力度进行继承与弘扬。

第一,要努力学习我国传统文化,理解传统文化,并做到正确对待中国传统文化。在学习的基础之上,结合马克思主义观点和理论,取其精华,弃其糟粕。

第二,要将学习中国优秀传统文化与马克思列宁主义有机结合起来,以党的重要理论成果作为指导,实现马克思主义同中国优秀传统文化的和谐共存,并不断进行创新,创造出新的中国文化盛宴。中国化的马列主义必须从中国优秀传统文化中吸取积极营养,比如说毛泽东思想就是在中国共产党的领导下,在马克思主义思想指导下结合实践,在中国传统文化的孕育下产生的。

第三,继承和弘扬中华民族优秀的思想文化,为社会主义精神文明建设,为中国特色社会主义建设做贡献。

二、中国特色文化传承目标的确立——文化的现时代认同

文化认同,即个体对于所属文化以及文化群体内化并产生相应归属感,进而得到保持与创新自身文化的社会心理过程。文化认同主要包括社会价值

规范认同、宗教信仰认同、风俗习惯认同、语言认同、艺术认同等。文化认同是形成"自我"的过程，蒙田说过："世界上最重要的事情就是认识自我。"自我是个体心理结构深层的构造，更是探询一种文化时所能够进入的最核心的部分。我们对于文化的认同，不能狭隘地限于本民族文化的认同，而应该鉴于当今文化的共生共存，从多元文化的角度对其进行研究和认识，这样的视角与取向已经成为学术业的共识。

对于传统文化，我们的认同取向应该从多元文化观出发，反对"普适性原则"，提倡"他者原则"，坚持"互动原则"；反对"文化霸权""种族中心"以及"文化中心"，提倡多元文化。虽然我们的传统文化精华是世界文化园林中一块受世人瞩目的瑰宝，但是我们也不能够躺在祖宗的功劳簿上以我为中心而自居，要坚决反对"文化中心论"，有意无意地社会文化心理倾向，习惯于从传统的思维定式或文化偏见出发，认定自己的文化实践活动优于其他文化社团或民族的文化实践活动，这些都是"文化中心论"的主要表现，应该为我们所摒弃。

对于我们传统文化传承当中所出现的困境和问题，我们也应该坚持正确客观的看法，既不能妄自菲薄也不应该麻木不仁，而要在文化多元发展势不可挡的趋势之下，实现处于主流的、中心的、西方的文化与处于非主流的、去中心的、非西方的传统文化之间的相互沟通和理解，应该始终采取"文化流动发展"的观点，坚持跨文化理解与对话的原则而相互宽容、取长补短。在我国传统文化观中也具有对话的深邃思想。"和而不同"就是典型的言说方式之一，"和而不同"的实质就是倡导不同文化之间进行对话。"和"实际上就是求同存异，而"同"则是为同而灭异。"和而不同"主张的就是在尊重差异的前提下追求和谐统一。"和"的主要精神就是要协调不同，达到新的和谐统一，使各个不同事务都可以获得新的发展，形成不同的新事物。这种追求新的和谐与发展的精神，为多元文化共处提供了不竭的思想源泉。

我们坚持以多元文化观作为文化认同的价值取向，其目的正是为了帮助人们理解自己的民族文化以及享有应有的文化尊重，并在认同本民族文化的

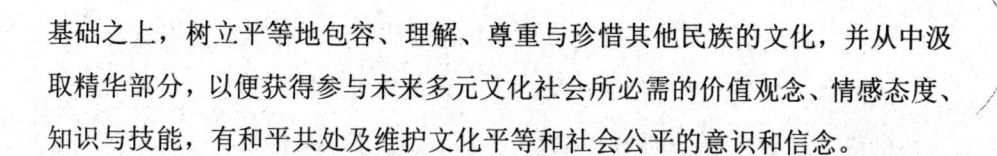

基础之上，树立平等地包容、理解、尊重与珍惜其他民族的文化，并从中汲取精华部分，以便获得参与未来多元文化社会所必需的价值观念、情感态度、知识与技能，有和平共处及维护文化平等和社会公平的意识和信念。

三、高职大学语文教学中传承传统文化的策略

（一）高职大学语文课程建设要以传授中华文化魅力为重心，帮助学生树立民族文化自信心

中华文化历经千年却从未断裂，生命力顽强。近些年来，由于诸多原因，我国青少年对于国外文化，尤其是西方文化倾注了非常强的关注，而对我国的优秀传统文化呈现出冷漠和疏远的态度。大学语文课程不仅包含了当代大学生应该掌握的母语应用与文学赏析，更是承载了中华优秀传统文化。特别是在近些年的大学语文课程建设当中，教育者已经开始不再将重心停留在"语文"的表层上，而是试图更加全面、更加有力地展现中华文化的风采与魅力。高职教育着力培养高技能人才，"工匠精神"又是职业教育的灵魂，所以，对学生厚植中华传统文化底蕴就显得尤为重要。

当前，虽然我国高职大学语文课程的教材版本比较多，所选取的文章篇目也没有达成统一，但是总体来看，都是以中国文学的篇目作为主体，进行教学。在这些篇目中，更多是以中国古代优秀作品作为主要内容。现实的基础，决定了中华优秀传统文化教育在当前高职大学语文教学中得以实施的可行性。怎样在高职大学语文教学中得以实现优秀传统文化，其课程目标的合理确定非常重要。

高职大学语文的教学融入了语文教育的工具性、人文性及审美性，面对不再具有升学压力的高职学生，人文素质教育必然是整个课程的核心。在高职大学语文课程目标的构建中，应该把中华优秀传统文化的教育当作重心。高职语文教育不但要讲授母语知识，教授名家名篇，更应当通过一种人文精神的滋养给未来的劳动者传授中华文化之魅力，帮助其树立强大的民族文化自信心。

（二）大学语文教师要提高传统文化的素质，展示传统文化的魅力

大学语文教育传统文化的传承，需要在大学语文教师的指导与实践教学中达到最终教学目的，所以，大学语文教师自身传统文化素养的提升以及大学语文师资的建设和培训，是一个不可或缺的重要环节。

1. 大学语文教师应该树立终身学习理念，扩充自己的知识层次与理论水平，大学语文教师是课堂教学活动的主导

大学语文教育目标的实现与大学语文教师自身的综合素质和理论水平是密不可分的。所以，大学语文教师必须与时俱进，不断丰富自身的知识储备，提升自己的理论水平。尤其是大学语文教师承载着传承与弘扬传统文化的重要使命，所以必须要树立终身学习的理念，通过不断的阅读文献、欣赏名家名作，不断提升自己的欣赏水平与语言文字能力，深刻理解并掌握传统文化的精髓。只有这样，才能够承担起大学语文的重要教学任务。

2. 加强大学语文教师传统文化的教育和培训，提升教师素质

大学语文教育是高校教育中一个非常重要的环节，这必须要引起各个高校的高度认识。目前，一些高校的大学语文教育实践基本上是由年轻教师来担任的，而年轻教师在学识水平和教学方式、方法等方面具有一定局限，很难有效地完成大学语文教育所承载的传承传统文化的历史使命。所以，为了进一步提高大学语文教师的文化素质和教学水平，就要不断为大学语文教师提供再教育和培训的机会，尤其是传统文化的教育和培训，只有这样，才能做到提升大学语文教师素质的最终目的。

（三）根据时代特点与学生实际，创新教学内容

传统文化的内容非常丰富，而大学语文的课时又比较有限，要在有限的授课时间当中更好地把传统文化知识融入大学语文课堂教学中，就必须有选择地选取教学内容。

首先，应该结合时代特点，在当今的社会背景下对传统文化知识进行分析和简化，有针对性地把课堂教学内容与学生所关注的社会现实进行结合，引导学生联系现实问题进行思考，拉近学生与传统文化之间的距离。

其次，应该根据本校学生的实际知识水平、接受能力以及实际需求，选取通俗易懂并且适合个人专业发展需求的教学内容，突出其实用性，真正做到"创造性转化、创新性发展"优秀传统文化的目标。比如，刚进入学校的学生，还处于迷茫阶段，对如何规划短短几年的高职时光比较关注，孔子谈及自己生平时候说过"昔十有五而志于学，三十而立，四十而不惑，五十而知天命，六十而耳顺，七十而从心所欲，不逾矩"，以此来引导学生做人生不同阶段的目标规划再合适不过。再如，高职学生一般对爱情问题都非常关心，而中国传统文化里面关于爱情婚姻的经典数不胜数，所以，可以选取相关作品与他们共同探讨。比如，从《诗经·周南·汉广》篇我们能够看到单恋者的形象，从乐府民歌《有所思》当中我们能够看到失恋者的形象，由此可以引导学生如何正确地面对得不到和已经失去的爱情，帮助学生树立正确的爱情观。总而言之，大学语文教学应该根据时代特点与学生实际，创新教学内容，注重因材施教。

（四）在诵读当中体现母语的魅力

汉语是我们的母语，更是中华优秀传统文化的一个重要组成部分，已经具有了几千年的历史，可以说是世界上最为优美的语言之一。汉语的发音具有优美的节奏和感情的融入，在很多的诗词歌赋当中，读者在诵读或者朗诵的时候都需要具备一定的感情色彩。在大学语文教学过程中，教师往往会要求学生用真实的情感地去诵读和欣赏美文，这不仅仅是要求学生去读，更多的是要求学生通过诵读美文，进而从中体会出美文的魅力所在。这种魅力能够使学生更加热爱我们的母语，进而增强学生的民族自豪感，使其自觉传承语言背后所蕴含的传统文化。

（五）在写作实践中展现汉字的优雅

在几千年的历史长河之中，博大精深的中华优秀传统文化得以完整保存至今，在汉语基础之上衍生出来的汉字的功劳不可谓不大。与汉语一样，汉字也是中华文化的一个重要基石。从早期的图画，到后来象形字，再到今天的简化汉字，这其中的演变过程与演变历史涵盖着非常丰富的传统文化。所以在大学语文课程教学的过程中让学生通过写作实践来掌握本国文字是非常有必要的,一个有志向的年轻人就应该具有熟练地使用自己本国语言文字进行创作的能力。

所以,不管是对于哪一学科、哪一专业的学生们来说,都应该掌握并且学会运用本国的文字,不管是从事财经的学生还是从事理工类的学生,在未来的就业和工作道路中必然会有与文字打交道的时候,需要写一些简历或是写申请、报告等,这时候可以运用自己出色的语言文字运用能力来打动自己的上级,进而为自己挣得好的机会。

第五章 高职大学语文阅读教学改革与创新

第一节 高职大学语文阅读教学的现状

一、阅读教学

语文教学主要分为识字写字教学、阅读教学、写作教学以及口语交际教学，而其中阅读教学可以说是语文教学的核心部分。从我们最初接受文化知识的启蒙教育开始，阅读就一直伴随我们的学习与生活。《课程标准》指出："阅读是运用语言文字获取信息、认识世界、发展思维、获得审美体验的重要途径。阅读教学是学生、教师、教科书编者、文本之间对话的过程。"阅读教学既是语文教学中的基础教学，也是培养学生语文能力的重要途径，其贯穿了我们整个语文阶段的学习。苏霍姆林斯曾经说过："儿童的学习越困难，他在学习中遇到的似乎无法克服的障碍越多，他就应当更多的阅读。阅读能教给他思考，而思考会变成一种激发智力的刺激。书籍和山书籍激发起来的活的思想，是防比死记硬背的最强有力的手段。"

在语文教学活动中，阅读教学所占课时是最多的，师生投入的精力也是最多的，语文教学的各项任务的完成，都能够直接或间接地在阅读教学中落实，所以阅读教学不仅是语文教学的基础，更是语文教学的关键所在。阅读教学是指导学生学习规范化语言，提高运用祖国语言文字的表达能力。

那么，应该怎样开展好语文阅读教学活动呢？张志公先生认为阅读教学就是"领着学生从文章里走个来回，在这一过程当中必须要注意语言文字与思想内容之间的相互统一，"首先应该把语言文字弄清楚，这样才能够更好地进入文章的思想内容，再从思想内容中走出来，进一步理解语言文字是如何进行组织与利用的。"他还说："语文教学必须教学生切切实实地在训练中学会操纵和实用语文工具，也就是着眼于掌握字、词、句和篇章的运用能力，不容许离开这种训练去空讲大道理，空讲理论知识，……语文教学必须把训练学生运用字、词、句、篇章的能力和训练学生理解语言所表达的思想的能力结合起来，不容许把二者割裂开来，对立起来。"

由上述内容能够发现，阅读教学在语文教学当中处于非常重要的地位，而语言文字又在阅读教学中处于十分重要的位置。古今中外，很多伟大的作家都是善于运用语言的巨匠；诸多传世的经典佳作，都是以其精湛的语言而散发出无穷的魅力。所有，在阅读教学中学习语言就成为教学的主要内容，我们必须首先从意识层面上注重阅读教学中的语言训练，其次在教学活动中要对其进行实践和运用。概括起来说，阅读教学主要是在引导学生理解阅读材料内容的同时，指导学生学习材料里面规范化语言的表现形式，获得语言训练的效果，提高运用祖国语言的能力，与此同时丰富学生的文化知识，发展认识能力，发展思维，陶冶情操，培养健全的人格和审美能力。

二、高职大学语文阅读教学存在问题

（一）学生的语文学习状况不容乐观

高职院校的学生语文学习现状大致存在以下几个方面的问题：

第一，学生对于文史知识的了解不够。相当一部分学生对于古代文学、现代文学、当代文学以及外国文学的作家和作品不能联系起来，搞不清楚作家所处的年代。

第二，文学鉴赏能力比较低。对诗歌、小说、戏剧等文学作品不能够多层次、多角度地认识。第三，文言文知识较为浅薄。对于一些简单的文言句子也不能够准确翻译成现代汉语。

第四，写作能力较差。对于通知、启示以及个人简历等这些最基本、最简单的文体，写作上不是格式不对、行文不流畅、表达不清楚，就是错别字和病句比较多。除了这些问题以外，高职院校学生还有一个认识问题，很多学生认为学了十几年汉语，不过如此，到大学就没有必要再学语文了。

（二）重理轻文现象严重

高职院校当中，以理工科专业居多，由于学校的性质，很多的院校对于文科教学都不够重视，尤其是将语文学科放置在了可有可无的位置，对于语文的多功能性认识比较欠缺。语文是学习各门功课的重要基础和工具，在人的学习和工作甚至一生当中，都在发挥着润物无声、不可或缺的作用。由于认识上存在的偏差，再加上有相当一部分人认为高职院校的学生毕竟上过高中或中专，语文基础尚可，没有必要耽搁有限的时间挤压专业课的学习，这种偏见潜移默化地影响着学生学习语文的兴趣。

（三）重理解，轻方法

"教是为了不教"，只有教给学生读书、学习的方法，才能让学生真正学会举一反三，以不变来应万变。但是在我国高职院校的大多数语文教读课上，教师们通常非常重视对阅读材料的理解和分析，几乎每篇课文都是精讲精练，从字、词、句、篇的理解，讲到结构特点、内容要素、写作特点、语言风格等的理解；讲了要点还要讲难点，讲了难点还要讲特点，讲了特点还要讲疑点。总而言之，什么都要强迫学生去进行理解和分析。即便是需要深究的文章，我们也只需要教给学生理解、鉴赏它们的方法，而不应该把我们或者教参上的"理解内容"，强硬地教授给学生。

（四）重认知，轻情感

我国现阶段的高职大学语文的传统的阅读教学仍是以学科为本位的，强调学科的独立性与重要性，将学科凌驾于教育之上，凌驾于人之上，学科成为中心，成为目的，学校教育、课堂教学成为推动学科发展，培养学科后备人才的重要手段，这种只见学科不见人的教育观从根本上背离了教育的基本性质与神圣使命，是一种目中无人的教学，这种教学的突出表现便是重认知轻情感。

（五）教学模式单一枯燥，学生丧失兴趣

高职大学语文的阅读教学模式现在看来仍然比较单一，先由学生自主阅读，再由教师进行讲解，千篇一律的教学方式过于枯燥，学生提不起学习兴趣，课堂气氛沉闷压抑，教师也感觉到很大的压力。教师作为语文阅读教学课堂上的主导，却永远都在唱独角戏，学生应付式地完成相关的阅读任务，

致使语文阅读教学的效果往往达不到理想目标。

(六) 高职大学语文阅读深度不够

目前来看,高职大学语文阅读教学期间,大部分教师阅读教学仍然是停留在文本阅读的层面,这样虽然能够在一定程度上照顾一部分学生文本阅读知识上的理解以及把握程度,然但是可能会由于教师本身对于文本的理解力度不够深入,使得语文素养相对比较高以及阅读能力相对较强的高职学生难以学到更多阅读知识,从根本上阻碍了高职学生对于语文阅读的主动性。

(七) 高职大学语文阅读目标偏离

从某种程度上讲,语文阅读教学期间,明确化的阅读目标能够发挥出非常重要的积极作用。现阶段,语文阅读教学活动中,一些语文教师没有明确化的教学目标,或者是教学目标已经发生了一定程度的偏离,仅仅是注重课本知识学习,严重忽视了对学生知识学习的引导。从教学目标上来看,教师制定的目标非常宽泛以及模糊,从而使学生在实际阅读学习中模糊不清,阻碍了学生对阅读知识的熟练掌握。

三、高职大学语文阅读教学存在问题的症结所在

(一) 重专业轻文化的思想偏见

在职业教育的整个体系当中,划分专业,强调职业性,语文学科已经由中小学时期的"主角"转变为了"配角"。社会上的很多用人单位在招聘人员的时候,通常比较注重的是应聘者的技能与特长,而忽视了其他方面的素质。这种用人机制,在无形中滋长了"重专业轻文化"的思想倾向,并且在社会上蔓延开来。家长和学生受其深刻影响,之所以选择职业学校,大多数都是为了学专业,至于说文化课那是"次要的,是可有可无的",只要有一技之长将来能够找个工作就行了。

学语文无非是多认识几个字而已,不学也无所谓。这种"重专业轻文化"的偏见在学校的一些领导头脑中也是根深蒂固的,他们通常将工作重点侧重在专业上,关注的是专业课的教学以及对学生专业技能的培养,对专业方面

的投入也非常多,至于文化课方面就少有问津。职业学校应当体现出职业特色,突出学生的专业技能,本无可厚非,但是注重专业课的同时,也不应当忽视为学生"奠基"的文化课。就像达·芬奇所说"人文学科和技术不是对立的,而是人类的两翼。"

由此可见,专业课和文化课应该是同等重要的,不能够顾此失彼。重视专业课轻视文化课的观念与做法,使得文化课教师倍感冷落,心理不平衡,常常抱怨道"我们都沦为'配的'了",教师的工作热情大受损伤。

(二)阅读教学研究的滞后

五年制高职专的语文教学仅仅局限于相对狭小的空间,处于比较封闭的状态当中,缺乏校际的沟通与交流,教师外出听课、考察的机会几乎没有。导致语文教师视野比较狭窄,信息匮乏。上级主管部门往往在开学之初布置一些教学内容、教学进度以及统考等事项,至于有关教材、教法、学法的教科研活动很少组织。一些学校在这方面的重视力度不够,缺乏督促和投入,教学研究氛围不浓。

此外,公开发行的职教刊物也多侧重于对专业课程的研讨。以上诸多原因导致语文教师科研意识淡薄,科研热情不高。五年制高职专的语文阅读教学改革基本上是由有责任心的任课教师自行探索,由于其势单力孤,导致收效甚微。阅读教学研究的滞后,使得起步本来就比较晚的五年制高职专语文阅读教学陷入了沉闷、低迷的状态之中。

(三)教学实践的偏误

阅读教学的主体是学生,学生具有一定的主观能动性,能够对知识进行加工、处理、整合与吸收。他们的个体差异性体现在对知识的接受和再现上。所以,学生自身的素质对阅读教学有很大影响。

一方面,学生的文化素质较低。随着高校的不断扩招,稍有实力的学生都进入了普高学习。五年制高职专里的学生大多数是初中时中等偏下的学生,是升普高无望的学生,只有极少部分是达到了普高分数线但是由于家境贫困不得已选择了收费较低的职业学校。学生的入学成绩,低分段所占比重较大。

总的来看，五年制高职专学生的基础弱、底子薄、文化素质低，相当多学生的认读、朗读等基本能力都不过关。

另一方面，学生的心理素质较差。五年制高职生被视为"三类苗""四类苗"，学生自认为是学习上的失败者，中考失利（未考上高中）是他们心头始终挥之不去的一片阴影，经常会感觉到低人一等，退而求其次，选择五年制高职专实属无奈之举。他们自卑感比较强，觉得前途渺茫，对未来缺乏信心，看不到自身的优点和长处，导致其学习积极性不高。还有一部分学生本身就不想学习，家长担心孩子在社会上学坏了，所以强迫孩子来到学校。这部分学生的厌学情绪更重，不管是专业课还是文化课都无法引起他们的兴趣。

对语文课也表现出不同程度的厌烦、抵触情绪。课上偶尔听听"热闹"，大多情况下消极应付，书都懒得拿，有趴桌子睡觉的，有聊天说话的，还有故意制造笑料的……教师总得三番五次地维持课堂纪律，上课情绪受到极大影响。

第二节 高职大学语文阅读教学的模式创新

一、对话式教学

（一）对话式阅读教学

《语文课程标准》指出"阅读教学是学生、教师以及文本之间对话的过程。"它主要包括两层含义：阅读是读者与文本主体之间的对话过程；教学是教师与学生以及学生与学生的主体之间的对话过程。前一层含义，我们可以将其理解为阅读对话是主体间的对话与交流。这种对话与交流，重点侧重于阅读中读者（教师与学生）对文本的"倾听"。后一层含义，我们可以将其理解为教学对话是主体的独特体验与感受，侧重于教学中读者（教师与学生）对文本的"言说"。至此，我们能够达成这样的一个共识：对话式阅读教学，就是在阅读教学中以对话为原则，在对话精神支配下读者（教师与学生）与文本主体间合理地"倾听"与合理地"言说"的动态的教学过程。

（二）对话式阅读教学的特征

1. 训练性

对话式教学是以语言为媒介的，主要包括口头语言与书面语言。对话式阅读教学的特殊性在于对话教学过程中既要以语言为媒介，又反过来学习语言。《语文课程标准》指出："语文课程应致力于学生语文素养的形成与发展。"语文素养的内涵和构成非常丰富，听说读写是语文素养的主要因素，而对话式阅读教学，就是通过师生与文本主体间的对话来学习对话，学会对话。通过听说读写训练学习对话的表现形态，通过听说读写训练来学习对话的方式，同时也只有通过听说读写的对话式教学致力于学生语文素养的形成与发展。

2. 平行性

对话式阅读教学是师生与文本主体之间平行的交流过程。所谓平行性，就是对话式阅读教学中教师、学生以及文本等都是主体间的平行关系。教师不可以将自己的主观意志强加给学生，"不应以教师的分析来代替学生的阅读实践"；文本也只是"一家之言"而已。学生对于文本有充分的自由去"言说"。对话式阅读教学的平行性特征，可以彻底改变过去学生仅仅是重复、模仿他人（包括教材、教参、教师）的阅读，失去阅读自我权利的状况。而这也正是《语文课程标准》所需要扭转和拓展的。

3. 体验性

文本有其特殊性，就其本质而言，并不是客观的、静止的、有待人们去把握的存在物。它可以说是人的生活世界，其内容本身就蕴含着人类生活的一种体验与思考，关联着人类生活世界的无限丰富性和复杂性，对话式阅读教学必须要让学生独立地去体验和感受。虽然其他学科的对话教学也需要"体验学习"，但是阅读体验更需情感、品味、领悟、入神，《语文课程标准》因故也侧重用了"体验"以及"情感体验""独立体验"和"审美体验"等概念。

4. 人文性

《语文课程标准》指出："语文课程丰富的人文内涵对学生精神领域的影响是深广的，学生对语文材料的反应又往往是多元的。"又指出："阅读是搜集处理信息、认识世界、发展思维、获得审美体验的重要途径。""阅读教学的重点是培养学生具有感受、理解、欣赏和评价的能力。"由此，我们可以这样认为：对话式阅读教学就是通过师生与文本主体之间的对话过程，把文本当中丰富的人文内涵与精神世界充分地展示并拓展开来，让教师与学生从阅读当中经历人生的一段生命历程，从生命的高度、人文的视角考察阅读，实现自我，体味自己的人生价值。

（三）引入对话式阅读教学模式的措施

1. 老师积极提问

在语文课堂教学活动中，老师可以根据本节课的教学内容作为大纲，在一些具有重要意义，与内容主旨紧密相连的地方向同学们进行提问，这样做不但可以活跃课堂气氛，带动整体节奏，还能够以一种相对来说较为轻松愉悦的方式让学生们主动接受教学内容，相比于以往的被动接受，这种方法显然更有利于学生的学习，也更能体现语文学习的真正魅力和意义所在。

2. 创造愉悦的教学环境

所谓的愉悦的教学环境，言下之意，就是教师要和蔼可亲，要"宽容大度"，面对学生的错误，应该"温柔"指正，面对学生提出的不同观点看法，不能够一下子将其全部否定，教学宽容就意味着尊重与平等对待，尊重不同价值观的存在，尊重对于不同事物有不同的合理化的看法，只有在这样的宽松愉悦的教学环境下，学生才敢于提出自己的想法观点与见解，敢于不怕犯错的回答老师的问题，只有在允许这种课堂自由存在的情况之下，才能够更好地引入对话式阅读教学模式。

3. 提高师资水平，选择有价值的教学内容

要让学生在课堂教学活动中有"话"可说，最重要也是最关键的一点就是选择合适的、能够与学生产生共鸣的教学内容。只有在一开始就提起同学们的兴趣，他们才有继续参与下去的欲望，才能真正实现对话式教学。而这就需要拥有丰富的专业语文教学知识与素养的老师来完成，所以提高师资水平是实现对话性教学的前提所在。只有专业的人，才知道选择怎样的教学内

容，用怎样的教学形式才是最合适的。

二、翻转课堂

（一）翻转课堂界定

The Flipped Classroom，也叫作颠倒课堂，反转课堂。从名称上可以看出这是一个具有变革意味的教学模式。对翻转课堂的界定一般从学习过程方面着手。教学过程通常包括知识传授和知识内化两个阶段。在传统课堂上，知识传授是通过教师在课堂上的讲授完成，知识内化则需要学生在课后通过作业、操作或者实践来完成的。

与传统课堂相反，在翻转课堂上，教师首先创建教学视频，学生在课外自己观看教学视频中教师的讲解，知识的传授过程在课外由学生通过视频的帮助独自完成。回到课堂，重点转变为教师与学生之间，学生与学生之间的互动，教师通过组织答疑解惑、交流讨论、知识应用等环节帮助学生完成知识的内化。

因此，翻转课堂的定义为：通过在课外观看教师制作教学视频实现知识传授，在课内与教师同学共同交流并完成作业而实现知识内化的一种教学模式。

（二）国外典型翻转课堂模式

1. 杰姬·格斯丁的四阶段模型

杰姬·格斯丁认为，教师在实现翻转课堂的过程中最大的困难就是，不知道在上课的课堂时间段里面教师应当怎样做、做什么，对于习惯了使用说教模式的教师来说，要想实现课堂的翻转，应当为他们制定一个框架，以便于翻转课堂更好地推行。萌生这一想法以后，杰姬·格斯丁就投入了翻转课堂的研究。他将 Experiential Learning Cycles 和 Bernice McCarthy's 4MAT Cycle of Instruction，即，体验式教学循环和麦克卡锡的教学周期为基础，设计了很多的学习活动。格斯丁指出，翻转课堂可以被划分为 Experiential Engagement、Concept Exploration、Meaning Making 和 Demonstration Application，即为体验参与、概念探索、意义建构、展示应用四个主要阶段。翻转课堂通常从参与式学习活动开始，比如，同步小组的手工实践、游戏、实验和艺术活动等。然后，学生自己通过观看教师制作的教学视频、播客课程、教学网站和参与在线讨论等方式探索相关的概念意义。之后，学生通过完成测试、撰写博客、制作反思性的播客及视频播客来完成自己对意义的建构。最后，学生通过创意新颖、个性鲜明的汇报，对学习效果进行展示和应用。

2. 罗伯特·陶伯特的系统结构模型

罗伯特·陶伯特教授任教于美国富兰克林大学，在很多的课程中都成功的实践了翻转课堂教学模式，并且把多年的研究汇集成为翻转课堂的结构模型，这一模型主要分为课前与课中两个部分，让学生课前观看提前准备好的教学视频，然后做教师为其准备的具体且具有针对性的作业练习；在课堂上学生可以先花费一点时间完成少量的简单测试，然后通过解决部分复杂问题来形成知识内化，最后进行总结与评价反馈。这种模型比较适用理科性、操作性较强的课程，对于文科性、发散性的课程则需进一步研究探索。

（三）国内教学模型的设计

1. 翻转课堂之曾贞的三步"反转"教学

曾贞绘制出了三步"反转"教学模式，指出了其所具有的三个关键点。第一是观看视频以前的学习，讨论并提出问题；第二是观看视频时的学习，根据问题来求索答案；第三是应用并解决问题的学习，深入问题进行探究。针对实施翻转课堂，曾贞并没有在三个关键步骤当中里做出具体地、书面地论述。虽然这样教师在使用这一教学模式的时候具有根据实际情况调整的灵活性，但是也会由于没有详细步骤作为参考，容易产生偏离。

2. 张金磊的教学模型

张金磊等在罗伯特·陶伯特的结构模型基础之上，构建出了新的翻转课堂教学模型。该教学模型重点包含课前与课堂两个部分。即课前基础知识学习和课堂学习活动组织两个过程。两个过程中也有两个关键环节，即，信息技术手段和活动学习。这有效保证了个性化协作式环境的生成。这一教学模型具有比较强的指导性和可操作性，与其他模型相比较来说是比较完善的。

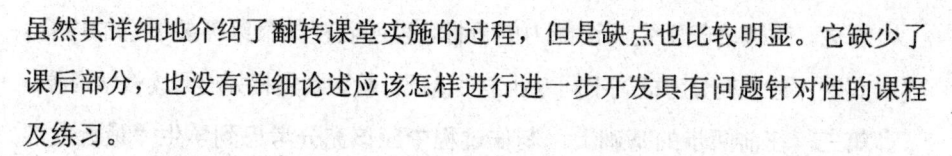

虽然其详细地介绍了翻转课堂实施的过程，但是缺点也比较明显。它缺少了课后部分，也没有详细论述应该怎样进行进一步开发具有问题针对性的课程及练习。

3. 钟晓流等人的太极环式模型

钟晓流等人把翻转课程理念、太极思想与本杰明·布鲁姆的理论相互融合，形成了太极环式模型。在教学活动当中，钟晓流比较倾向于教师的"教"的环节，他将模型划分为了两个部分和四个环节。即课上、课下；教学准备、记忆理解、应用分析、综合评价。但是此模型教与学的安排并不是非常合理，课程研发与课后交流部分依然比较少，教师"教"的部分也不明显，还需要更进一步修改。

（四）高职大学语文阅读教学中翻转课堂模式的应用

1. 帮助学生创设翻转学习情境

翻转式阅读教学的课堂情境创设，应该依据教学内容选用适当的教学方法，并不一定是所有的阅读课都得用课下自学、课上小组讨论学习的方式，行之有效的阅读教学方法应该充分体现出多元化。课堂上教学的具体方法与切入点都可以根据教师的教材分析、学生的学情以及教材的差异选择不同的教学策略，正所谓"教无定法、殊途同归"。比如信息类文本，讲究实用性，需要学生掌握的是会写，所以不需要过多讨论，更多的是需要学生自己揣摩写法、表达方式等，课上教师也可以指导学生进行"微写作"训练。

2. 创建教学视频，进行系统设计

翻转课堂的实践者们发现传统教学中 40 分钟的课堂知识传授可以转化为 5~10 分钟的教学视频，这种方式使得教师和学生的课堂效率得以大大提升。"学生在家庭作业时间观看教学视频，接着写一个简要的总结，并进入 Google 调查表回答上面的问题"，这样，教师就可以有针对性地利用好课堂时间。另一方面，学生能够使用教学视频进行复习和巩固。所以，翻转式阅读教学的实施需要教师投入更多的时间进行课前准备。教师在录制阅读教学视频的时候，应做到：

首先，明确培养学生阅读能力的目标，以明确视频最终需要展示的内容；其次，应该充分考虑到不同专业学生情况，检索收集相关的阅读教学资源；

第三，在前两步的基础上，制作过程中应该充分考虑到学生"最近发展区"，考虑不同学生的阅读方法和习惯，最终完成视频的录制。当然，单纯让学生被动观看视频是远远不够的。

翻转式阅读教学教师的课前准备还应该包括阅读技能训练和评估。这些训练的设计不仅要评价学生的阅读成效，更重要的是通过结合文本的提示帮助课堂教学活动的开展，加强回忆、思考以及理解。教师不一定只能是由自己录制，可以根据自己对教学活动的设计选择不同的课程平台，前提是教师对自己的课程有一个整体的系统设计。

三、"大语文"阅读教学法

"大语文"阅读教学就是将语文阅读课教学与学生的日常生活和社会实践紧密联系起来，把语文阅读拓展到整个社会生活大环境中来，引导学生从阅读语文走向阅读生活，进而实现语文阅读教学由课内向课外的延伸。在高职大学语文阅读教学中树立"大语文"阅读教学观，就是要在语文阅读文本、阅读内容以及阅读方式等三个方面拓展学生的阅读视域，实现学生在阅读思维、阅读能力、阅读方法等领域的全面发展。

当今社会，随着信息技术的迅猛发展，图像技术充斥着人们生活的方方面面，人类真正进入到"读图时代"。与此同时，人类的阅读方式也随之发生了相应的变化，这给学校传统的语文阅读教育观念带来了新的挑战。叶黎明、陶本一对"读图时代"给学校传统语文阅读教学带来的影响进行了比较深入的研究，他们认为"图像时代"导致传统文本阅读的价值危机、阅读价值取向的转向以及阅读教学方式的变革，学校语文阅读教学应在阅读取向、课程与教材内容研制、阅读教学方法等各个层面做出相应的变革，以适应时代发展的阅读需求。

传统的高职高大学语文阅读教学关注的阅读文本只是语文教材中的文学

作品或文学作品与应用文写作文本，随着现代社会的发展，媒体文本已经成为当代大学日常生活中不可或缺的阅读文本媒体。文本主要是由报刊、广播、影视三大经典媒体和新兴的网络媒体产生的，具有一定意义表征的文字或图像。阅读文本在高职大学语文阅读教学中树立"大语文"阅读教学观，就是要实现传统的语文阅读文本的拓展，将媒体文本纳入语文阅读教学中来，使之成为高职高专大学语文阅读教学的第三大文本。

第三节 高职大学语文阅读教学改革与创新策略

一、阅读教学的基本原则

（一）课堂教学与美育的辩证统一

阅读教学是借助一篇篇课文进行的，每篇课文的语言形式与思想内容都是相互依存的。在教学活动当中，可以先指导学生通过词句段篇（即语言文字）理解课文的主要思想内容，在这一步中，主要是启发学生积极展开思维，使课文所描写的人、事、物在大脑当中具体化、形象化，详细了解人物的行为与思想感情的变化，事情的发生、发展、结果与景物的特点等等。在此基础之上让学生进一步体会人物的思想品质、事件的意义以及由景物描写中透发出来的作者的思想感情等，引导学生由此及彼，由表及里地充分认识事物的本质，潜移默化地接受美的熏陶和教育。

此外，教师在讲述的过程中要激情洋溢，范读要声情并茂，要尽量做到以情传情，让学生能够揣摩到作者的情理美，产生共鸣，进入美读的佳境，让学生获得美的享受，陶冶美的情操。

（二）阅读教学与发展学生思维相结合

智力是掌握语言文字、获取各种知识的必要条件。阅读是一种比较复杂的智力活动，其中所包含的思维、注意、记忆以及想象思维是智力的核心部分，又是与语言的直接联系。所以，在阅读教学中发展学生思维是旨在训练中调动学生思维的积极性，启发学生多思多想，教给学生思维方法，培养学生良好的思维品质。

(三)阅读教学与听、说、写的训练相结合

听、说与读、写既是口头语言与书面语言的关系,又是吸收与表达的关系。它们之间互相联系并且相互促进。缺乏听和读,必然会影响到说和写的质量;没有说和写,语言的运用能力也会很难养成。所以,在阅读教学过程当中,要不断地把所学知识运用到说话和写作的实际当中,形成一定的技能;同时,加强说和写的训练,自然反过来会推动阅读活动的深入。比如,教学沈从文先生的《湘行散记》后,组织学生讨论,把自己眼中的湘西与沈从文笔下的湘西进行比较,从而了解社会的发展。

二、高职语文阅读教学改革策略

(一)培养职业高职学生语文阅读兴趣

只有在兴趣的推动下,学生才会自觉地投入到学习活动中。所以,要想提升高职大学语文阅读教学的有效性,教师首先应该培养学生对于语文阅读的兴趣。教师在进行示范朗读的时候,可以运用抑扬顿挫分明的阅读方法吸引学生的注意力,比如,在学习诗歌类课文的时候,教师富含感情的阅读方式能够更好地感染学生,促使学生主动注意教师阅读中运用重音的词语,而且会非常乐意模仿教师的阅读方式。

同时,对于语文教学中的重点难点,教师应该尽量使用方法学生比较容易理解的方式进行讲解,以降低学生的学习难度,提升其学习兴趣。比如,在学习课文《春》的时候,其中的春花图部分对于学生理解比较困难,知识点也比较抽象,这个时候,教师就可以为学生设置引导问题"这部分主要描写了哪些事物""作者眼中春花的颜色都有哪些"等等,通过这些比较简单的问题引导学生深入理解作者想要表达的情感,同时提升学生对语文阅读学习的自信,增强其学习兴趣。

此外,教师也可以通过创设情景的方法,对学生视觉神经、听觉神经以及思维进行刺激,激发学生的学生欲望。比如,在阅读《荷塘月色》前,教

师可以利用多媒体技术，首先向学生呈现出月下荷塘的景象，并为学生播放相应歌曲，吸引学生注意力，使学生主动投入到学习中，以提升语文阅读教学的有效性。

（二）注重阅读选文的优质性和典范性

相较于普通中学的升学压力，高职语文教学并没有学业上的制约，教学上的灵活性与自由度比较大，职业学校大可进行校本教材的选编。重视选文的经典性，就必须要从我国浩瀚如海的古代文学作品中寻找优秀的篇章，文言文已有几千年的历史，历经几千年的变迁，已经成为中华语言的精粹。而白话文发展至今只有百年的历史，其规范性和艺术性远不及文言文。所以，从吸收并发扬传统文化这个角度来讲，高职语文教材应该适当增加古文的量。

高职大学语文教材中的文言文应该以浅显易懂为入选标准，遵循循序渐进的原则。可以从明清开始，选择一些文白相间的小说，比如四大名著、蒲松龄的《聊斋志异》等，这些小说都是比较普及的读物，学生在进行阅读的时候不会因为文字而产生难以理解的障碍，而且小说这种题材也比较吸引人。随后可以进入曲和诗词的赏析，阅读元曲中的四大悲剧，感受苏辛的豪放大气、柳永易安的清丽婉约、李白的飘逸奔放、杜甫的沉郁顿挫……学生的欣赏品位逐渐提升，同时也能够培养出浓厚的语文学习兴趣。

（三）突出实用性，增补应用文

对于大学语文的功能或作用，传统的看法是反对其工具性或实用性，着重强调其人文性。而事实上，以人为本是当代教育的基本理念，所以，大学语文既要立足于陶冶学生情操修养，提升学生的文化素质，也应该能够在培养学生的学习能力、交际能力、写作能力、口头表达能力等诸多方面做出应有的贡献。当今社会大量需要的人才，是既具备高尚的情操与健康的身心，又具有开拓精神和创新能力的复合型人才。大学语文作为高职院校当中开展的一门基础课，应该担负起这种责任，所以大学语文应该定位于：人文性与工具性（或实用性）并重，"务实"与"务虚"相互统一，二者不可偏废。根据相关的调查研究发现，很多的高职毕业生在工作岗位上经常要写应用文，而他们在校时可能并没有真正学过，导致其很难适应工作。所以，在高职阶段的语文学习期间，有必要加强应用文的写作以及口头表达能力和交际能力的训练。不过应用文可以不作为教材的主要内容，而以附录的形式出现，可以介绍一些常用的应用文，如公务文书、事务文书等，凸现职业院校的特点。

（四）做好高职语文的定位

高职语文必须要适合高职学生的学习，要能够适应学生未来的入职方向，并且具有高等教育的能力。所以，对于高职语文的定位，首先是要找准学科自身的特性，语文是一门人文性的学科，教师就要以此作为主要依据，以培养学生的人文素养作为主要的教学目标。此外，语文教学应该符合高职学校的特点，将专业职业技能渗透进去，对学生今后的职业生涯具有很大的帮助，进而引发学生的关注，让学生发现体会到语文学科的重要作用，这样学生才会主动地参与到教学活动中，并对这门课程产生好奇心与积极性。在这种定位之下，学生能够积极学习语文，教师也了解了教课时的出发点，不再盲目，自然而然会提高语文教学效果。

（五）要注重阅读训练"人文性"与"技能性"的有效结合

高等职业教育的培养目标不仅仅是教会学生掌握一种工作技能，还应该是培养全面发展的、高素质的技术技能型人才。所以，高职学生的语文阅读教学一方面要将"人文性"放到非常重要的位置，要注重培养学生的综合人文素质，促进学生人格修养的塑造。通过阅读文学作品帮助学生学习生活哲理，强化学生的生活能力；帮助学生树立正确的世界观、人生观和价值观；提高学生的审美能力，唤起学生对真善美的热爱和追求等等。另一方面，在强调注重"人文性"的同时，也应该与高职院校的职教特点进行有效结合，要坚持职业导向，将"技能性"与"人文性"结合起来，在阅读教学中围绕专业扩展内容，丰富知识。

比如，在给学前教育专业讲到唐诗宋词时，可以与学生一起收集整理关于描写儿童生活的古代诗歌，扩展他们的知识面，增加他们作为幼儿教育老师的知识储备。再如，给导游专业讲授游记散文时，可以让学生结合本地的或者学生家乡的旅游资源、地理环境以及风俗人情等等，写一篇介绍本地或学生家乡文化与风情的文章，将阅读写作与专业技能完美结合起来，这样，还能够提高相关专业学生的学习兴趣，教学效果也会事半功倍。

（六）教师和学生共同参与，主导主体兼顾

关于在教学活动中到底谁是主体的讨论一直以来都没有停歇。从目前专家学者们的共识看来，在教学活动中师生双方都应当充分发挥其主体性。在语文阅读教学中，是非常有利于发挥师生双方主体性的。一篇文章放到师生面前，每个人都具有发言权。每个人的看法也都有其合理性。我们不能够让教师一个人讲到底，教师一个人说了算；也不能整个课堂全部都是学生在说，教师一言不发。当学生的主体性发挥出来以后，教师的主体性也应该在多个方面呈现出来。比如，对教学的预设，对教学时间的把握，对教学程序的控制，对教学气氛的调节等等；同时，教师还应该把自己的角色转换为一个与学生一样的读者身份，共同参与到课堂讨论当中。这样，在师生共同参与之下，有助于完成对课文意义的建构与创造，能够真正达到教学相长。

（七）突出语文课程的特点，适当向外延伸

阅读教学的基本目标是教会学生阅读的方法，同时不断提高学生的人文素养。学生在课内学习之后，还需要在课外进一步学习与实践。这就是"得法于课内，受益于课外"。所以，在阅读教学中根据课文的特点进行适当而有效的延伸是非常有必要的。而延伸的基本原则就是着重突出语文课程的特点。具体到一篇课文的阅读，就要根据单元教学要求与课文特点去延伸，而不是漫无边际地进行拓展。比如，教学鲁迅的一些作品以后，就可以顺便介绍他的其他相关作品，学生就能够在课外继续阅读，以扩大知识面，进一步感受鲁迅作品的魅力。比如，阅读《诗经》的一些篇章之后，可以适当介绍《诗经》中其他优秀篇章，学生课后就可以阅读全本《诗经》。总而言之，课内阅读与课外延伸应有紧密的联系，这个联系的纽带就是语文课程的特点。

（八）抓住热点悟读法

文献或作品中的热点所指的就是学生在某一时期比较感兴趣的话题，或者是学生容易集中关注的问题。高职学生正处于好学、好问与无休止探索的年龄，对于作品中的每一个情景、每一种描写都可能会引起很多新的问题，甚至对于同一问题，在不同时间也会存在不同的想法和理解。老师应该鼓励学生去思考、领悟，并着力引导学生养成善于提出问题的良好习惯。比如，"这本书大体上讲了什么？""主题是什么？""这本书详细地阐述了什么？""这本书有什么重要的意义？""对我们有什么启迪？"不仅如此，教师还应该明确告诉学生，仅仅可以提出问题是不够的，还应该能够通过阅读、思考来回答这些问题。在方法上，可以采取自问自答的方式，也可以在字里行间、空白处写上自己的回答与见解。学生不需要再去死记硬背已经得出的结论，而是通过思考，自己得出结论。这样，就能够加深对文献或作品的理解，真正领悟文献与作品的深刻内涵。学生对读过的书也会产生更大的兴趣，进而激发他们钻研的主动性和积极性。

（九）对教学方法进行改革

传统的教学方法主要是采取"满堂灌"的方式进行，学生由于对语文知识没有兴趣，就会出现教师在上面讲课，学生在下面并没有配合的现象，这样很难让学生真正记住讲过的知识，所以，教学方法必须进行改革创新，让学生积极参与到课堂当中来，配合老师的讲授，才能够在有限的课堂时间中，学到最多的知识。教师在授课的时候，可以采取分组讨论、情景模式、辩论、分角色朗读等方法进行，这些方法都能够让学生主动参与到课堂活动当中来，发现语文课的趣味所在。比如，在讲解课文《神女峰》的时候，教师可以让学生根据自己的理解，用适当的语气将文章读出来，并针对"爱情观"这一问题进行讨论，这样一来，不但能够教授学生课文的含义，还可以让学生从中学到对自身有用的知识，提升了高职学生的综合素养。

第六章 高职大学语文写作教学改革与创新

第一节 高职大学语文写作教学的缺失及存在的问题

一、写作教学

（一）写作教学的内涵

写作就是写文章，即利用书面语言表述思想感情的活动，在语文教育中就是学生作文。《语文课程标准》规定：写作是运用书面语言进行表述和交流的重要方式，是认识世界、认识自我、进行创造性表述的过程。写作能力包括观察能力、思维能力等一般能力，也包括审题能力、立意能力、谋篇布局能力、遣词造句能力等特殊能力。学生的写作能力要通过训练才能形成，写作教学就是学生在教师的指导下进行写作的训练。写作教学是一个综合训练，它一方面能发展学生的语言，提高他们的书面语言的表达能力，另一方面写作也是一个思想认识的训练过程，它在指导学生认识社会、体验人生，培养他们健康的审美情趣、完善的人格、良好的思想品德等方面具有特别重要的地位。

（二）写作教学的重要意义

1. 写作教学是语文教学的重要内容

语文的含义包括语言文字文章等多种意义，现在有的学者认为语文的含义应该为言语，是语言的运用，包括书面语言的运用和口头语言的运用，具体到语文教学就是表现为听、说、读、写的学习和言语实践。《语文课程标准》指出学生通过语文学习"使他们具有适应实际需要的识字写字能力、阅读能力、写作能力、口语交际能力"。写作作为高级的书面语言的运用，是语文能力的重要体现。写作是运用语言符号进行记录表达的活动，是一个人文化水平的重要的体现，也是现代社会对人的素质的一个非常重要的要求。人们日常写便条、写信、写日记、写报告、制定计划、写总结、网上留言甚至进行文艺创作、学术论文等都离不开写作。写作是现代人的重要的生存手段。写作教学担负着培养学生写作能力的任务，是语文教学的一个重要组成部分。

2. 写作教学是促进学生全面发展的重要途径

（1）促进学生智力的发展

写作教学在培养学生的智力方面有特别重要的作用。一般来说，智力的结构构成包括观察力、记忆力、思维力、联想力、想象力等，思维力是其核心因素。写作是一种智力活动，观察生活、构思立意、行文表达等活动都离不开智力因素的综合运用，尤其是思维活动的参与。学生写作的过程就是智力训练和发展的过程。

（2）培养学生良好的个性和健全人格

俗话说"文如其人"，教学生写作就是把写作和做人结合起来，在写作过程中帮助学生树立正确的人生观、价值观，形成积极进取的生活态度，培养良好的道德品质，从而养成他们健全的人格。同时写作也是个性化极强的行为，是学生自我的表现和个性的张扬，特别是创造性的写作，能使个性得到充分的发展。

（3）培育学生健康的审美情趣

写作教学是对学生进行审美教育的过程，教师指导学生从生活中发现美、感受美，在文章中表达美、创造美，能培养学生健康的审美意识和敏锐的审美能力，形成健康高尚的审美情趣。

二、高职大学语文写作教学存在问题

（一）学生写作热情整体淡漠

这并不是大学阶段语文教学所特有的问题，但在其在大学阶段表现得非常突出。很多同学进入高职院校之后不爱写文章，也不愿意写文章，即便是课程作业，也只是凑足字数，敷衍了事，更有甚者，用抄袭的方式来应付。究其原因，其与写作行为本身的特点具有非常紧密的关联，运思、剪裁、行文、修改，都需要大量创造性思维，殚精竭虑，可谓是一件苦差事；这也与为应付高考而长期从事作文应试训练之后的惯性反弹有关；而我们要是再深入追究，当下文化生活的相对浮躁，快餐文化以及网络文学的充斥也在一定程度上助长了这一风气。学生在这样的文化氛围当中，习惯了简单的接受、拿来，习惯了放弃判断与反思，习惯了放弃有深度、有意味的表达。

（二）写作程式化倾向严重

很多学生的行文依然没有能够摆脱为应付高考作文而学到的套路，在习作当中难以放松，这种应试训练弊端的累积在高职院校已经变成了痼疾，很难改化。其主要表现就是立意陈旧，思维单一，缺乏个性。文情并茂的佳作比较少，苍白无味的庸作比较多；感人至深的性情作品少，无病呻吟的矫情作品多；逻辑谨严的理性思索少，肤浅直露的简单思维多。一些高职院校学校在大学语文教学改革中习惯举办征文比赛，整体效果虽然不错，但凡是议论类的文章几乎都没有获奖，其重要原因就是学生选题陈旧，议论方式仍然是高中阶段的简单分析，缺乏逻辑的严密和深度。

（三）教材建设相对滞后，不能体现高职特色

关于"大学语文"的性质和定位，语文教育界历来就没有统一的说法，诸如"工具说""补课说""人文说""学术品位说"等等，似乎都存在一定的道理。有些专家认为，大学语文应该是"工具性"和"人文性"的融合，而凸现"人文性"是大学语文对中学语文的超越；专家们根据这样的基本认识，在大学语文课程的内容体系、教材体例、课文选编等方面进行了相应的调整和改革。在肯定其杰出贡献的同时，我们也应该看到，目前在我国各高职院校比较流行的《大学语文》教程可以说是五花八门，这样"各自为战"也使得大学语文课本身少了些权威性。再加上有些大语教材在内容上缺乏时代感，不能充分调动学生的学习兴趣，使得很多学生根本不想学习这门课程。

（四）学生丧失了写作的自主性

由于习惯于教师千篇一律的理论化指导，作文成为上学过程中的一项任务。一旦学生脱离了校园课堂，学生在现实生活中的写作意识就会慢慢消失，学生没有了用写作体现生活的必要，更没有自主表达生活感受的欲望，或者

说没有办法用写作来表现生活感受，就会逐渐丧失对人生意义的思考与交流思想的能力。这样的消极后果不仅仅是写作能力的缺失，更是为人处事中自我思考能力的丧失，思想感情表达能力的束缚，进而对学生人生发展造成很大的消极影响。

（五）学生的个性心灵受到束缚

由于写作主题类型的重复化与模板化，学生学会了根据教师的要求描写与生活无关的东西，思想上也逐步走向用生硬的语言来拼凑出一篇毫无灵性的文章来。这样所导致的结果就是使得学生将作文当成了一种为写作而写作的活动，认为作文就是用来描写生活中的无关事情，而且还要写得有模有样，堂堂正正，表达出一种道德责任感和理性道理。这只能使学生更加对作文写作不感兴趣，甚至会产生强烈的厌恶烦躁心理，个人真实的内心感情没有办法通过作文写作来得到抒发，个性也得不到自由的表达，无法写出多姿多彩的生活体验和表现率真的生活情趣。

（六）学生无法写出自我的真情实感

学生作文写作只能描写与生活毫无关联的积极高尚的事情，没有办法真实地呈现出自己对生活的思考，甚至会刻意回避自己对生活的真实感受，形成了作文写作中情感体验的淡薄。学生作文中最大的缺陷是没有生活的真实以及自我感情的真实表达，而是充满了理性高尚的说教与教条化的语言，其中偶尔有学生写出偏离中正的话语，往往会被教师告知这种写作存在问题，甚至直接制止干涉。于是形成了学生作文写作中套话连篇，空洞无味的语言较多。久而久之，学生写作的积极性也消失了，真实的情感体验也变得淡薄了。

（七）教师写作教学观念陈旧

很多高职院校的语文教师觉得，写作不用刻意去教，写文章是需要天赋的。再加上高等职业学校的学生写作能力比较差，那么写作教学就可以应付一下。所以，教师们通常会觉得写作教学不需要借鉴优秀的教学理念与教学方法，这就导致教师不会写详细的写作教学计划，写作教学通常会带有较强的随意性。再加上很多的高等职业学校的学生本来就缺乏主动学习的习惯，长期下来，教师渐渐也就没有了积极性，不管是阅读还是写作教学，上课都还是会使用"满堂灌""填鸭式"的老办法，教师在讲台上讲、学生在下面听，不能够主动寻找适合高等职业学校写作教学的方法，长此以往，学生对语文写作的厌烦情绪也会越来越严重，听到要写作文就感到头疼，教师对于写作教学也就更加不重视了。

（八）教师采用的语文写作教学基本方法陈旧

很多人都会存在这样的认知，认为在语文考试当中，作文的分数相差并不会出现太大的差距，一般都与其他人拉不开距离。所以有些教师认为与其花费很大的力气、下苦功去提升学生的写作水平，还不如将更多的时间用到课文中知识点的识记方面，这样成绩能够提高地比较快。由于以上认知上的偏差，高等职业学校写作教学方法通常会存在以下问题：

1. 教师没有比较具体的写作教学计划，也没有比较详细的教案

根据相关的调查研究与资料发现，很多高职语文教师在进行写作教学的时候，没有明确的设定教学目标、教学难点与教学重点，只会写一个比较简单的教学计划，内容安排也比较随心所欲，通常是两、三周写一篇大作文，或者一周写一篇大作文、一周写一篇小作文。至于怎样写、作文涉及哪些内容，大多数的教师都不仔细去想，过了一学期之后，表面上完成了学校规定的教学任务，实际上根本没有在意学生的写作水平是否有提高。还有一些教师甚至都不愿意去应付学校规定的教学任务，有时一学期都不安排写作教学。

2. 写作训练模式陈旧

高等职业学校对于语文教师的年终考核与评价差不多都是根据学生语文考试的卷面成绩，对其教学效果进行考核和评价。所以大多数语文教师通常对于书本知识的讲评比较重视，而轻视了对于写作的练习。即使涉及写作练习，也只是采用"讲解知识——写作——讲评"这种简单而且陈旧的教学方法，就是教师讲解学生写，教师批改学生看，教师讲评学生听。在整个写作教学过程当中，教师自始至终都处于高高在上的支配地位，而学生则永远处于一个被动接受的服从位置，既省略了写作前的很多准备活动，又减少了反

复修改完善作文的再实践的重要机会。

尤其是作文批改这一环节使得教师们非常痛苦，通常，一位语文老师会带两个班级的语文课，每一个班级一般会具有四五十位学生，如果教师批改一本作文所花费时间是 5 分钟，批改完两个班级的作文就得花费近 10 个小时左右的时间，批改之后的作文回到学生手中，学生也大多是随随便便地看一眼就将作文收起来，到下次写作的时候才会再拿出来。这样的写作教学方法实在是太过陈旧和单一，教学效果不佳，对学生写作水平的提高没有任何帮助。

（九）理论和实践脱钩

首先，部分语文教师片面注重写作知识的讲授，而轻视了写作的实践训练。注重提高学生的写作知识方面的素养，忽视了学生实际写作能力的提升。其次，片面注重写作的实践训练，轻视写作知识的讲授。重视学生的实际写作能力的锻炼和培养，忽视了学生写作理论修养的提高。再者，理论与实践相脱节，一些教师把写作的理论讲授与能力训练人为地割裂开来，出现了理论无法指导训练的情况，常常是理论归理论，实践归实践，真正操作起来不能够做到对号入座。其实，要实现写作教学的目标与任务，取得较好的教学效果，必须能够在教学过程中正确处理两者之间的关系，让它们在教学中能够和谐地统一在一起。

第二节 高职大学语文应用文写作教学的改革与创新

一、高校大学语文开展应用文写作的必要性研究

应用文写作是大学语文教学活动开展中的重要内容，对于强化大学生素质教育、提升大学生对语文知识的应用能力具有重要作用。

语文和写作本来就是不可分离的，叶圣陶先生也提出"大学生在走向岗位之前，不一定会写小说、诗歌，但是一定要学会写工作、生活中实用的文章"；苏步青在探究大学语文教学与实用写作能力培养方面提出"很多研究成果，都是需要依靠写作来成书的，而学好语文，很关键的地方就是要练好文

笔，平时加大对随笔、散文等文体的训练"；日本作家村上春树也提到"对于写作的理由，归根结底只有一个，那就是让自己灵魂的尊严浮现起来"；刘建琼在探讨阅读与写作的关系时也提出"阅读的过程是汲取，写作的过程是传播，两者相辅相成。"

大学语文的应用文写作教学一方面可以通过写作净化高职学生的思想灵魂，另一方面能够让学生从写作应用中进行自我教育，提高学生提纲挈领、把握重点的能力，文献检索整合的能力以及严谨表述研究成果的能力等。

二、大学语文应用文写作目标的明确定位

推进应用文写作在大学语文教学中的有效发展，必然需要从教材规范上凸显应用文写作的重要作用，并且应该在具体教学实践过程中强化应用文写作训练。教师应该明确应用文写作的主要目标，立足当前高职学生的培养实际，从学习上、岗位就业上来制定教学任务。

一是突出对高职学生学习阶段的写作服务，比如对学科专业学术论文、学位论文以及研究报告的撰写提供帮助，引导学生从学术研究中来规范写作方法，提升学术素养；

二是为学生走向岗位提供服务，让学生可以从信息传播中发挥自身应用文写作优势，如通知、契约、留言、商借、催索等应用文体的写作；能够撰写商业信函来提升职业能力，如产品说明书、标准公函、报价公函、营销策划方案等；能够对科技报告等文书进行写作；能够适应行政管理岗位中的会议纪要写作，起草规章制度、拟订启事等文书，起草新闻、应酬类文书、行政公文、调查报告、演讲词类等常见应用文。

三、高职大学语文应用文写作教学中存在的问题

（一）教学教材内容落后、缺乏权威性

当今高职院校的应用文教学教材相较于社会发展来说比较滞后，教学内容以及观念过于陈旧，不能够满足时代与社会对应用文的要求。很多教材内

容长期没有得到更新，结构的安排也不够合理。大部分教材中关于应用文的教学板块都是传统的"先格式、再范文、最后注意事项"模式，教学内容往往只是简单地对应用文写作知识进行阐述，而忽略了应用文作为实用性文体的实用价值。

当下的应用文教材的教学内容还缺乏一定的权威性。在很多的教材当中，教材内容的理论编排不够深入，许多概念的阐释也非常模糊，应用文文种的分类不尽准确；甚至于许多应用文的格式也不规范，缺乏统一性、标准性以及科学性。

（二）学生对应用文写作缺乏兴趣，对应用文的重要性认识不足

由于长期以来我国的教育都是以应试教育为主，学生从小学到中学再到高职院校，学习往往都是以应付考试为主要目的，极少会考虑到所学东西是否与步入社会工作有关。学生对于应用文写作的学习缺乏钻研的劲头，无法真正认识到应用文的重要性。同时，由于应用文的写作具有较强的针对性与时效性，格式、语体等都有一定的要求，写作显得呆板无新意，学生很难对其产生兴趣。

（三）教师的教学方法比较落后，教学模式僵化

教师的教学往往都是传统的填鸭式，缺乏与学生互动。教师按照讲理论、讲范文、布置练习的固有模式对学生进行内容的灌输，没有注重应用文的实用性，缺乏新鲜感和吸引力，教学效果极差。

同时，由于当今的高职院校语文教师大都是从中文专业毕业后直接进入高职院校进行任教，缺乏企事业单位以及其他机关单位的工作经验，对应用文的运用认识不足。教学中教师往往只是照本宣科，没有结合社会经验进行教学，教学效果自然会差强人意。

四、高职大学语文应用文写作教学改革措施

（一）注重培养学生的"角色"意识，增强教学的针对性

对学生"角色"意识的培养主要体现在两个方面：

1. 领导或单位代言人"角色"意识的培养

高职院校开设应用文写作课,是为学生走向工作岗位所做的准岗位练兵,所以应该注重写作技能的培养与训练,以增强学生将来满足社会实践需要的能力。通过培养和训练,学生的写作角色意识应当可以完成从作业者到公务文书撰写者,从个人化的写作到集体代言人的写作,从学生到工作人员的角色转换。这首先要求学生要准确认识撰稿者与发文机关之间的关系。教师应该从应用文写作"奉命为文"的特征入手,针对学生以自我为中心的写作惯性,进行角色意识的培养与强化训练。公务文书的制发者通常是相关的组织机构,所以公文的写作要站在集体的立场上去审视、解决问题,反映情况或部署工作。执笔者只有明确这一点,正确认识了撰稿者与发文机关的关系,才能够从自我中跳出来,也才能写出符合要求的应用文来。

2. "不在其位,也谋其政"的参政意识的培养

应用文写作不单纯是案头工作,一个人工作能力的高低直接关系到应用文写作的质量。为此,在设计布置作业的时候,应该选择学生较为熟悉的工作为写作对象,执笔人就是这一工作的主要负责人。这就要求学生进入角色,置身这一工作环境,首先考虑这一工作应该怎样安排,问题应该如何解决,先拿出工作方案来,然后再动笔成文。

(二)激发学生的主动性,增强教学的生动性

在应用文写作的教学过程中,教师应该让学生运用已有的知识动脑筋思考、动口表达、动手操作,教师在学生的"三动"中积极引导、分析案例、适当评讲。在教与学的互动中让学生思维得以在开放、主动的状态下进行,就能够收到事半功倍的教学效果。

比如,提出一种文体案例,教师组织学生分组进行讨论,并加入学生的讨论中,引导他们查找问题。然后每组找两位同学,将他们的讨论情况进行介绍分析,教师综合归纳,指出这篇案例存在的问题。这种开放式的教学方法,既可以培养学生的动脑思考、动口表达、动手操作能力,也能够大大提高应用文教学效果。

（三）教师在课堂教学时教学方式要新颖、有趣

首先，在目前的大学语文应用性写作教学实践中能够发现，学生对于应用文写作缺乏兴趣，在进行应用文写作的时候对应用文的重要性认识不够。同时，由于应用文的写作具有比较强的针对性与时效性，格式、语体等都有一定的要求，写作显得呆板没有无新意，学生就更难对其产生兴趣，导致在进行应用文写作的时候写作格式不规范，缺乏统一性、标准性以及科学性。

因此，大学语文教师在进行应用性写作教学时要充分理解学生的学习过程与学习时的心理，尽最大的努力使其在轻松、愉悦的环境中学习语文。

其次，语文教师在课堂教学活动中要尽量简洁，让学生充分了解到一篇应用文只能有一个主旨，切忌多主旨、多中心。在写作时表述也应该清楚明白，主张什么，要求什么，希望什么，有什么意见和建议，都要观点明确，态度明朗。语言以社会化书面语体为主，不采用个体化语言、方言俚语、口头语以及超常规的句式和生僻字词。结尾要讲究言尽意尽、不留"余味"、不添"蛇足"，更加不能草率。

（四）创设情境，把练写落到实处

应用文写作训练的主要目的是应用，如果仅仅停留在纸上谈兵的层面，学生就没有办法真正理解和掌握。所以在教学活动中，教师可以采取情景模拟的形式，让学生身临其中。比如，在讲求职信与求职简历的制作时，可以模拟用人单位招聘现场，由教师带领学生扮成考官，然后对应聘学生提出问题，问题的选择应该与面试实际相符，在回答问题的过程中，能够锻炼学生的临场应变能力、语言组织和表达能力以及逻辑思维能力等，让学生切身感受到求职信和简历的写作方向与内容，做到有的放矢，而不是想当然或以自我为中心。比如，在讲请假条的写作时，很多学生认为请假条简单易学，对此常常会不以为意，但是真正写作的时候，就会发现请假条"麻雀虽小，但五脏俱全"，在短短两三句话中，包含了很多方面。

可以规定如果有事需要请假不能来上课的学生不必向导员开具假条，而是直接结合自己请假的理由写作请假条交给教师，教师可以按照请假条的撰写质量

给学生评价，如果合格可以给予适当的平时成绩，如果不合格，不予加分。

（五）把握文体差异，改变教学方式

传统的教学方式，在教学时首先讲的就是应用文的写作格式，认为只要记住了格式，就可以掌握应用文的写作技巧。刚开始只是讲述单一的文种，学生勉强能够死记硬背，但是后来要学习的文种越来越多，学生开始出现混淆，教学效果差强人意。所以，应该依照不同的文种，采取不同的教学方式，随机应变进行教学。每个文种各具特色，我们不能够只用一种方式生搬硬套，这样不仅达不到良好的学习效果，而且长时间下来很容易使学生产生厌学情绪，不利于学生的整体发展。

我们生活中经常用的书信、条据等这些文体，由于学生在生活中经常接触，主观地认为比较简单，所以在学习的过程中不够重视。教师在讲课的过程中，如果省略了格式与例题的讲解，直接做题，这时发现学生的错误，教师应该及时指出，防止酿成大祸。例如：一位教师在教授学习写条据时，找两个学生到黑板上写，其他学生在自己座位上写。内容为某学生将自己的零用钱花完了，没有钱坐车回家，向自己的朋友借了5元钱。学生开始按照自己的思路写作，结果发现只有一个学生写的基本正确，其他学生或多或少都有错误。黑板上的两位学生写的也不正确，学生感到非常奇怪，因为这与平时的写作方式是大同小异的。

教师指出他们的错误，并指导学生认真改正，重新写作，这一次学生写的又快又准确。通过举例练习，让学生更加明白自己的错误在哪里，在之后的写作中会更加注意，不再犯类似的错误，提高应用文写作的准确率，提高学生的学习效率，推动学生全面发展，在未来的激烈的社会竞争中立于不败之地，为祖国现代化建设贡献自己的力量。

（六）适应学生实际，强化写作实践

应用文的写作格式一般比较固定，而且应用性强，所以只要联系实际情况多加练习，写作水平就会逐渐提高。比较常用的写作方法主要有：制定科学合理的学习计划、同学教师间的问候、自我反省书等，教师还可以把应用

文写作推广到日常生活中，要求学生请假时必须出示请假条，请假条的写作必须规范、格式正确、文字流畅，从各个方面强化学生的应用写作能力。

在应用文写作教学过程中，教师应该做到理论联系实际，进而提高学生的动手和实践能力。高职院校中每年都会有企业招聘，教师应该鼓励和指导学生写作自我推荐信与求职信等，学生之间也可以进行相互评价，指出应用文中的不足和优势，学生做出进一步的改正和借鉴。

此外，学生还可在寒暑假兼职，一封理想的自荐信能够为自身的综合能力加分。通过写作应用文的方式参与到勤工俭学的过程中，不但能够将所学的知识运用到工作中，还可以提升自身的社会实践阅历，实现应用文的价值，培养学生成为对社会有用的人。

（七）结合个体差异，灵活教学评价

在应用文写作的教学评价中要采取科学合理的多元化评价体系，由于每个学生的实际情况不同，教师在评定时也要做到因人而异，根据具体情况进行评价。一些学生基础较差，因此应遵守循序渐进的教学原则，可适当降低要求，只要格式正确，教师应积极给予指导和鼓励;而基础较好的学生则应要求在准确无误地完成写作之后，还能扩大阅读和写作空间等;对于基础更差的学生，则要求学习态度端正，并能按时完成作业要求的即可。

采用多元化且有针对性的评价方式，充分体现以人为本的教学思想，从多个层面、多个角度对学生进行评价，形成良好的学习氛围，调动学生学习的主动性。

第三节 高职大学语文写作教学改革与创新策略

一、高职大学语文写作教学改革的理念

（一）呼唤写作主体的回归

构建学生的主体性是素质教育的目标，自觉性、主动性和积极性是学生主体性的特征。在传统的写作教学中，语文教学对思想教育的政治化倾向的

重视，对思想内容的"伪圣化"限制，剥夺了学生思考的权利，写作变成了一种程式化的机械操作，扼杀了学生写作的创造性。这样的教学观念指导下的教学实践使学生养成思维的惰性，不愿或不敢发表自己的个性化见解。学生写作的对象意识淡化，学生的自觉性、主动性长期受到压抑，学生渐渐失去了写作的积极性，失去了表达自我的愿望，写作变成了痛苦的折磨。本"我"的丢失，个性人格的缺席使学生的主体性退化。

教师应从根本上改变应试教育中陈旧的教学观念，首先，应该使写作教学更具开放性、民主性，将思考的权利还给学生，让学生敢于描写自己观察到的现象，抒发自己感悟到的真情，发表独立的见解，激发兴趣，增强自信心。当学生写作的态度端正明确，表达的主体意识得以回归，学生就敢于以手写我口，将为真情而写作，为兴趣而写作，为交际而写作。

其次，必须提倡真实的写作。真实的写作必须负载真实的信息，必须与生活的需要相结合，必须与学生的思想实际相联系。真实的写作是以作者的主体回归为前提，以自我价值的实现为最终目的。学生将为"我"而写作，为生活中的悲喜而写作，写作不再是一种苦差事，而是抒写心灵的园地，是联系社会的纽带，是人生的一个组成部分。倡导学生写作主体的回归是一个充满人性化色彩的合乎科学规律的写作新理念。

（二）实现"人""文"的融合

时代不需要写作与做人分离的双重人格的人。教育的重要价值就在于，使人在学习中不断发现自我、完善自我，并实现自我，使个体生命焕发出耀眼的光辉。写作是学生语文素质的综合体现，语文学科鲜明的人文性在写作教学中表现得尤为灿烂："我"是写作的灵魂，人文合一是写作的规律。写作的过程实际上就是教人怎样做人的过程。现在语文课程标准为转变这种局面，提出"要求学生说真话、实话、心里话，不说假话、空话、套话""力求表达自己对自然、社会、人生的独特感受和真切体验"，开始关注"人"和"文"之间的融合。新课程标准这种求真求实的导向，对培养学生健全人格十分有利。《语文课程标准》针对学生写作过程中的套模式，抒虚情假意，说假话、空话、套话等问题，特别强调学生写作的情感体验。

情感体验是指人对客观事物是否满足自己的需要而产生的态度认识。其主要内容包括道德感、理智感、美感等，这些都是健全人格、培育精神不可缺少的。所以课程标准在每一学段中都有十分明确的要求，强调了情感在写作育人中的独特作用。学生在学习体验中获得经验，从生活中丰富经验，是涵养情感的基本途径。积累的经验越多，感情就越真挚，思维就越灵活，在文章中的表达就越发自内心。教学实践证明，学生写作时忽视人的因素，缺乏情感的体验，必然导致为文造情，造成人和文的分离。

（三）培养学生良好个性及创新意识

写作是个性化的活动。写作的乐趣来源于生命的自我表现和个性的舒展。心理学认为，个性是指一个人比较稳定的个性倾向性和个性心理特征的总和，包括需要、动机、兴趣、价值观等个性倾向性因素；也包括能力、气质、性格等个性心理特征因素。个性实质是个人的全面发展，具有独立的、特殊的个体性。个性是创新的基础，健康个性的内涵是创新精神。《语文课程标准》在写作教学发展学生的个性、培养他们创造能力方面有明确的导向，指出："能不拘形式地写下见闻、感受和想象，注意表现自己觉得新奇有趣的或印象最深、最受感动的内容""珍视个人的独特感受""写作要感情真挚，力求表达自己对自然、社会、人生的独特感受和真切体验。"

写作教学要围绕这些要求进行个性化的写作训练。教师要给予学生更多的写作自由、写作空间，减少对学生写作的束缚，鼓励自由表达和有创意的表达。教师要注重学生的创造性思维能力和想象能力的培养。在评价上，《语文课程标准》强调教师对写作重在"对写作的过程与方法、情感与态度的评价"，对学生写作态度的评价，重在对"兴趣、习惯、真实、创意"的评价。个性化写作必然是见解各异、观点不同、风格多彩的，教师对此要有包容的态度。对学生写作的评价，体现教师的胸怀，也体现教师的学识水平。教师要加强学习，转变观念，抛弃僵化的思维模式，指导学生写出具有鲜明个性的文章。

（四）以学生的生活实践为基础

传统的写作教学多命题写作，学生为写作而写作，为写作而编造生活，这使他们离真实的生活越来越远，学生写作普遍存在"假、大、空"的弊病。写作能力从根本上讲不是一门知识技能，而是为人生的抒发表达。语文学习的外延与生活的外延相等，写作教学与学生的生活密切相关。写作能力必须通过对人生的深切感悟和大量的写作实践才能形成和提高，而不是单靠文章作法技巧之类的东西所能奏效的。

写作应是生命的律动，是生活的需要，最终是写作者自我参与的心灵活动。目前，世界各国写作教学有一个共同的趋向，就是向生活靠拢，以人为本，注重培养"我"的主体人格。如日本语文教学界提出"生活作文"的作文教学思想，它是"通过以生活世界为对象的写作，在培养语言能力的同时，通过以作品内容为中心的讨论等活动，使学生深化对生活认识，使学生形成主体性的人格。"

二、高职大学语文写作教学改革措施

（一）"扬长"与"补短"并重，因材施教

由于每个学生智能结构与智能水平是不同的，所以教师在写作教学指导上，特别要体现出因材施教的教学原则，做到"扬长"与"补短"并重。比如，数学—逻辑智能发展不足的学生，逻辑推理与科学分析方面的能力比较低，在写作事理说明文与议论文的时候会比较困难，教师在进行上述文体写作教学的时候，一定要给予这些学生特别的指导与帮助，同时对数理—逻辑智能比较强的学生提出较高的要求，给予更高的期待。再比如，自我认识智能较低的学生，在自知、自处以及深入理解自己内心世界的方面能力比较低，要写好自传、自省方面的作品会比较不容易，教师对这些学生的指导和鼓励应该更多一些，确保他们通过写作可以在这项智能发展上获得进步。

（二）找准学科定位，注重培养语言智能

加德纳教授强调过，人类的多元智能发展当中的语言智能居于首位。语

言智能通俗来讲，主要包含了听、说、读、写这四项技能，而这四项技能恰好指明了进入语言智能开发的路径。在大学语文课程当中，写作教学的基本任务就是提升学生的书面表达能力，发展学生语言智能。培养与提高其他方面智能以及优化智能结构，仅仅是大学写作教学中所附带的作用和目的而已。作为大学语文教师，一定要头脑清醒、能够找准学科定位、分清主次，千万不能够舍本逐末。在写作教学中，教师应该组织学生开展形式多样、生动活泼的课堂活动，推动学生语言智能发展。

（三）当今信息化时代高职大学语文写作教学改革措施

1. 构思、积累过程

构思的主要目的是提升学生的认识能力和分析能力。在这一过程当中，教师可以利用微信、QQ 等一些网络信息平台与学生进行联系，向他们下发写作题目与要求，同时为他们提供资料以及评价准则，供他们思考。教师还可以事先通过一些网站以及交流平台查找相关的范文，发送给学生，让学生通过阅读来提高自己对题目的了解和认识，拓宽他们的写作知识面与写作范围。通过网络平台为学生搭建一个关于文章主题的虚拟情景，在帮助学生理解的同时，充分激发学生的写作热情，让学生学会主动去查、主动去写。

此外，教师还可以利用自己的经验适当地向学生讲述一些自己的经历以及对题目的看法，进而在专业的角度上去引导学生，帮助学生进行写作练习，但是应该注意的是，一定要把学生放到主体位置，不能完全抑制学生的想法，更不能让学生完全按照自己的意思去做、去写。最后，还要让学生将自己每天的学习感悟和认识记录下来，也可以在网络平台上与其他学生分享，相互讨论，共同学习。虽然经过这一过程的培养，学生对于写作还不能够完全地认识和掌握，但是可以为日后的写作奠定良好的基础。

2. 指导学生进行练笔

练笔的主要目的是为了提高学生的自我表达能力，在传统的教学活动中，教师一般会运用文章示范方式让学生进行练笔。但是这样做的教学效果似乎并不理想，从实际角度来讲也不够实用。所以在教学活动中就要求教师来进行教学方法的改进，为学生创设一个独立的思考环境，并对表述方式等进行全面系统地完善与突破。网络信息的快速发展可以说为教师的教学工作开展创造了很大的便利性。教师在正式授课以前可以先通过网络来找一些范文或者优秀文章进行分享，让学生可以对范文有所了解。

在这样的方式下能够最大限度地节省时间，同时也可以充分调动学生的学习积极性，为学生创设好的学习环境。在教学过程中，教师可以借助网络平台让学生进行写作练习，并且要遵循循序渐进的原则，开始设置一些比较简单的题目进行练习，然后再设置相应的难度题目，进而让学生能够逐渐地找到自己的失误，并可以不断地加以提升与修改，促使写作能力得到根本性的提升。

3. 成文练习

成文的过程是锻炼学生处理能力的关键所在。在传统的教学活动中，教师是学生的唯一评价者，但是由于教师平时的工作量比较大，再加上学生人数众多，所以经常会出现教师没有时间来进行及时评阅的现象。这样的情况会使得学生无法得到及时的反馈，所以会影响到他们的能力提升。因此，在日常的写作教学中教师应该积极地利用好教学当中的信息技术，促使教师可以快速地进行作文查阅，同时也可以让学生之间通过网络进行互动评价，进而让学生之间可以相互学习和督促。

这样的方式下学生已经不再是简单地写作者，而更多的是成为一个评价者和审阅者，可以在对他人的写作进行评价的过程中也同时能够更多的吸收到他人的意见，教师在当中所起到的主要是辅助的作用，从而让学生的主动性能得到相应的提升。此外，学生还可以通过评阅方式来学习到他人身上的优点，逐渐的积累更多的优秀的词汇和短语，这对学生的写作能力的全面提升将产生重要的意义，对于高职学生的未来工作岗位需求也将提供巨大的帮助。

第七章 高职大学语文互动教学模式

第一节 互动教学模式概述

一、互动教学内涵

所谓"互动式"教学模式，就是将教育活动看成是师生进行一种生命与生命的交往、沟通，把教学过程看作是一个动态发展着的教与学统一的交互影响和交互活动过程，在这一过程中，通过优化"教学互动"的方式，即通过调节师生关系及其相互作用，形成和谐的师生互动、生生互动、学习个体与教学中介的互动，强化人与环境的交互影响，以产生教学共振，达到提高教学效果的一种教学结构模式。

二、互动教学的特点

互动教学模式当中，教学过程不只是严格地执行课程计划的过程，而且是师生共同开发与创新课程，丰富教学内容的重要过程。与传统教学模式相比较而言，其具有以下一些特点：

（一）对象的主体性

互动教学模式的主要旨趣就在于培养与发展学生的主体性。互动教学模式重点强调启发式教育、优化知识结构以及强调机会均等，关心学生的全面发展以及每一个学生的发展。通过启发、引导学生内在的精神需求，帮助学生形成主体意识、主体能力以及主体人格，最大限度地激发学生学习的积极性，让他们学会学习、思考与研究，将他们培养成为自主的、主动的、创造性的认识和实践的社会主体。学生不是现实的和完成了的"主体"，而是一种生成的、建构的、发展的主体，而且这种生成、建构和发展只有在互动教学的过程中才能实现。

（二）方式的交互性

互动教学模式重视信息的多维互动，即信息发送、接受、理解与加工不全是教师对学生或学生对学生的单向度、线性的影响，而是师生之间、生生之间双向的知、情、意、行交互作用的过程。这中间的信息，不只是学科知识，还包含了兴趣、情感等要素。教师的作用就表现在对教学信息的选择、加工与"激活"，引导学生参与学习活动，共同塑造一个"教学文本"，通过与文本的对话、理解和精神共享，促进学生的自我建构和自主发展，形成一种共同探索、教学相长境界。

三、互动式教学法优势

第一，有利于改变学生被动听讲的消极性，发挥其学习的主观能动性，使学生通过自己的积极思考领会所学知识，在参与中完成学习任务。

第二，互动式教学要求学生参与的过程增加，必然督促学生在课下认真阅读及查阅相关资料，充实自我，以满足课堂上参与相关主题的讨论和学习的需要。

第三，教师由于要最大限度地调动学生课堂主动参与的积极性，必然要认真钻研，精心备课，谋划好如何既能使所讲知识让学生掌握，又能使学生主动参与到课堂教学中来，这对教师更是一种教学上的鞭策和督促。

第四，互动式教学由于使教与学有机地统一起来，教师与学生在课堂上互相呼应，无论是课堂提问还是案例讨论，气氛变得活跃，师生间的距离得以拉近，从而有利于教学双方最佳状态的发挥。

四、互动式教学法的基本类型

（一）主题探讨法

任何课堂教学都有主题。主题是互动教学的"导火线"，围绕主题写文章就不会跑题、跑调，类似于基础教育的"主题班会"。其策略一般为抛出主题——提出主题中的问题——思考讨论问题——寻找答案——归纳总结。教师在前两个环节是主导,学生在中间两个环节为主导,最后教师进行主题发言,也可请学生代表做主题发言。这种方法主题明确,条理清楚,探讨深入,充分调动学员的积极性、创造性,缺点是组织力度大,学生所提问题的深度和广度具有不可控制性,往往会影响教学进程。

(二)问题归纳法

将教学内容在实际生活的表现以及存在问题先请学生提出,然后教师运用书本知识来解决上述问题,最后归纳总结所学基本原理及知识。其策略一般程序为提出问题——掌握知识——解决问题,在解决问题中学习新知识,在学习新知识中解决问题。这种方法目的性强,理论联系实际好,提高解决问题的能力快,缺点是问题较单一,知识面较窄,解决问题容易形成思维定式。

(三)典型案例法

运用多媒体等手法将精选个案呈现在学生面前,请学生利用已有知识尝试提出解决方案,肯定正误方案,设置悬念,然后抓住重点、热点进行深入分析,最后上升为理论知识。其策略一般程序为案例解说——尝试解决——设置悬念——理论学习——剖析方案。这种方法直观具体,生动形象,环环入扣,对错分明,印象深刻,气氛活跃,缺点是理论性学习不系统不深刻,典型个案选择难度较大,课堂知识容量较小。

(四)情景创设法

依靠教师在课堂教学中设置启发性问题、提高学生思维活跃度和创造性解决问题的场景。其策略程序为设置问题——创设愿景——搭建平台——激活学员。这种方法课堂知识容量大,共同参与性高,系统性较强,学员思维活跃,趣味性浓,缺点是对教师的教学艺术水平要求高、调控能力强,学生配合程度要求高。

(五)多维思辨法

把现有定论、解决问题的经验方法提供给学生,让学生挑刺,提出优劣加以完善,还可以有意设置正反两方,掀起激情风暴,在争论中明辨是非,在明辨中寻找最优答案。其策略程序为解说原理——分析优劣——发展理论。这种方法课堂气氛热烈，分析问题深刻，自由度较大，答案往往没有定论，缺点是要求充分掌握学生基础知识和理论水平，教师收放把握得当，对新情况、新问题、新思路具有极高的分析探索能力。

五、互动式教学模式的要求

（一）要求教师充分备课，精心设计教学环节

作为教师不仅要对基础知识融会贯通，还应该熟悉相关领域的知识和信息，尤其是能够丰富学生知识面、调动学生兴趣的相关素材和案例资料。课前，教师需要根据讲授内容及其特点，对课堂需要讲的内容、方式等进行设计和"彩排"，并对课堂需要的材料、道具等做好准备，如需要播放的视频文件，角色扮演需要的卡片、纸条等道具，课堂练习需要的材料等。

（二）要求教师平时注意案例素材的积累

案例教学有助于学生对知识的理解和掌握，而引入的案例是否合适就需要教师的专业判断。教师不能仅仅依照教材照本宣科，而应该在日常的阅读、研究以及生活中有目的地去搜寻和积累，在课堂上根据需要选择合适的案例，甚至可以根据学生的理解和掌握情况对案例进行现场修改或演绎。

（三）要求教师具备良好的课堂驾驭能力

讲课不同于舞台表演，不是教师的独角戏，而是需要与学生这群没有事先排练的演员进行现场互动。这就需要教师凭借自己的知识和经验来掌控教学进程，调动课堂气氛。教师通过巧妙提问，适时讲一些与课堂内容相关的小故事，在课堂沉闷时讲几句纯粹为消除学生疲劳或引发学生注意的小笑话，或者在学生交头接耳时故意停止讲课以施加压力等来活跃课堂气氛。

（四）要求具有完善的现代教学设备

互动式教学不仅仅是师生间的互动，生生间的互动，还是人物的互动。多媒体技术和网络的发展为互动教学提供了更为广阔的空间，因此，多媒体教学设备也是互动式教学不可缺少的。

六、互动教学中情感因素的重要作用

（一）有机整合情感因素与智力因素，实现心灵交融

研究表明，学习活动中，智力因素和情感因素是同时发生、交互作用的，它们共同组成学生学习心理的两个不同方面，从不同角度对学生学习活动施以重大影响。如果没有情感因素的参与，学习活动既不能发生也难以持久。情感因素在学习活动中的作用，在许多情况下超过智力因素的作用。新课程实施中，情感因素和过程被提到一个新的高度来认识。发展学生丰富的情感，增进相互理解的过程，其实也是丰富、发展交往双方情感因素的过程。

要实现这一过程，教师要有良好的个性修养，文雅的谈吐，文明的举止。适可而止、留有余地的个性展示，会在学生心目中留下"既愿意与老师交友，又感觉老师深不可测、魅力无穷"的印象。

要实现这一过程，教师要处处给学生以关爱，用一颗诚挚的爱心，去唤起学生心灵的共鸣，从而让学生发自内心的喜欢老师。

要实现这一过程，教师要有丰富、渊博的知识。

要实现这一过程，教师要有小品演员的表演技巧，有主持人一般流利的普通话，有诗一般的课堂语言。凭着幽默风趣的话语，自然协调的动作，会说话的眼神……去博得学生的喜爱，从而激发学生的学习兴趣。

为实现情感因素与智力因素的有机整合，在教学中，教师还必须最大限度挖掘文本内涵，并结合学生实际，选好文本与学生实际相联系的切入点，寻找学生兴奋点，理清应该掌握的知识点，找准拓展延伸的发散点。在备课时，教师一定要设计好各个环节：如何说上课的第一句话，如何安排课堂提问，如何用自然的教态去抓住学生的心，为学生创设情景、营造宽松和谐的课堂氛围，让学生驰骋在文本的天地里，去领悟作品的深刻内涵，去享受文本带给他们的快乐。

（二）巧妙促成生生互动与师生互动，实践心灵交融

教学实践显示，教学活动中最活跃的因素是生生之间、师生间的关系。

师生之间、同学之间的友好关系是建立在互相切磋、相互帮助的基础之上的。教学活动中，通过师生、生生、个体与群体的互动，合作学习，真诚沟通。老师的一言一行，甚至一个眼神，一丝微笑，学生都心领神会。而学生的一举一动，甚至面部表情的些许变化，老师也能心明如镜，知之甚深，真可谓心有灵犀一点通。这里的灵犀就是我们的老师在长期的教学活动中，与学生建立起来的相互理解。

生生互动自古就有，不同的时间背景下互动的形式、特点存在有不同之处。互动教学模式的直接理论依据是交际教学法。它强调语言的多种用途和学习的多种目的，强调教学应以人为本，课堂组织应以学生为主，教师的责任是给学生提供交际情景、场合，帮助学生创造性地、自由地表达，交流自己的意念和思想。从这个意义来说，互动不只是传递信息的过程，更是理解信息和加工信息的过程。真正的互动信息走向应该是多维的，即从教师到学生，从学生到教师，从学生到学生等。互动教学模式不仅具有反馈和双向互动的特点，学生甚至可能直接获取老师没有讲授的外部信息。因此，学生的主体性即主动性、自主性、独立性就得以充分的发展。

师生互动，应该建立在师生间相互理解的基础上。教学过程中，师生互动，看到的是一种多边交往活动，教师提问，学生回答，教师指点，学生思考；学生提问，教师回答；共同探讨问题，互相交流，互相倾听、感悟、期待。这些活动的实质，是师生间相互的沟通，实现这种沟通，理解是基础。有人把理解称为交往沟通的"生态条件"，这是不无道理的，因为人与人之间的沟通，都是在相互理解的基础上实现的。也就是说，心灵交融，才能实现交往沟通。

（三）心灵交融，教学互动的钥匙

谁都知道，新一轮基础教育课程改革，是为了摒弃应试教育的弊端，转变"高分低能"的状况而采取的明智之举；是时代发展的需要；是教育为社会主义现代化建设服务的需要；是学生长足发展、适应未来社会生活的需要。面对参差不齐、渴求知识的学生，准确把握"知识与能力""过程和方法""情感态度和价值观"三个维度，领悟自主、合作、探究性学习方式的内涵，才会有安贫乐教、爱岗敬业、爱生如子的师德形象；才能建立科学、合理的班级教学管理体系。如此，才能在教学中实现教学互动。

如果我们把学术功底、教学技巧和生生与师生互动三者结合起来，在教学实践中不断完善，逐步达到炉火纯青的地步，那么我们的教学就是完美的，我们的教育就是成功的。换言之，就是只有用心灵交融这把钥匙，才能打开教学互动这把锁。

第二节 高职大学语文互动教学概述

一、互动课堂教学模式的理论依据

（一）集体主义教育理论

集体教育理论认为：具有不同的智慧水平、知识结构、思维方式以及认知风格的成员之间能够互补；集体学习，有利于学生自尊自重情感的产生，即"当所有的人聚在一起为了一个共同目标而工作的时候，靠的是相互团结的力量。"这就为互动教学模式提供了教育方面的理论依据。

互动教学模式可以说是集体教育理论指导下的学习活动，它主要是以小组为单位进行研讨性学习，注重学习的群体合作，重视群体智力的开发，认为个体之间的思维撞击产生的能量远远多于个别体的简单相加。就像英国剧作家萧伯纳所说："倘若你有一个苹果，我也有一个苹果，而我们彼此交换这些苹果，那么你和我仍然是各有一个苹果。但是，倘若你有一种思想，我也有一种思想，而我们彼此交换这些思想，那么，我们每人将有两种思想。"

互动教学模式把小组学习当作课堂教学活动开展的基本形式，统一在集体教学模式的基本框架之中，它认为，人的素质只有在集体活动当中才能够逐渐变得完美，脱离了集体的活动，人的个性就得不到健康地发展。它遵循的公式是：一个小我＋我们＝一个完整的自我。就好像马克思所说："只有在集体中个人才能有获得全面发展才能的手段。"集体本身就是一种巨大的教育力量。集体对于个体发生巨大的影响,可以使个体在集体当中产生不同于处在单独环境中的行为。集体对于个体产生影响的因素不仅是作为静态的静态心理气氛,更重要的是使其显示动态的教育力量,发挥集体思维的优势,进而形成更好的集体思维创新的智力背景和心理场。

(二)建构主义学习理论

由于事物的意义并不是完全独立于我们而存在的,而是源于我们的建构,每个人都以自己的方式理解事物的一些方面,教学要增进学生之间的合作,让学生看到那些和自己不同的观点。所以,合作学习必须要受到建构主义者的广泛重视。建构主义学习理论认为,知识并不是通过教师传授获得的,而是学习者在一定的情境(社会文化背景)下,借助其他人(包括教师和学习伙伴)的帮助,比如人与人之间的合作、交流等等,运用必要的学习资料,通过建构意义的方式而得到的。建构主义认为合作、交流是整个教学环节当中不可或缺的,教师与学生之间,学生与学生之间的合作应该贯穿于整个学习活动过程当中;而交流是合作过程中最基本的方式或环节,合作学习的过程就是交流的过程,交流对于推进每个学习者的学习进程,起到了至关重要的作用。

建构主义也提倡在教师的指导下,以学习者为中心的学习。作为教师,要在学习过程中充分发挥学生主动性,体现学生的首创精神,使学生利用必要的学习资源,通过与教师及其他学习伙伴的协调、合作等互动方式,自主学习、创新学习。互动课堂教学模式具有集体活动、交往活动的特征,互动教学的活动,互动教学的竞争激发,从宏观上看就是合作,是一个集体的和谐的合作活动。

二、高职大学语文互动教学本质特征

(一)教学信息流动的双向性

互动教学中的信息流动具有双向性。其主要指的是在具体的语文教学活动中,教育信息从互动一方输出,影响作用于互动的另一方,经过主体的主动意义建构变成反馈信息流向信息的输出者，进而实现信息循环流动的一种形式。语文互动教学就是一个完整的信息双向流动系统，在这一系统中，通过信息的不断输入和输出的双向交换，确保语文教学中的动态平衡和有序发展。信息的输入与输出是语文互动教学不可或缺的两个环节，不管缺少哪一个环节都会阻碍整个语文教学系统的能量交换与动态平衡，进而影响语文教学目标的实现。信息流动的双向性是语文互动教学的基本特征，这与传统的讲授式教学和灌输式教学的信息单向流动截然相反，所以信息流动的双向性成为判断互动教学的重要标准。

（二）师生双方的自主参与性与主动探究性

互动教学是师生双方都主动参与其中的教学活动，教师与学生都是具有主观能动性和积极参与愿望的人。在教学活动中，教师和学生的参与性都应该受到鼓励，绝不能因强调"师道尊严"而无视学生参与的权利，学生才是学习的主人；也不能由于强调"学生主体"而忽视教师的指导和引导功能，教师是学生学习的引路人。这一特点揭示了互动教学的精神实质之一：让学生获得与教师同样的民主平等的教学参与权。自主参与性体现了语文互动教学的"人文性"特性。

与自主参与性紧密相关的是师生的主动探究性，这是自主参与性更深层次的表现形式，主要是指通过分析、综合、比较、抽象与概括等思维方法分析问题、解决问题，其实际上是一种创新思维能力。从一定意义上来说，语文教学就是发现问题、分析问题与解决问题的主动探究过程。各种"问题"贯穿于教学活动的全过程，是激发学生思维的钥匙、激活互动的诱因，"学源于思，思源于疑"就是这个道理。所以，教师应该注意保护和培育学生在教学中所表现出来的主动探究性。

（三）及时反馈性和即时评价性

所谓反馈就是指系统的输出转化为系统的输入。互动教学的结果要予以及时反馈，没有反馈就没有沟通，没有沟通互动也就无从谈及。所以，反馈性反映的就是互动教学系统沟通机制畅通与否，反馈就是沟通。与及时反馈密切联系在一起的是教学结果的即时评价性,互动的一方需要对另一方的回应做出反应,或赞同或鼓励或委婉否定,这就是互动教学的评价性。教学是否具有评价性也是衡量语文教学的标准之一,它是语文互动教学的激励或控制机制之一。一般来说,互动教学的信息流通主要包括四个部分:输出信息环节、吸收信息环节、反馈信息环节与控制信息环节(评价信息环节),这四个环节相互作用、相互影响,共同构成了整个学习过程,四者缺一不可,而且反馈与评价的时间也不能拉得太长,这就要求我们及时反馈即时评价,"趁热打铁",否则就会影响学习质量和学习效果。

(四)互动双方的交互性和反思性

教学活动中的互动必须在两个主体或间接在两个主体之间发生,互动双方总是基于对方的行为来做出自己的反应。所以,互动是一种交互影响和作用,互动教学也正是在这一系列的交互影响和作用当中不断向前发展的。当前国际上谈到师生关系时所提到的"互为主体论",就是教学中的交互作用在师生关系上的体现。实际上,交互作用不仅存在于主体之间,而且存在于教学主体与教学文本和环境文本之间,只不过前者是外显的、直接的,后者是内隐的、间接的。

交互作用孕育着反思,反思能够完善交互作用,它们互为前提、相互促进。在交互中反思,在反思中完善交互,二者是一对统一的矛盾体。在语文教学活动中,互动双方通过自我分析自我评判、自我否定自我肯定的反思过程,进而更加有利于互动双方的交互作用。语文互动教学就是在这种否定之否定的自我反思中不断向前发展的。

三、互动教学在高职大学语文教学中运用的可行性分析

(一)互动式教学模式在大学语文教学中运用的必要性

在很多的高职院校当中,大学语文课仅仅开设一个学期而已。区区几十个课时,肯定学不了多少内容。但是,不管是人文素养的提高,还是学生应用能力的培养都是一个长期积累的过程。再加上高职高专院校当中有些学生

的学习兴趣不浓、基础比较差，所以，教学活动的开展最主要的目的就是帮助学生掌握学习规律，教会学生学习的有效方法，充分调动学生自主学习的积极性和热情，激发他们的学习兴趣与潜力，在学生心中播下大学语文的种子，使课堂学习的终点成为他们终生学习母语的新起点。只有这样，大学语文才能够达到提升大学生语文综合素养、滋养人文精神的重要目的。互动式教学模式就是这样一种既能够提高学生学习兴趣，又可以培养学生自学、创新能力的教学方法。

（二）互动式教学法在大学语文教学中的合理性

首先，在大学语文教学活动中，互动式教学法实施的可行性较高。由于大学语文能够体现出较强的应用性，同时还具有非常明显的工具性特点，这就使得其教学方式具有独特性。学生在大学语文学习过程中，需要通过对已经学过的知识的沉淀来对新知识进行学习。再加上大学语文还具有较强的综合性、审美性以及人文性等特点，这也使在大学语文教学中要从传统的教学模式的束缚中挣脱出来，可以采取互动式教学法来开展教学活动。

其次，在大学语文教学活动中采取互动式教学模式具有非常重要的作用。在大学语文教学活动中，需要传输给学生具体的学习方法，让学生进一步掌握学习规律，以此来激发学生学习语文的积极性和主动性，深入挖掘学生学习大学语文的潜能，让学真正喜欢这门课程。

（三）采用互动法是大学语文教学内容丰富性的必然选择

《大学语文》的内容是非常丰富的，它既包含了语言文字方面的知识，又涵盖了所有文学审美的内容，还包含文化方面的内容。如果以当前大语文观的思想来审视大学语文，把语文的外延与生活的外延等同起来，大学语文的内容就会显得更加丰富。这就为大学语文采取互动教学提供了现实基础。因为大学语文学到的知识并不是死的知识，而是能够为我们的生活所利用的活的知识。采用互动教学法可以把大学语文学习从课堂向现实生活进行延伸，解决学生学习、生活甚至是以后工作当中的很多现实问题；能够培养学生自觉思考、自觉实践的能力。这些都是其他学科很难具备的优势。

（四）学习者及其能动性

教师、学生、教学内容与教学环境等共同构成了互动教学的基本要素，要做到合理、有效地设计、实施互动教学，就要正确认识这些要素。高职院校的学生已经掌握了基本的语法知识，具备了阅读理解现代文以及一定难度的文言文的能力。这使得学习者之间以及师生之间的沟通和互动成为可能。

信息时代的电子产品为学生接触新知识提供了很大的便捷，有利于实现探索式、发现式的互动教学。信息时代学生学习潜力的开发更加深入和广泛，为高职高专大学语文课堂实施互动教学提供了有力的保障。

（五）教师及其能动性

互动教学活动中，教师不以权威自居，而是对教学内容进行重构，分课外、课内两个环节布置课堂任务。"不愤不启，不悱不发"，面对变化莫测的课堂，教师学会采取阶梯式互动教学模式开展教学活动是非常必要的。这种方式注重问题的导入，气氛的调动，力求全体参与。除了恰当安排互动环节，教师还需要不断提升自己的专业素养。

总之，教师高尚的师德和先进的教学理念，扎实的专业基础及幽默风趣的表达是大学语文互动教学的另一重保障。

第三节 高职大学语文互动教学模式的实践

一、提高课堂效率，加强师生互动参与

由于人文精神的影响而不能够直接测量，更没有办法直接转化为现实经济效益，导致学生普遍认为大学语文是一门无用课程。再加上教师也认为大学语文同专业课相比，属于边缘学科，无法显示自己的专业水准，往往会对课堂纪律和效率的追求较为放松，大放其水。这样，在学生的印象中，大学语文就成为一门软性课程，听课如同坐茶馆，听说书，考试负担又轻，混混就可拿学分，导致大学语文教学中各种问题层出不穷。

再精彩的教学内容也必须要由严格的课堂纪律来保证，再明确的教学目

的也需要由高效的课堂效率实现。所以，大学语文教师要走出高中语文的僵化模式，施行真正的自由文科教学，必须建立在严格的课堂纪律和高效的课堂效率基础上。由于人文精神的培育无法用证书衡量，人文精神的影响更是一种长期的、隐性的、深远的潜在影响，所以，首先要让学生明确大学语文课程在锻造人格、培养精神方面的重要性及其特殊的作用方式，其次要以严格可考核的常规要求让学生深入了解该课程必须遵守的课堂教学秩序和学习方式，要求学生按时高质完成学习任务，化被动听课为主动探索的学习方式。

具体来说，应该布置相当数量的阅读任务，完成阅读笔记，针对一定的主题，开展课堂讨论和交流，变教师满堂灌为师生的互动学习；要布置一定的背诵任务，让学生掌握精华篇目，在背诵过程中隐性提高学生的文化水准；应该设置一定的实践课时，用调查报告、采风、朗诵、演剧、观摩等形式，让学生可以主动学习；应当布置一定的作文任务，从中学时代的硬写、模式化写作中摆脱出来，用自己的话描摹真实的人生，全方位提升学生的人文素养。

二、明确互动机制，建立互动关系

课堂互动教学模式就是指教学过程中教学参与者之间在交往、交流、合作以及对话的情境中，教师为配合学生学习而不断引发教学活动，学生又不断反馈并调节教学活动以满足自身学习要求，完成教学任务，实现教学目标的一种教学状态。具体到大学语文课堂中，互动教学并不是为了让课堂上充斥机械性的问答或形式上的喧闹；也不是为了杂乱无章的会话或浅显无知的调侃。教师的教育意向和教育过程互动的实质决定了互动教学的实际效果。

互动教学的前提是师生对互动内容的深刻了解，其本质是通过师生之间的交流互动得到个体人格与学习能力的自主成长的过程。作为一种互动机制，对学生来讲，需要彻底告别惰性心态，语文学习不再是单纯的教师讲解灌输，而是课前学生从图书馆或网络上检索相关的资料，细致深入地预习文本，将心中的疑虑转化为课堂互动的资源，课堂上不再是"草堂春睡足"，而是要全身心的参与其中，实现师生、生生、师生与课堂教学环境之间的全面互动。

为保证互动教学模式能够有效开展，师生双方都需要转变固有观念，构建一种基于民主、平等、自由、放松的师生互动关系。这就需要教师在课堂上放下架子，主动向学生敞开心扉，在和谐、合作的氛围下引导学生"言由心生、行为心表"，在民主、平等的关系中展开自由放松地交流。

三、教师要创设一种讨论情境

教师应该具备营造"安全心理"环境的能力，"在这种环境中能够使学生畅所欲言，无所顾忌。比如，《子路、曾皙、冉有、公西华侍坐》中，孔子让每一个学生自由发表自己的观点，不加以限制，当曾皙感到犹豫时，孔子鼓励说："何伤乎？亦各言其志也。"此外，教师也可以考虑分组讨论的方法，因为在小组讨论中，学生之间是平等的、发言是自由的、主动的，每个人都能够就自己或小组感兴趣的问题陈述自己的意见、评价他人的看法并说明缘由，教师不再是"高高在上"，而是走下讲台，成为小组活动的一员，与学生共同活动，共同交流。

同时，教师也要协调各组活动，鼓励学生小组内、小组间进行交流，甚至全班学生一起交流。只有在这种情境中才能使教师与学生的心灵沟通起来，将学生的既有经验和要探究、解决的新问题联系起来，把学生的理智与情感结合起来。教师还可以给学生一定的时间分头搜集资料，进行有准备的讨论，让学生做到胸有成竹，消除紧张心理。

四、调节气氛、调控进程

很多的高职学生上进心、表现欲较强，教师在课堂教学中应当爱护学生的这种积极性，创造机会让学生的主动性充分发挥出来。这就要求教师要做大量的教学准备工作，要具有丰富的知识储备和机智的应变能力。教师需要具有多个角色定位，他是营造良好的氛围、控制课堂节奏的主持人，是融入学生中以一个交谈者身份开展对话的交谈者，是引出话题，或针对一个话题引导学生思考的引导者，是一个适时加以点拨的点评者，更是一个针对学生

问题进行讲解与补充的讲解者。

五、着力推进"多维互动"的教学实践

教师应该努力改变学生在课堂上等、看、听的状态,要尝试让学生在对话、讨论、演讲、辩论以及编演小戏等过程中主动发现问题,探究问题,寻找解决问题的方法。不但要在课堂上锻炼学生的分析思辨与语言表达能力,还应该将其延伸到课外。比如,在教学《长恨歌》的时候,在运用质疑法解读难点之后,教师可以要求学生课外诵读全诗,思考作品的主题,课堂上则组织诸如"《长恨歌》主题之我见"等的辩论会,让学生就爱情说、讽喻说、双重主题说以及身世寄托说等发表个人的看法,让学生通过这样的实践活动养成积极探索,乐于实践的学习品质,在课堂教学中实现多向互动,进而提高学生的理解感悟能力、表达能力、审美能力以及想象力和创造力。

教师在应用"多维互动"的教学方法的时候,还需要分析工科、文科、艺术等不同专业学生的共性和差异,研究适应其专业培养与个性发展需求的教学课型。比如,《湘夫人》这一课,对于工科生可以采用诵读翻译教学法,对于文科生可以采取改编故事或剧本的以读促写之法,而对于艺术生则能够通过配乐朗诵或谱曲吟唱等教法,激活学生在读懂诗歌的基础上进行再创作的兴趣与能力,使得"多维互动"的教学方式取得实效。

六、精心设计每个单元的互动教学计划

现阶段一些大学语文教材以模块化方式来整合教材篇章的设计,比较符合目前大学生的心理认知特点。如果在上课以前,教师能够做好充足的课前准备,那么在教学活动中再进行互动教学,课堂气氛和学生的学习积极性就会有所不同。每在学习一个新单元以前,教师都应该精心做好互动设计规划,并提交给学生,这样做有利于学生明确这一阶段的学习目标,便于学生在学习中有目的性,为课堂上师生之间良好互动做好必要的铺垫和准备,这就是所谓的"课堂任务前置"。教师在对教学内容进行重构的基础上,把课内的具

体互动教学环节与课外的互动环节提前做一个前置性任务布置，并进行一定的指导，这样容易激发学生对课堂教学期待。这样一来，在学习课文时，因为准备充分，所以课堂教学中对文本的挖掘、人物情感的体验都非常到位。

七、实现课堂内外双互动

在平时的互动教学活动中，教室可以将课与课文的互动教学一并进行了设计。比如，在进行《苏武牧羊》授课之前，我们在课文的处理上主要是引导学生理清苏武背后故事的轨迹，除了理清故事轨迹以及必要的文言字词之外，更多地引导学生对苏武崇高的气节、成为中国伦理人格的榜样，成为一种民族文化的心理要素的感受。学生们在上课的时候也是很好奇：苏武的忠诚是愚忠吗？我们认为，互动教学的实质不就是让学生被动学习转为主动吗？我们从学生易于接受和感兴趣的角度出发，并结合社会热点问题，诠释以身作则、率先垂范、传递正能量的真谛，收到了意想不到的效果。

八、创建导引—互动式教学法

（一）构建开放式学习环境，培养学生自主、合作和探究的学习方式

马连柯夫认为教师应该将学生看作是具有充分权利的公民、社会的积极活动家以及社会财富的创造者，这才是师生平等民主关系。导引—互动式教学法需要教师与学生建立一个平衡点，在教师的引导之下共同去寻求知识与探究问题的答案，以平等、民主、自由的师生关系激发学生好奇的内在驱动力，给学生足够的空间，凸显自己的个性，发挥自己的创造性，提高学生探究能力和自主学习能力。

（二）明确教学目标，设计适宜的课程模块和考核方式

布鲁纳主张教学的目标是促进学生对学科基本结构的理解，当学生掌握与理解了一门学科的结构，他们就会了解到学科是一个相互联系的整体，教师要将学科的基本结构放到设计课程与编写教材的中心地位，成为教学的中心。学生理解了学科的体系结构，就容易掌握整个学科的具体内容，就容易

掌握基本的学科知识，就能够促进学习迁移，提高学习兴趣，并能够促进其智力和创造力的发展。大学语文根据课程设置，内容相对灵活，可以摒弃传统的考核方式，将单纯考查学生的知识点的选择题、填空题变成更为灵活的题型，比如小论文，鉴赏题，案例分析等，考查相同的知识点采用不同的考查方式，可以综合考查学生所学的知识以及分析问题、解决问题的能力。

（三）提高自身业务水平和综合素质

导引—互动式教学是对传统教学的改革，教师要与时俱进，不断更新教育理念。在互动教学中调动学生的积极性，学生的疑问会有不可控制性，这需要教师不断扩展知识，充实自我，给予学生新的引导和启示。学生的素质水平不断提高，提出问题难度加大，涉及的知识面会很宽泛，这就要求教师要有宽广而深厚的知识功底，同时有解决分析实际问题的能力。在导引—互动式教学中教师要具备驾驭课堂交流、控制节奏和课堂局面的能力，即教师要会对课堂进行组织管理。

第四节 合作学习在高职大学语文互动教学中的应用

一、合作学习概述

（一）合作学习基本要素

1. 积极的相互依赖

合作学习中，学生们应知道他们不仅要为其自己的学习负责，而且要为其所在小组的其他同伴负责，他们彼此需要"荣辱与共"。具体而言，积极的相互依赖主要涉及积极的目标互赖、积极的奖励互赖、积极的角色互赖、积极的资料互赖、积极的身份互赖、积极的外部对手互赖、积极的想象互赖、积极的环境互赖等八个方面。其中，前五种互赖是主要的。

2. 面对面的促进性相互作用

主要是指学生之间有机会相互交流、相互帮助和相互激励。只有通过彼此的相互作用，才能产生所希望的合作效果，如产生合作性的认知活动（解择解决问题过程，讨论概念，阐明知识间的联系），产生社会性规范和影响（承担责任，相互启发和促进等）。通过言语和非言语反应对彼此的学习表现提供反馈，有机会迫使缺乏学习动机的同伴参与学习，相互了解并建立良好的人际关系等。

3. 个人责任

指每个组员必须承担一定的学习任务，并掌握所分配的任务。为了落实个体责任，每个组员的作业必须受到评估，并且，其结果要返回到个体组员。小组成员们必须知道在完成作业的过程中，谁最需要帮助、支持和鼓励，并保证不能有人"搭便车"。

4. 社会技能

这是小组合作是否有效的关键所在。为了协调各种关系，达成共同的目标，学生必须做到：

第一，彼此认可和信任；

第二，彼此进行准确的交流；

第三，彼此接纳和支持；

第四，建设性地解决问题。

只有这样，组员之间才能进行有效的沟通，学会共同的活动方式，建立并维持组员间的相互信任，以及有效解决组内冲突等。教师必须教学生一些社会技能，以帮助他们进行高效合作。

5. 小组自加工

也被称为"小组自评"，指小组成员对小组在某一活动时期内，哪些组员的活动有益和无益、哪些活动可以继续或需要改进的一种反思。小组自加工的作用在于：

第一，利于组员维持彼此之间的良好工作关系；

第二，便于组员学习合作技能；

第三，增进组员对自己参与情况的了解；

第四，促进组员在元认知水平上思维；

第五，强化组员的积极行为和小组的成功。

（二）合作学习的教育功能

1. 培养合作精神

从客观上看，世界各国的教育都在强调合作，人类今后所面临的问题越来越复杂，要解决这些问题，光靠个人力量已很难实现。因此，当代教育必须重视培养学生的合作意识与合作能力，而现在的学生大多是独生子女，加重缺少形成这种意识的氛围，而合作学习无疑是这种能力培养的最佳途径。

由4人或6人组成的学习小组，要想在整个班级中取得优异成绩，就必须精诚合作，将个人融入这个小小的集体中，一切以集体利益为出发点，经过长时间的培养，学习的合作能力肯定会大大提高。

2. 培养交往能力

社会越发展，人际交往的重要性就越明显。在合作学习的过程中，学生增强了交往，形成了初步的社交能力，小组合作学习是同学之间互教互学、彼此交流知识的过程，也是互爱互助、相互沟通情感的过程。此过程促进了学生交往能力的提高，使学生既能"忘情"投入，又能规范、约束和指导自己的课堂行为。

3. 培养创新精神

释放学生的创造力是当今教育的重要目的之一。对于作为学习主体的学生来说，教学不应当是传道，教学必须是伴随着喜悦与感动的探究发现过程，或是伴随着惊异的问题解决过程。合作学习由于采用的是异质分组方式，每个学生的学习能力、学习兴趣、知识面宽度都不一致，因此在学习的过程中，学生间、师生间的互相启发、相互讨论，都会将另一些同学的思维导向一个新的领域，出现一些新的视角，提出一些值得争论的问题。可以肯定，这样一个知识不断生成、不断建构、具有创造性的过程，要比传授性教学更受学生欢迎，更有利于学生素质提高。

4. 培养竞争意识

当今社会无处不存在着激烈的竞争，作为劳动力再生产基础的学校，就应该培养学生的竞争意识，使之成为具有较强的上进心、能够适应未来社会发展需要的人才。合作学习将整个班级分为若干个小组，在问题的讨论与解决过程中，组与组之间不可避免地存在着竞争。在这一过程中，学生的竞争意识会逐渐增强。班级可以看作是社会一个小的缩影，在这个小社会中培养出的竞争意识，对学生们进入未来的大社会，无疑是大有裨益的。

5. 培养平等意识

在学校里，每个班级中都存在着歧视性、阶层性的结构，如性别的男与女、体力的强与弱、长相的美与丑、家庭的贫与富、能力的高与低、学习成绩的好与差等等的差异与对立。这样一来，创建民主平等型集体的任务，尤显突出。在合作学习中采用异质分组的方式，将不同学习能力、学习兴趣、性别、个性的学生分配在同一组内，同学们可以相互启发、补充，不存在谁更行、谁更聪明的问题，大家都是讨论成员之一。这样，学生之间的关系会更平等，更民主，更有利于一个良好班集体的形成。

6. 培养承受能力

无论我们在学习中、生活中还是在工作中，失败的机会总是比成功的要多。失败是一种常见的挫折，挫折可以使一个人彻底消沉、忧郁下去，从此一蹶不振，也可以使人激发其潜力，去取得更大的成功。所以，一个人对挫折的心理承受力越高，他成就的事业也就越大。在合作学习的过程中，学生在组内真诚地合作，组织公平竞争，在合作与竞争过程中逐步完善人格，养成良好的心理素质。

7. 激励主动学习

合作学习能使学生把被动学习变为主动参加。在教学过程中，教师把一些问题放手让小组合作讨论，这时的学生已主动参与了学习。在合作讨论中，学生或多或少都会得到一些结论，注意这些结论的特别之处就在于它是学生在合作讨论中得出来的。如果没有完全解决问题，教师稍加点拨，学生对方法、结论会留下深刻的印象。因为这其中有自己的学习成果。

二、高职大学语文互动教学中合作学习的应用策略

（一）开展形式多样的活动

小组活动可以按照不同的学习任务采取不同的形式，比如角色扮演、小组竞赛、小组讨论、组内互评、课堂辩论、经验交流等。在学习文言文《鸿门宴》的时候，教师可以采用角色扮演的形式开展合作学习，安排学生分组表演宴会前、宴会中以及宴会后的故事情节。课前学生分工完成翻译课文、编写剧本、制作道具等任务。课堂上学生大胆进行表演，不但可以活跃课堂气氛，还能够让学生在轻松的氛围中把握人物形象，加深对课文的理解。在开展小组活动的时候，教师要当好学生的向导，巡视观察学生活动，及时解答学生提出的问题，引导学生纠正错误行为，帮助学生提高合作技巧，以保证学习任务顺利完成。

（二）充分发挥教师的指导作用

任何学习方式都是在循序渐进当中逐渐产生与发展的，需要教师耐心地对学生进行指导。教师的导向作用主要表现在以下几个方面：

1. 明确合作任务

开展合作学习的学习模式，既能够培养学生的合作意识，又可以提高学习效率，让学生理解合作的重要性。这就要求教师要选择有价值的合作项目为学生布置任务，体现出合作学习的价值。要注重合作学习在大学语文当中的重要作用，防止形式化。

2. 指导合作过程

合作学习不能够完全取代传统的教学模式，而应该取长补短，取其精华，去其糟粕。教师要培养学生互助合作与独立思考的能力，同时，要参与到这一过程之中，耐心指导，确保合作学习的顺利进行。

3. 制定合作评价

小组任务完成以后，教师应该及时给予评价与总结。评价方式可以采取小组自评、小组互评与教师点评的方式进行。小组自评主要评价小组成员在

合作中的表现；小组互评主要评价学生参与的积极性和组织凝聚力；教师点评不但要看到先进，也应该注意到合作过程中遇到的问题。其中，教师的评价会对学生产生重要的导向作用。所以，教师的评价要慎重，防止对学生产生消极作用。

（三）选择适当教学内容，并赋予其适宜于合作学习的具体形式

理论上讲，语言文字基础、汉字书写、文章阅读、口语表达、文学欣赏、文学写作、应用写作等内容都可以作为高职大学语文合作学习的内容。但是对于能力基础要求较高的文学细读、文学创作、即兴演讲、备稿演讲等就不太适合采取合作学习，即使是前述适于合作学习的内容要真正引起学生兴趣，还应该进行"二度创造"，先赋予其适宜于合作学习的某种形式，否则是不具备可行性和可操作性的。基于此，设计诸如汉语认读与书写大赛、经典诗文朗诵会、演讲赛、应用写作大赛、课题研究报告等形式有利于落实合作学习的既定任务。

（四）因材施教，对不同类型学生区分不同任务

有效开展合作学习应该针对不同学科、不同专业的学生设计针对性较强的、个性化的学习任务，不必太过强求一致。有些文科学生可以开展的自主合作学习项目并不一定合适于理工科学生，比如朗诵会、文学欣赏、文学创作、辩论赛等要让理工科学生强行去做的话，通常其积极性是比较低的，参与面也不够广泛，效果就大打折扣。而有些任务比如读书报告、朗诵比赛、课题研究报告等文理科学生都能够参与其中，但是具体的学习任务、内容和具体形式还是要有所区别，特别是活动过程要设计得好，否则适得其反。

（五）小组交流、小组报告

小组预习与合作讨论应该根据教材内容事先设计好小组合作任务，并布置给各个小组，让学生在小组中进行有目的地预习。在小组预习的基础之上学生可以根据教师的问题，在小组内进行讨论，在讨论中辨明是非，培养能力。在理想的合作学习中，学生之间总是在不断地产生智慧碰撞与思想交融、学生慢慢摆脱自我原有的狭隘认识与片面思维，超越自己的认知结构和能力

水平。在讨论的时候，学生参与并聆听。组员可以逐个发表自己的意见，也可以一人发言为主，其他人补充为辅。同学之间应该鼓励互助，取长补短。教师要控制好小组讨论的时间，监控组员行为，确保合作学习的实效性。组长集中并整理好成员的发言以后，进入"小组报告"环节。各小组讨论之后，可以通过个人自述、全组合作陈述、甚至是角色表演等方式将讨论结果向全班进行汇报，其他小组认真倾听，同时记录报告中的精彩与不当之处，以便作深层交流和讨论。在小组合作讨论的基础上，引导学生从组内中交流过渡到组际交流。在小组合作学习中，进行适当的讲解，起到点拨的作用。

（六）建立合理的评价机制

评价是实施小组合作学习必不可少的环节，建立合理的评价机制是合作学习得以有效实施的保证。合理的评价能够激发学生团队合作的积极性，形成集体的荣誉感。教师在进行小组评价的时候应该重点注意两个方面：

第一，评价内容的多元化。小组合作学习的评价不能只看学习结果，而应该更多地关注学生的学习过程。评价的内容包括合作态度、参与活动的程度、小组活动的秩序、合作交流意识、小组汇报的效果以及任务完成质量等诸多方面。

第二，评价方式的多样化。为了保证评价的有效性和公正性，教师可以使用小组评价、个人评价以及教师评价相结合的形式。在评价过程中，教师应该鼓励学生相互评议、相互督促，促使学生审视自己的学习过程，比较学习方法和效果，及时调整各种行为，提高合作学习的质量。

第八章 高职大学语文情境教学模式

第一节 情境教学模式简述

一、情景教学法概念界定

（一）情景的定义

关于情景的定义，很多专家和学者们纷纷发表了自己的观点，表达出了自己的看法。以词源为出发点对情景做出分析，《现代汉语词典》对于情景的解释为：情境也做情景，是对具体某一场合中的景象、情形与境地的特指。以心理学作为出发点，情景是能够直接刺激到人。在社会学和生物学中都存在专门的特定意义，包括社会环境与自然环境。

章兼中人为，能够影响一个人的语言知识和技能、影响其对听说读写的能力的不同环境就是情景（situation or context）。其内容可以分为以下两点：学习者所处的社会语言环境与其本人的个性情意特征。换句话讲，对于语言的使用，一定要匹配其周边的具体环境，让学习者在其所处的语言环境中，将其思想准确清晰地表达出来，这也是学习语文的重要目标之一。

胡春洞教授认为，情景的主要内容包括生活、模拟交际、表演、直观教具以及想象的情景。

从不同的定义来看，能够清楚地了解到，教学情景就是根据教材内容和教学目标，形象生动地给学生创造出贴近实际生活，符合他们兴趣，提高他们学习积极性和效率的场景或者活动。

（二）情景教学法的定义

不同的专家和学者对于情景的定义认知的不同，导致其对于情景教学法的定义也有所差异。

Homby指出，所谓情景教学法就是通过教学这一活动，将教学的场景设置更加生动和具体，让学生可以更快更好的获取知识，使其个人技能得意提升。

张华则认为"情景教学"主要以情景作为基础，在情景中包含真实的问题和事件，让学生能够在对问题或事件做出解决以及分析的过程中，对知识做出自主的理解与创设。

李吉林老师则认为："情"与"理""境""辞""全面发展"等之间存在的必然的辩证关系是情景教学的基本出发点，进而得以创造出典型的场景，使得儿童的情绪得到刺激，使情感与认知这两种活动有效结合起来，创造出来的一种有效的教学模式。

于瑶对其观点也做了相关的阐述。她以弗斯提出的语言学理论作为其对情景教学法的含义的基础，指出"语言意义的寻找主要是从言语背景以及上下文中获取的。"她指出教师教学活动中使用的教学大纲以及内容等都是情景教学的基础，一方面对语言知识予以教授，使教学情景更加的真实和自然，让学生能够从中感受到语言知识。同时也指出，教师通过对语言情景的创设，让学生参与表演和模仿，通过相似的语言对其看法和观点进行准确的表达，让学生在课堂活动中得以沟通情感，对语言的结构准确地掌握。

根据上述定义以及其他文献中有关情景教学法界定的理解，可以清楚地发现，"情景教学"之"情景"实质上就是人为优化的情景，这一"情景富含感情"，学生在这一环境中的活动是主动的，学生通过这个有情趣的网络能够和老师进行有效互动。"情景教学法"就是根据教学目标，教师在教学活动中根据具体的教学内容和学生的心理特点，创设出一系列真实性和准真实性的具体场合的情形和景象并活化所教知识，使学生在脑海中形成表象，从而有效地调动学生的非智力因素，激活他们的思维，调动他们的学习热情，改变以往高职大学语文教学枯燥无味的局面。

二、情景教学要素

（一）构成要素

1. 教师

教师是情景教学的关键因素。教师能否精心设计出情景教学取决于教师是否熟练掌握知识，能否深刻剖析教材内容。如果教师不能熟练驾驭知识，不能深刻领会教材内容，其就不能感染学生，更不能唤起学生强烈的求知欲。不能熟练掌握知识，不能深刻领会教材内容，组织情景教学必需的材料和部件也就会成为空谈。即便利用了先进的多媒体等教育技术手段，也达不到应有的效果。

2．学生

学生是情景教学的主体。它决定了教师在利用情景教学以前需要充分了解学生的知识结构、心理特质和心理活动等问题。然后，有针对性地通过创设情景来吸引、打动学生，让他们在生活和职业情境中感悟、生成认识。

3．教学内容

教学内容主要是指在学校中学生接受的知识、技能以及思想观点，还有养成的习惯、行为等方面。各种知识是最常见的教学内容。知识一般可以分为陈述性、程序性和策略性知识。对课程标准以及教材的深刻理解，形成对知识内容的合理的组织。合理安排是内容设计的要点，同时也要考虑怎样合理表达或呈现教学内容。制定教学计划的主体部分也是非常关键的环节，教学目标决定教学内容的确定。

（二）影响要素

1．教学目的

目标是情境教学的核心。教师必须明确认识到要依靠教学要达到的目标来创设情境。离开目标，情景教学就会失去其应有的意义，就变成无根之木，无源之水。教师必须要从教学要达到的目标出发，通过精心的设计和斟酌来设置情境。

2．教学方法

所谓教学方法指的是教师与学生在教学过程中利用一定的方法和手段来达成教学目标，完成教学任务的总称。教学方法，分为教和学两个方面，即教师教的方法（教授法）和学生学的方法（学习方法）。学习方法决定了教授方法，否则教法缺乏针对性和可行性必然会影响到预期目标的有效达成。在教法与学法当中，教法处于主导地位，因此教师在教学过程中也处于主导地位。

3. 教学环境

教学环境一般应该包括设施环境、时空环境和自然环境三个方面。重点体现在班风、课堂气氛、情感环境以及师生关系等方面。丰富的、个性化的环境能够起到教育学生的作用。所以老师要提供一个良好的环境给学生。有相关研究发现，师生的身心健康和教学成效会受到不同的教学空间组织形式和空间密度的影响，两个最重要的教学空间变量是班级规模和座位编排方式。班级规模是关系到教学空间密度的因素，主要指的是班级内学生的人数。国内外通过研究班级规模对教学成效的影响发现，小班无论是在学习过程、学习纪律，或是学习成绩方面都优于大班；积极性方面小班也是高于大班的；此外，研究还发现，空间拥挤是引发行为异常和生理上的不良反应的主要因素之一。

三、情景教学法的理论基础

（一）人本主义理论

以马斯洛和罗杰斯为主要代表人物的人本主义心理学，在20世纪50～60年代的美国备受推崇。人本主义理论认为，人的尊严和价值必须是给予充分的认可和肯定，人的潜能必须给予足够的尊重，通过情感认识和理性认识来完成个人实现。一个良好的、积极的成长环境，对于培养健全的人格具有十分重要的意义，这也是教育的最终目标所在。

人本主义理论所关注的主要包括学生在教学过程中的认知和理解，还包括学生在课内外的兴趣对象以及情感体验，并从中找出一定的规律。人本主义理论主张教育应当具有一定的温和性，根据学生的兴趣、需要以及经验水平来设定相应的教学计划，进而更好地达到开发学生的潜能、激发其认知与情感的相互作用，重视创造能力、认知、动机、情感等心理方面对行为的制约作用。而不是机械地实行填充式教学。

人本主义理论对教师的要求比较高，教师需要能够理解学生的情感认知水平是认知视角,在教学过程中要进行针对性的教学设计,使学生能够逐步理解学习的意义所在,并且提高学生学习过程中快乐和成功的情感体验,最终实现学生的全面健康发展。情景教学法的内在核心也是从学生本位出发,设计特定的教学情景来激发学生的情感体验,这种思想是与人本主义理论重视人的情感态度的理念有相同之处。

(二)认知发展理论

关于儿童的认识发展理论,是由著名心理学家皮亚杰首次系统提出来的。它主要是指个体对事物的认知思维方式或能力水平,在出生以后随着年龄的增长而不断发生变化的过程。皮亚杰的认知结构理论中最重要的内容就是"图式",他认为图式是人们为了应付某一特定情景而形成的认知结构。在儿童先天因素的基础上,随着后天生活环境变化的影响,儿童心理的发生和发展都可能会产生不同的心理认知结构,并朝着不同的方向发展。

此外,皮亚杰还指出,图式中含有一定的先天性遗传因素,但是必须在与外界环境的不断刺激中才能够推动个体认知结构的不断发展。图式的丰富程度与生活的情景刺激具有很大关系,刺激的强度与丰富度是两大重要因素。

情景教学法就是以精心设计的教学情景对学生进行相应的刺激,通过具体生动的教学形式,灵活多变的教学过程来刺激学生的感官,进而使学生产生主动性的态度体验,促进学生的成长与发展。由此可见,情景教学法符合认知发展的相关科学理论。

(三)多元智力理论

传统智力理论认为,智力是一种以语言能力和逻辑数理能力为核心的整合能力。而在美国发展心理学家加德纳看来,这种传统的认识存在非常大的缺陷,因此他提出了多元智力理论。加德纳在其《智力的结构》一书中提出:"智力是人类个体依据所在的社会或文化环境的价值标准,用以解决遇到的困难、产生或创造更有效产品的能力体现。"就是指:"每个人都至少具备言语语言智力、逻辑数理智力、视觉空间关系智力、音乐节奏智力、身体运动智力、人际交往智力、自我反省智力、自然观察者智力等多种人类生存必要智力。"

多元智力理论并不是注重一种智力能力，而是重视一组智力能力，各种能力也并不是以集合的形式存在，而是以相对独立的形式存在。现代社会的发展需要各种各样的人才共同推动。在情景教学法教学过程中，主张使用多种引导或创设情景的方法来进行教学。例如，生活情景再现、实物展示、音乐渲染、肢体表现或语言诱导等。根据学生多种智力发展的可能性需求来创设不同的情景，培养学生多种智力的共同发展，使学生的个性特点得到尊重和发扬。

四、情景教学法的原则

（一）真实性

情景教学法是建立在真实情景当中的一种教学方法，它是贴近学习者的生活，和学习者的生活息息相关的教学方法。高职语文教师在语文教学活动中能够非常清楚的体会到，真实的教学场景不但能够提高学生学习的积极性，也可以提高教师和学生上课的效率。

（二）互动性

情景教学法对于教师和学生之间的互动非常重视，对于学习者和学习者之间的互动的重视程度也非常深，通过互动的过程，教师得以掌握学生的学习态度和学习程度，除此之外，教师还能够不断总结优缺点，观察学生的态度决定上课的方式，所以互动环节在高职大学语文教学中也是非常重要的。

（三）创造性

在情景教学法的过程中，教师应该重视情景的创造性，所谓创造性并不是教师一味地进行瞎编乱造，而是在基于生活的基础上，创设出合适的情景，帮助学习者理解，并且融入合适的情景中。

（四）趣味性

趣味性原则要求教师在学习者学习的过程中增加课堂的活动环节，尽量使课堂生动有趣,比如,给学生一个轻松有趣的话题,让学生充分发挥自己的想象空间。

(五)交际性

在课堂教学中的交际是十分必要的,而且也是非常重要的活动,在高职大学语文教学中教师和学生的互动模式是推动课堂高效进行下去的关键因素,教师和学生的交际活动也会直接影响到学生对这节课的态度和想法。

第二节 情境教学在高职大学语文课堂中的效果

一、情景化教学中应该注意的问题

情景化教学在实际课堂教学中上占据大量的时间,一方面教师要拟定特殊的情景带动学生的情绪,另一方面也要选择适当的学生进行相互交流。目前,高职院校的语文课很多都是大班上课,这就需要教师拥有强大的气场和课堂的把控能力,以及扎实的语文功底和多年的教学经验,才可以镇定自若、有条不紊地驾驭课堂。

所以,高职院校必须强化师资力量,从根本上防止课堂混乱局面的发生。为了更好地与教师融入情景,相互交流毫无障碍,学生应该提前准备好上课时所需要的材料、人物关系、历史背景、时代意义等。例如,学习四大名著之一的《红楼梦》时,就需要学生提前列出人物关系表、家族关系表、利益关系表等,还要自己思考问题。大量的前期准备工作才能够达到课堂上的师生共鸣。由于并不是每个学生都会做准备工作,所以,课堂教学效果可能会大大降低。

为了更好地调动学生学习的积极性,改变高职院校和学生对大学语文的看法,充分利用新媒体教学势在必行。情景化教学所采取的方式方法应该根据高职院校具体的课程体系安排决定。所以,既不能盲目地使用情景化教学,同时也要继续研究探讨新媒体环境下的情景教学,以此提高学生的学习积极性,提高学生的综合素质。

二、情景教学在大学语文课堂中的教学要求

（一）情景设计要与教材主题相统一

情景教学虽然有着传统的教学方式所不具备的感染力与优势，但是在实际应用的时候也应该坚守适度原则，绝不能过分夸大情景教学的价值与作用，更不能为了创设情景而曲解或篡改原来教材中的内容和主题，或者随意地加入自己主观理解而创设情景，这样只会让大学语文的教学效果与教学目标背道而驰，进而失去情景教学的美好价值。比如，在实际教学活动中，对于忧国忧民、抒怀壮志的主题，绝不能使用幽默搞笑的图片或音乐渲染情景；对于淡泊名利的内容主题，不能用太过欢快明媚或沉重风格的情景。而且，教师在情景教学中应当尊重原著，达到情景设计和教材主题保持高度统一，这样才是一个成功的课堂情景教学设计。

（二）情景设计层次要丰富和全面

一般来说，大部分文学作品并不是单单考虑一个层面或一种表现形式，而是多种情境、意蕴以及表现形式的综合体，所以运用情景教学方式教授这类作品的时候，教师不能够只考虑一些单纯的具象或场景，而应该认识到有些文学作品中的情景是多层次多角度的，就如"横看成岭侧成峰"，要从多个方面描绘自己笔下的事物，抒发自己的胸怀。在情景教学的情景实际设计中，教师要引导学生从多个角度着手，体会整个作品的主题思想，比如，教师给学生解读《红楼梦》这一名著的时候，可以给学生播放"林黛玉初进贾府"的视频，告知并引导学生不要只是站在园子外面将自己当成一个游客只关注贾府上上下下的粉饰繁华，而是要将自己想象成宝玉或者黛玉，让自己融入那个具体的情景当中，更容易体会两人初见时的感觉，也更容易体会中国古典文学的语言魅力。

三、进行情景教学的前提，关键在于如何创设所需要的情境

教师在教学过程中要提供符合学生生活与学生文化的教学情境。教师在

教学中要采取直观、可以激发情感、能够转变角色等方式的高职语文教学情境。引起学生的学习兴趣，让学生想去合作，要去合作。

对于教师来说，在创设课文情境的时候，通常情况下，需要引导学生进入生活情境。在高职语文课堂教学活动中，课文作为语文教学的重点，教师需要结合课文的内容创设教学情境，当学生进入这样的情境时，能够很快地激起强烈的情绪，进而产生无意识的心理倾向，能够主动的进入课堂教学活动当中去。

高职语文教材所提供的形象因素，大致能够分为人物形象、景物形象与事物形象。比如，在讲解《胡同文化》这一课时，教师可以不要求学生一定要自己看课文，可以把北京的胡同，四合院，边看边听京韵大鼓唱段《北京的胡同》等的相关视频展示给学生。而这首唱段中的曲词，很多都是取自该篇课文，在欣赏视频的过程中，学生一边听着京韵大鼓，一边欣赏配套的图片，在这种情况下，就能够有效激发学生学习语文的兴趣，甚至可能有些学生跟着唱起来，在韵律方面，由于这段京韵大鼓的调与歌曲"one night in Beijing"有些相似。这个教学情境能够极大的激发学生的兴致，再加上展示的图片，更容易让学生产生新鲜感，进而在一定程度上自觉的阅读课文，同时加深了印象。学生熟悉了课文以后，教师再引导学生对胡同的特点进行分析，这时，学生就能够自己归纳胡同、北京市民的精神状态以及胡同文化的特点。

四、改变教学现状，切实注重语文教学

目前，高职大学语文教学现状堪忧。高职大学语文教学改革刻不容缓。目前高职院校的教育存在以下突出问题：职业科目的教学非常受重视，发展形势比较好，但是语文、数学等基础科目的教学则被忽视，发展前景非常迷茫。这主要是由于高职教育的教学导向存在一定的偏差，学生缺乏正确的学习导向，一些老师对于教学方法的重视程度不高。

针对这种现状，高职院校教学必须进行改革，且应该从转变教学理念开

始。究其原因，高职教育的目标不仅仅是职业技能的获取，同时也是人文修养与综合素质的不断提高。所以，高职院校应该做到基础教学与职业技能教学均衡发展，同等对待。

从高职院校的毕业生反馈回来的就业信息中，我们可以看到一个这样的现象：一个优秀员工的标准已经不只是拥有熟练的职业技能就足够了，其还应该具备良好的品格、人文素养以及终身学习的能力。因此，改变学校的教学理念，推动学校的教学改革、刻不容缓。教师应该从教学方法的转变以及学生树立正确的学习态度做起，切实推动教学改革。

五、科学适当的情境是建构人文素质教育和独立人格培养体系的关键

教师在设置情境的时候应该坚持紧贴高职高专大学语文教学目标、教学内容以及人文素质教育的体系，不能为了新颖创新而脱离基本的教学内容。这就要求教师在大学语文课程的教授之前应该尽量熟悉教材，对教材的编写思想、系统以及其中的章节、篇目等都具有较为详细探入的理解，再结合人文素质教育的整体目标，明确在教学活动中能够对培养学生独立人格产生积极影响的各个点（内容），在这一基础之上合理地设置情境。教师所设置的具体情境可以来自教材中精彩的篇章，也可以来自和教学内容有关的影视作品、历史小故事以及典型的社会现象等，可以通过多媒体的放映、学生的排练表演或者老师在教室、校园内其他场所等虚设的某种场景、气氛等因素建构起来。

实施情境教学的过程中应当注重学生的积极参与，不能够完全以教师的分析代替学生的独立欣赏作品、接受情感感染的审美实践。情景教学法源自建构主义的教学理论，建构主义者强调在教学活动中将所学的知识和一定的真实任务情境挂钩，教师在课堂上可以展示解决任务情境类似的探索过程，提供解决问题的范式，并指导学生进行探索，所以，在高职大学语文课堂的情景教学中，教师应该在教给学生阅读分析作品的普遍方法基础之上，增加学生在各种情境中自行欣赏作品、接受情感感染的审美实践，然后通过情境

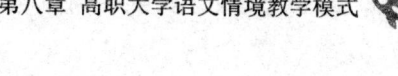

后的适当评估给予他们在独立人格等方面更加深入的引导。

六、根据授课内容，创设合适的情境引导学生理解是进行情景教学的基础

创设情景并不是说只要引起学生兴趣就可以了，还要求教师要按照学生的普遍性心理以及兴趣爱好，再结合所授内容来建构合适的情景，让学生带着兴趣进入到情景中来，教师在教学活动中要采取可以转变角色的方式来创设高职大学语文教学情境，让学生愿意合作，充满兴趣参与其中，在通常情况下，授课教师需要引导学生进入生活情境，当学生进入这样的情境中时，能够很快激发其强烈的情绪，主动进入到课堂教学活动当中。比如，在讲广告这一节的时候，就能够创设生活情境，学生们都很喜欢蒙牛酸酸乳的广告词"酸酸甜甜就是我"，既说明了酸酸乳饮料的味道，又道出了这个年龄段孩子的心理，所以能够得到消费者的认同，从而购买。

创设这样一个情景让学生知道，广告这类的应用文最重要的是要抓住消费者的心理，如何吸引消费者的注意力，并且引起他们购买的欲望，都是通过煽动性的广告词具体表现出来的，这些广告词里运用了大量的双关、比喻、夸张等修辞手法。这些都是应用文体里所蕴含的美，在教这些基本格式的同时，要让学生感受到艺术美，使他们的思想和认识得到提高。

七、新媒体下高职大学语文课堂中情景教学的应用策略

（一）营造自由空间，解放学生心灵

投入充沛的"情"，意味着在新媒体背景下进行高职大学语文的情景化教学，既要将学生的心灵从愚昧无知中解放出来，也要给予他们游戏和休息的自由。情景化教学要充分利用学生的无意识心理，新媒体的蓬勃兴起在一定程度上拓展延伸了高职语文情境化教学的时空，教师只要对其善加利用就能够为充分利用学生无意识心理提供有利的条件。我们可以通过微博、微信等新媒体，及时发布语文课程从图文到影像等的各种资料，让学生在耳濡目染

当中获得提高；也能够通过这些新媒体即时互动、覆盖面广的特点，加强与学生的互动，帮助他们在规划与自发当中生成培育高职语文学习共同体，进而迅捷地掌握学生的学习、思想动态；甚至能够通过新媒体，根据教学意图构建相应的情景，并鼓励学生主动参与其建构，按照学生的动态进一步调整优化高职大学语文情景化教学的实施方案。但值得注意的是，充分利用不等于不留白。

学生个人与群体的自由空间的营造也是教学活动中不可或缺的一部分。尊重学生的生命姿态，就要给学生的心灵和生命适度留白，并通过构建良好的师生关系通畅教学活动中师生情感交流的通道，进而让学生达到较好的学习状态，推动其成长。而在课堂情景化教学中，教师也要注意留给学生思考、想象与创造的空间，让学生通过自己的摸索体验，增强语文知识运用和迁移的能力。

（二）活动情景，丰富课堂形式

要巩固教育成果，就必须在传统教学活动中大胆利用新时代技术，让语文课堂朝着丰富性、开放性与全面性的方向发展。教师在这一过程中要牢牢把握学生的主体地位，从学生的立场出发，开展丰富的课堂课外活动，启发学生进行自主性和创造性的学习，比如，结合系列活动的开展，定期举办专题讲座、辩论会，把活动作为学习的延伸，同时也是为情景教学提供良好的平台与场所。还应该最大程度的利用新媒体网络平台，制定线下、线上同步学习机制，通过微信、新浪微博、腾讯QQ等平台发布有针对性的知识信息，借鉴新媒体平台与学生进行交流互动与沟通，将互联网交互性、快捷性的优势充分发挥出来，确保高职学生能够全面学习。借助现代化的教学工具既可以触动学生心灵，又能够实现共享资源，推动师生共同成长、共同进步，也为创造平等和谐的课堂氛围提供便利条件。

（三）提高师资水平，选择有价值的教学内容

要让学生在课堂上有话可说，最重要也是最关键的一点，就是选择合适的、可以与学生形成共鸣的教学内容。只有在一开始就激发同学们的学习兴

趣，他们才有继续参与下去的欲望，才能够真正实现对话式教学。而这需要拥有专业语文教学知识与素养的老师来完成，所以提高师资水平是实现情景化教学的重要前提。只有专业的人，才知道要选择什么样的教学内容，才知道用什么样的教学形式才是最能实现语文课堂情景化教学模式的路径。

（四）教学体现人文特色

语文的情景化教学就是以"情"为切入点，教师在和学生进行互动的时候投入充沛的情感，并且积极正确地引导学生对现有学习资料进行细致深入地剖析了解学习。这种教学模式不但可以弥补信息网络时代文字资源堆积深度不够的劣势，还能够有效激发学生的学习兴趣，体现语文教学的人文魅力。

（五）优化学习品质

高职学校作为培养社会技能为目的的学校，与其他普通学校有所不同，所以语文教学的目的就应当侧重于语文的实际应用，但同时又要为终身教育奠定重要基础。在新媒体背景下，赋予了高职学校更加广阔的拓展空间，要切实做到把思想与情境融为一体，增强语文的文学性和内涵性。教师在开展教学活动的时候，也不一定非要局限于现有的课本知识，可以对其进行适当拓展。这也是新媒体背景下对于语文教学的好处之一，有更多获得知识的便捷途径。老师可以利用网络，让同学们了解世界各国不同地域的传统文化，优化语文教学的学习品质。

第三节 大学语文"读研写演"生态情景教学模式

一、"读研写演"生态情景教学模式概述

情境式教学是根据教材需要创设丰富多彩的课堂教学情境，激发学生的学习兴趣和创造性潜能、优化教学效果的课堂教学模式。情境式教学的意义与价值早就已经被教学实践和教学研究的结果所证实。研究发现，恰当地运用情境教学，能够激发和增强学生发现问题、分析问题、解决问题的能力，有利于学生轻松愉快地获取知识、巩固知识并掌握相应的技能。生态情境式

教学模式基于一般情境式教学模式之上并汲取生态学和生态主义的观念，它以整体、系统、有机、均衡的生态文化观为理念，营造自然真实、整体联动的教学生态系统，最大限度地激发学生学习的主体性功能和创造精神，让学生得到综合性训练和整体性提高。

生态情境式教学模式的特质和核心，就在于建构一个有机完整、自洽互动、运作有效、平衡和谐、富于情趣性和激励性的教学生态系统。"读研写演"审美体验工程正是在构建富有生机和活力的多功能教学生态系统上进行了卓有成效的探索。

（一）"读研写演"审美体验工程非常重视教学生态系统的真实情境性和有机整体性

"读研写演"审美体验不是临时性的活动，而是贯穿所有教学活动的日常性工作，因而其情境是真实、自然和持续有效的。它通过"读研写演"四个环节把教师和学生有机地联系在一起，中文学科各专业教师协同指导、组织中文专业各年级学生广泛阅读文学作品、有针对性地观摩经典电影，在此基础上，学生以班级、小组或自由组合为单位，结合自己的兴趣、爱好和特长在课外对文学作品进行多方位、多形式的分析、讨论、品评、论辩，深入理解文学作品，再进行模仿、改编和创造，或通过采风重新创作，最后以话剧、音乐剧、舞蹈、诗歌朗诵等丰富多彩的舞台表演方式对文学作品进行全新的艺术演绎，同时也把创作、改编、评论过程中的新思、新见物化为新的创作作品、评论文章、视像作品等。

从教学过程看，"读研写演"以"研"为中心构成一个互相支持、紧密联系的有机整体；从教学的内容看，以中国现代文学、中国当代文学、外国文学、中国古代文学等四种演示会年度循环演示为模式的文学作品演示会与四年制的中文专业本科课程设置的一般程序相呼应，使每届学生都能参与全部类型的文学演示活动而获得全程训练，这形成了教学内容的有机整体性。在训练的机制上，"读研写演"审美体验工程有组织严密的班级、年级、院级的竞赛机制。

这些真实情境和整体训练机制的设立，充分激活了学生学习和创造的潜能。一般的情境式教学模式都局限于课堂教学，而"读研写演"审美体验工程却以对课外时间的有效利用突破了课堂教学的限制，真正做到了课内课外有机结合、互补衔接，实现了教学效果的最大化和最优化，凸显了"生态的"就是"整体的和综合利用的"。

（二）"读研写演"审美体验工程非常重视教学生态系统的动态交互性

这种动态交互性集中地体现在师生之间、学生之间为研究文学作品而形成的极为活跃的思想碰撞与交流。从文本的研读到剧本的改编和演出是一项创造性的工作，如何在有限的舞台和有限的时间内呈现文学作品的精华，这是最能考验人和激发人才干的。在反复的研读中，常常是教师与学生、读者与文本彼此都被激活了，一切都焕发出新的状态和新的生命。由于读研写演是以学生为主体的实践性环节，故教师在其中所处的是一种真正的引导性地位而不是灌输者地位；学生则获得了真正的主体性地位，使创造性潜能得以自由充分地释放。

（三）"读研写演"审美体验工程非常重视教学生态系统的可持续发展性

美国著名学者布兰切特和格拉斯以"生态效度"来评估一种情景或条件下的实验结果能推广到其他情景或条件的程度，即教学模式和效果的可复制性、可持续发展性。在"读研写演"审美体验工程中，学生学到的不是关于某部作品的知识，而是掌握如何理解一部作品、一个文学形象的方式和方法。也就是说，学生在审美体验工程中学到的是一种可迁移和可持续发展的知识和能力，其生态效度是明显的。

例如，演过《雷雨》的学生在写关于《雷雨》的毕业论文时，就会写得很棒；当过导演的同学组织协调的能力特别强，毕业找工作时就成了很受用人单位青睐的人才。此外，"读研写演"审美体验工程 10 年来的定期演示成就了一个优秀传统，而优秀的传统本身就是一种无形的力量、可持续发展的力量。对于青春飞扬的文学专业学生来说，文学作品演示会是施展才华的舞台也是分享艺术创造成果的审美的节日。

二、"读研写演"创新大学语文教学模式的有效途径

(一) 遵循四项具体原则,构建一个开放、活跃的课堂氛围

现代心理学研究表明,学习行为的生成是一种多向性的互动过程,学生与教师、同学以及文本等的互动必须要围绕学科的教学目的,与具体的课堂情景相互作用,只有这样,才能够构建开放并且活跃的课堂氛围,进而提高课堂效率。一方面,课堂教学要防止盲目地"放羊式"教学,要以各个学科的教学目标作为中心;另一方面,为了让学生可以积极、主动地参与到教学活动中来,课堂教学要给学生留有充分的、足够的自由空间。因此,构建情景式、生态化的"读研写演"创新教学模式,必须要坚持真实性、直观性、生态性以及互动性原则,只有这样,才能够最大化地推动学生高效的学习、增强其学习兴趣。

第一,生态性原则主要指的是学生利用主观能动性而积极习得过程,并不是自己盲目被动、呆板地接受,他们的思想常识与精神状态应该是"活"的。

第二,真实性原则是指在教学过程中,要注重与实际进行联系,情景创设要注重从真实的生活当中提取素材,或者还原文学作品的真实状态。理论源于生活而又高于生活,只有在教学过程中注重反映真实生活,才能够让学生真正理解文学作品的源头,进而深入理解其内涵。

第三,直观性原则是以一种喜闻乐见的方式,让学生可以非常容易理解和接受,教学一般呈现出直白、鲜明、形象的形式,这样才能够让学生真正喜欢上学习,充分挖掘学生的潜能。

第四,互动性原则是指师生之间要积极互动,形成双向高效的沟通交流机制。

(二) 读的能力

阅读能力包含了对字面意思的理解、对故事情节的推理、对文本的研究与赏析等。在教学活动中,为了拓展学生的视野空间,教师必须要帮助学生选择具有代表性的书籍,比如阅读报刊、影像资料等,让学生处在具体形象

的情境当中体验到阅读的情趣，这样才能够让学生深入感受到文本的文化内涵和情感价值，把握好作者的寓意。比如，教师根据不同的文学文本形式，推荐出经典的作品篇目与选段，通过大量的阅读，可以丰富学生的情感体验，开拓学生的思维，拓展学生的知识面。

（三）研的能力

中国普遍存在的现象是，学生的学习非常努力、刻苦，考试成绩都非常优异，但是动手的能力比较差，研究创新精神比较缺乏。而美国的学生虽然书本知识并没有优异的成绩，但是他们赋予创造力，这是中美教育的巨大差异。实际上，每个人都是有自己的生活经验的，拥有自己人生阅历的，对于事情都会具有自己的思考和认识，所以，在教学活动中教师要善于从实际生活中找材料，从学生身上找材料，以学生的兴趣和爱好为着力点，去关注学生的发展和生命，激发他们的求知欲。教师一方面要成为学生的引路人和合作者，充分调动他们的学习积极性，另一方面要及时更新自己的观念，摆脱应试教育的束缚。

（四）写的能力

写的能力主要包括书写和写作两个方面的能力。书写的能力就是对语言文字的规范化写作，主要包括硬笔的写作与毛笔的写作。书写的优劣不但会影响到思想的形成，也会制约情感的表达。书写的潦草、凌乱或错别字连篇，就会影响阅读者的阅读心情，会让人心生厌烦；反之，书写的规范、整齐，给阅读者以美的享受，就能够吸引读者的兴趣，进而产生较好的阅读效果。写作的能力就是学生通过一定的语言文字来表情达意的心理活动过程。写作的能力则主要包括字迹清楚、词语恰当、语句流畅、结构清晰、主题明确、详略得当。

写作能力的培养，主要以下几个方面入手。首先，丰富并加强学生的课余生活，让他们有所拓展，进而能够更好地融生活于学习当中。在这一基础之上，教师必须要引导学生善于从生活当中提取有价值的主题，把学生的生活和社会生活紧密联系到一起，这是写作能力培养的重要前提。

其次，要求学生持之以恒地写读书笔记。坚持写读书笔记能够加强学生对于文本的理解和记忆，有助于提升学生的思想认识和审美情趣。

再次，教师应该与学生在网络上形成互动链。网络是现代社会人与人之间进行交流的行之有效的途径，它能够很好地把老师和学生紧密联系在一起，实现师生之间的互动。

最后，学生之间相互点评。学生之间的互评是合作式的学习，它能够拓展学生的写作思路，改进写作当中存在的问题，其具体做法是：在完成写作任务以后，学生小组之间进行相互评阅、提出意见与讨论修改，然后再交给老师，老师再进一步进行完善。通过这样一种方式，学生之间便形成了一个相互促进的过程，他们能够互相学习，取长补短，每个人既是作者，又是读者，通过不同角色的扮演，提高了学生的写作兴趣，加强了对写作的认识。

（五）演的能力

演是有型的语言，是内心言语、情感的重要流露和呈现。演是在研的基础之上发展起来的，演与研之间有着非常密切的关系，但是它们的表现形式却是大相径庭的。演的能力主要包括肢体动作的设计、典型角色情感的呈现、团队的协作以及表情的塑造与言语的表达等能力。话剧是演的能力培养的一个行之有效的方法，它能够提升学生的参与意识，体验学习的喜悦和乐趣，只有学生真正走进了文本，才能真正唤醒学生应有的青春和思想。

第九章 高职大学语文项目教学模式

第一节 项目教学模式概述

一、项目教学法的定义

传统的专业教学一般采取理论教学与实践教学相互分离的做法,即把课程划分为理论课、实验课、实训课等多种类型,并分别在不同的场所上课。而世界上很多发达国家已经摒弃了这种做法,他们把相关专业的课程直接安排到了实践场所进行。教学内容不再以知识体系进行划分,而是根据技术体系划分为若干模块。

教学过程依据从简单到复杂、从单向到综合的原则循序渐进,学生手脑并用,边学边练,不但能够学到知识,而且可以掌握相应的技术,同时也培养了学生的创新能力。

项目教学法,是师生通过共同实施一个完整的项目工作而进行的教学活动。在教学活动当中,教师把需要解决的问题或需要完成的任务以项目的形式交给学生,学生在教师的指导之下,以小组工作方式,由学生自己依照实际工作的完整程序,共同制定计划、协作完成整个项目。在项目教学活动中,学习过程成为每个人参与的实践和创造活动,它的价值主要体现在完成项目的过程当中,而不是最终的结果。学生在项目实践过程中,理解和把握课程要求的知识与技能,体验创新的艰辛和乐趣,培养分析问题和解决问题的思想和方法。

项目教学法起源于美国,盛行于德国,非常适合于职业技术教育。项目教学法所指的就是将传统的学科体系中的知识内容转化为若干个教学项目,教师围绕着项目组织并展开教学,让学生直接参与项目全过程的一种教学方法(学生在完成指定项目的同时,学习并应用已有的知识,在实践的第一线培养解决问题的能力,是一种"真刀实枪"的演练。在项目教学活动中,学习过程成为一个人人参与的创造实践活动，其注重的并不是最终的结果，而是完成项目的过程。学生在项目实践过程中，理解和把握课程要求的知识和技能，体验创新的艰辛与乐趣，培养分析问题和解决问题的能力及团队精神和合作能力等）。

《现代职业教育教学参考丛书》提出，项目教学应该满足下面几项条件：

第一，该工作过程可用于学习一定的教学内容，具有一定的应用价值；

第二，能将某一教学课题的理论知识和实际技能结合在一起；

第三，与企业实际生产过程或现实的商业经营活动有直接的关系；

第四，学生有独立进行计划工作的机会，在一定的时间范围内可以自行组织、安排自己的学习行为；

第五，有明确而具体的成果展示；

第六，学生自己克服、处理在项目工作中出现的困难和问题；

第七，具有一定的难度，不仅是已有知识、技能的应用，而且还要求学生运用新学习的知识、技能，解决过去从未遇到过的实际问题；

第八，学习结束时，师生共同评价项目工作成果和工作学习方法。

二、项目教学法的构成要素

项目教学法主张先练后讲，先学后教，强调学生的自主学习和主动参与，从尝试入手，从练习开始，充分调动学生学习的主动性、创造性和积极性等，学生做"主角"，而老师转为"配角"，实现了教师角色的换位，有利于加强对学生自学能力、创新能力的培养。项目教学法的构成要素主要包括：

项目教学主要由内容、活动、情境和结果四大要素构成。

（一）内容

项目教学是以真实的工作世界作为基础挖掘课程资源，其主要内容来自真实的工作情景当中的典型职业工作任务，而不是在学科知识的逻辑当中建构课程内容。

内容应该与企业实际生产过程或现实商业活动之间具有直接的关系，学生具有独立进行计划工作的机会，在一定时间范围内可以自行组织、安排自己的学习行为，有利于培养创造能力。

（二）活动

项目教学活动主要指的是学生采取一定的劳动工具和工作方法解决所面临的工作任务所采取的探究行动。在项目教学活动当中，学生不是在教室里被动地接受教师传递的知识，而是着重于实践，在完成任务的过程中获得知识、技能和态度。活动主要具有以下特点：

第一，活动具有一定的挑战性。所完成的任务具有一定难度，不仅是已有知识、技能的应用，而且要求学生运用已有知识，在一定范围内学习新知识、新技能，解决过去从未遇到过的实际问题。通过解决问题提高自身的技术理论知识与技术实践能力。

第二，活动具有建构性。在项目教学中，活动给学生提供发挥自身潜力的空间，学生在经历中亲身体验知识的产生，并建构自身的知识。

（三）情境

情境是指支持学生进行探究学习的环境，这种环境可以是真实的工作环境，也可以是借助信息技术条件所形成的工作环境的再现。

情境具有以下特点：

第一，情境能够促进学生之间的合作。在项目教学中，根据项目主题，学生从信息的收集、方案的制定、项目的完成到成果的评估，主要采取小组工作方式进行学习，为了最终完成项目作品，他们相互依赖、共同合作。

第二，情境有利于学生掌握技术实践知识、工作过程知识。技术实践知识与工作过程知识的情景性，决定了这类知识的掌握依赖于工作情景的再现。情境为学生职业能力的获得提供了一种理想的环境，并能拓展学生的能力，为他们走向工作世界做好准备。

（四）结果

结果是指在学习过程中或学习结束时，学生通过探究行动所学会的职业知识、职业技能和职业态度等。如技术实践知识、合作能力、创新能力等。

三、项目教学法的特点

（一）目标指向的多重性

对学生，通过转变学习方式，在主动积极的学习环境中，激发好奇心和创造力，培养分析和解决实际问题的能力。对教师，通过对学生的指导，转变教育观念和教学方式，从单纯的知识传递者变为学生学习的促进者、组织者和指导者。

对学校，建立全新的课程理念，提升学校的办学思想和办学目标，通过项目教学法的实施，探索组织形式、活动内容、管理特点、考核评价、支撑条件等的革新，逐步完善和重新整合学校课程体系。

（二）培训周期短，见效快

项目教学法通常是在一个短时期内、较有限的空间范围内进行的，并且教学效果可测评性好。

（三）可控性好

项目教学法由学生与教师共同参与，学生的活动由教师全程指导，有利于学生集中精力练习技能。

（四）注重理论与实践相结合

要完成一个项目，必然涉及如何做的问题。这就要求学生从原理开始入手，结合原理分析项目、订制工艺。而实践所得的结果又考问学生：是否是这样？是否与书上讲的一样？

四、项目教学法的基本理念

（一）以项目为载体，实现知识、技能的整合与重构

当传统的以学科为中心组织知识，以授受方式传递知识的手段遭到普遍质疑时，人们对知识有效组织以及传递方式的探索就从未停止过。项目教学的主张是，当知识依然以抽象的方式呈现给学习者时，虽然其具有内在的体系和结构，但是对学习者来说，这些具有普遍性的原理性知识依然是孤立地

存在于他们的学习心理机制之外的,和具体的实践应用之间缺少有机联系。尤其对职业教育来说,其教学不但会涉及概念、原理性知识,还会具有大量技术知识、工艺知识等实践性知识,这些知识都是难以用语言表达、解释清楚的。

所以,项目教学特别注重对这种知识的开发,强调先针对岗位进行工作任务分析,梳理出具有较高实践价值的知识与技能,并根据其自身的工作逻辑整合到项目中,让学生通过完成项目获得必需的实践知识与技能,而大多理论性知识则作为背景存在,需要学生在项目完成过程中按照自身解决问题的需要进行挖掘,由此,通过发现知识、理解知识、应用知识,最终实现各类知识与技能的有机融合。

(二)以任务为驱动,引发学生的思考、探究和合作学习

职业教育项目教学中的"项目"由一项或几项工作任务组成,和一般课程的学习内容有所不同,这些工作任务通常是源于企业真实的工作任务需求,不但要经历复杂而且多变的工作过程,而且对于工作成果也具有特定的功能与质量标准的要求,这就使得工作任务本身具有一定的复杂性。

所以,项目教学旨在通过项目让每个学生都能够深入到复杂的工作系统中去,在自主实践中发现问题,思考问题,在和同伴的交流、合作中探索解决问题的方法,最终以合作的形式完成项目的工作目标,同时在任务完成过程中实现相关知识、技能的学习与积累。

(三)以真实情境为依托,帮助学生获得直观的感受和体验

职业教育项目教学中的项目通常是来源于企业真实的工作任务,或者依据企业真实的工作任务需求自行设计和开发,但是不管采取哪一种形式的项目,都脱离不了企业真实工作情境的影响,这里所说的情境,不仅是指大的工作环境,更是着重强调问题情境,或者说,只有包含了一个真实、复杂而且充满矛盾的问题情境的项目才是最为优秀的项目,因为它能够让学生对未来的工作情境产生正确的认识,对自己所需具备的职业能力得到更加深入的了解。

所以，项目教学强调教学在真实的或接近于真实的工作情境中展开，而教师也善于把真实工作情境中存在的问题转化为项目教学活动中要解决的问题，为学生提供若干特定的情境，引导学生积极思考，分析解决不同情境中的实际问题，进而对未来从事的岗位工作获得直观感受与体验。

（四）以过程和产品为参量，衡量教学目标的达成

职业教育项目教学的最终目标是培养学生完整的职业能力，而在工作体系当中，职业能力的本质就是"知识与工作任务之间的联系"，也就是能够按照工作任务的需求有效选择知识、应用知识，最后发展成为相应的专业能力、方法能力与社会能力。

其中，专业能力主要指的是可以利用专业知识与技能按照专业要求完成任务、解决问题的能力，方法能力就是在特定环境中的决策能力和学习能力，而社会能力则是指合理处理社会关系的能力。

在项目教学中，对学生的这三种能力的培养贯穿于项目活动的始终，不仅体现在项目实施过程中的技术操作、理论探索、过程反思、交流合作、问题解决等各方面，也体现在符合特定功能和质量标准要求的项目成果中。所以，衡量教学目标的达成情况也是以项目活动的过程和产品为参量的。

五、实施项目教学法

（一）项目教学法的一般步骤

1. 学生需要在学校学习和掌握深厚的基础知识、专业理论和技能。在此阶段要注意所传授的知识技能要与学生日后的就业情况和职业需求紧密结合，使学习内容与学生的学习需要和学习兴趣相联系，注意内容的实用性，所授内容必须反映知识理论的发展现状与趋势。同时注意培养学生的知识迁移能力、应用和应变能力、实际动手操作能力。

2. 学生在掌握了较为扎实的基础知识和专业技能后，在模拟现场工作环境的仿真机上从事模拟的实际操作，解决理论和实践中存在的专业技术问题，锻炼从事职业工作的实际技能。

3. 让学生到现实的工作环境中接受实际工作的锻炼，教育与生产劳动相结合。

4. 接受了实践锻炼的学生重新回到学校，针对实践中发现的问题和存在的不足进行进一步的理论学习。经过了模拟锻炼和现场实际训练后，学生将认识到自身在专业知识和技能方面存在的问题和不足。这时，学校就要为学生提供深化学习的机会，使学生可以有意识地查漏补缺。学生锻炼成效的高低也可以检验学校专业设置的优劣及专业内容的科学性、可用性程度，从而为学校实用型人才培养的改进提供借鉴和指导。

（二）实施项目教学法过程中需要注意的地方

1. 要与培养目标相符合，突出职业教育的基础能力、关键能力、核心技能培养。

2. 项目的构成要素主要包括目标、内容、实施和评价四个方面。在项目目标上表现的是目标的开放性和应用性，项目目标不仅指向某种专业知识内容的掌握和应用，而且指向专业知识的综合探究过程，指向学生的探究意识；在项目内容上表现的是综合、开放、弹性的专业技能实践，学生可以通过各种不同的探究途径，有不同的选择；在项目的实施形式上，以合作小组活动为主，既体现合作性，又体现独立性，是学习者之间的合作与交流；在项目的评价上应适用过程性的评价方式。

项目教学法课程是基于学生的直接经验，它以获取关于探究与学习的直接经验，发展创新精神和解决问题的能力为直接目的，以个性健全发展为根本。因此，项目的定位要便于各构成要素的实施。

3. 项目的确定要从现实条件和可行性两方面加以选择。项目教学法的开展，依赖于学生现有的专业理论掌握情况，是在学生掌握一定专业理论前提下的教学活动。

因此，项目设定难度和可操作性，要直接与学生现有知识层次关联。项目不能设得太大，太大使学生难以完成，提不起兴趣，项目的难易应循序渐进。教师的条件和学校可提供的硬件环境也是项目设定中必须考虑的因素。

第二节 高职大学语文项目教学的实施

一、高职大学语文项目教学的实施原则

（一）能力性原则

1. 具备思维启发性是项目教学活动中应该注意的首要问题

项目教学活动中的主体是学生，教师只是活动的重要协助者和引导者，教学的目的是推动学生综合能力的提高与发展，而思维能力的提升又是综合能力提升中重要的一项，教师的项目设计必须使学生在解决问题和自我已有的知识储备上存在一定的差距。项目一旦设定和抛出，应该可以引起学生思想上和情感上的巨大反差，让他们产生从来没有过的学习体验，让学生的思维活动能够积极开展，进而推动学生学习兴趣的提升。正如苏霍姆林斯基指出的一样，教学应该是学生从中产生发现的惊奇、自豪、满足求知欲的愉快以及创造的欢乐等各种情感体验，从而让学生带着高涨的、激动的情绪学习与思考，使教学成为一个充满活力和激情的活动。

2. 深刻认识项目设计与传统教材之间的关系

项目设计来源于教材而又高于教材。虽然项目教学法在高职语文课堂上的应用，是对教材编写体例的改革，但是仅仅是改革教材，而不是否定教材。这就意味着课堂上的项目设计依然要以教材文本为基础，为重要依托，失去文本的参照，项目教学将会成为无本之木，无源之水。但是，立足于教材基础上的项目教学的内容和形式，都会存在极大的改变，将突破一节课、一篇文本、一个单元的局限，大胆将"项目"的内涵扩大为"完成一项语文任务"，但"万变不离其宗"的是以训练学生的语文能力，专业能力，职业能力，生活能力为"宗"。

（二）创新性原则

1. 项目教学中项目的设计在体现创新时应该遵循个体的认知规律

项目教学虽然在"教"与"学"中都能够体现出创新。但这种创新应该

以尊重个体的认知规律为重要前提，具体应该做到：项目设置遵循由浅入深，由表及里，由部分到整体，由局部到全局的循序渐进的过程。由于学生在完成项目任务的过程中，总是先调动既有知识储备，结合搜集资料，小组讨论，实验求证以及信息汇总等方式来完成项目任务。

这一过程就要求以学生的原有习得知识或经验作为重要基础，然后才能够充分激发学生的求知欲，向着自己不熟悉或陌生的领域进行探索。如果一开始就是"高难度、高起点"，那么对学生完成项目的信心无疑是一个重大挑战，甚至会打击一部分不够自信的学生，让他们感觉到无从下手，望而却步，那么，这样的项目教学不管是其过程还是结果，无疑都是不成功的。

2. 项目教学中项目的设计在体现创新时应该遵守高职院校的教学要求

高职教育以培养学生的职业能力与综合素养为目标，重在体现职业教育特色，重在培养适应社会需求，可以为社会主义建设做出贡献的实用型人才以及技术型人才。

这就要求项目教学活动中项目的设置，要严格遵循高职教育的目的和宗旨，全面考虑到学生专业的培养方向、学生就业的竞争力以及学生可持续发展的能力。项目的设置应该具有社会性广，可操作性强，认可度高等特点。切忌流于形式，为"新"而生搬硬套，偏离教学要求。

（三）自主性原则

学生为主体，尊重学生的自主性活动是项目教学的显著特征之一，"自主性的实质在于通过培养学生的自主意识、自主能力、自主习惯，来充分发挥每个人的创造潜能，促使学生在学习过程中的自我实现、自我创新、自我发展。"项目教学可以让学生积极主动的进行探究，通过对现实生活中问题的探究，主动获得知识的概念，明白其具有的原理，并在这一过程当中掌握某一项技能。

项目教学活动中，学生能够充分享受到自主的权利，担负起完成项目的职责，也为他们毕业后顺利走上社会，与他人和睦相处，愉快合作奠定坚实的基础。

二、高职大学语文中项目教学法的实施步骤

（一）选定项目

项目教学法的第一步就是选定项目，即立项。立项是项目教学能否成功实施的重要前提。选定项目应该综合多门学科知识，涵盖丰富的知识体系，能够引发学生的学习兴趣，并允许学生有充足的时间实施前的准备。通常开始选定项目的时候，教师要向学生提供多个备选项目，与学生进行交流讨论，判断项目主题是否可行、项目价值是否存在，学生的研究能力是否具备，最终由教师综合考量项目意义，明确项目的目标与任务。

立项的难易程度要根据学生的实际情况而定，如果立项过于简单，目标伸手可得，学生从项目实施中获取的知识技能就会比较有限；如果立项难度太大，很容易使学生产生畏难情绪，而且需要长时间实施才有效果，迟迟不见效果的学习会挫伤学生的学习积极性，学生提起的学习兴趣也会逐渐消失，进而影响到教学效果。

（二）制定计划

对于高职学生来说，项目教学法常用的模式是分组教学。学生可以先自行分组，教师根据学生学习基础和能力的差异，以及项目的难易程度进行调整，适当平衡每组学生的水平，同时注意各组学生的性格构成，以完成项目任务为最佳分组原则。

每组人数不宜过多，一般在6人左右，并选定一位项目负责人。分组完成之后就是制定项目活动计划，通常学生应该是根据项目实际要求，在教师指导下自行制定小组工作计划，确定工作步骤和程序。

（三）活动探究

活动探究是项目学习活动的核心阶段，基于学生对活动内容的理解，在教师的指导下，运用先进信息技术，有针对性多渠道地收集分析甄选资料，进而学习知识与技能的过程。美国学者爱德加·戴尔提出的"学习金字塔"的理论，指出学生被动地进行学习时，所学习内容的留存率不超过30%，而

通过主动学习，学习内容的留存率能达到90%。讨论、实践的主动学习，相较于听讲、阅读、演示等传统的被动学习，效果最佳，是非常有效的学习方式。活动探究就是主动的学习方式，每个小组根据主题内容，制定的项目最佳解决方案，明确小组分工以及小组成员合作的形式，然后按照制定的方案实施，完成任务。

在实践中自主建构知识体系，完成知识的迁移。活动探究中要注重自我检查与成员间的督促，判断进度进展情况。教师要详尽观察学生的表现，有针对性地对学生进行点拨与指导，敢于放手让学生去实践，促成学生的"主动学习"。

（四）成果交流

各小组成员应该根据制定计划，充分发挥自身的特长与组员通力合作，通过各种渠道获取信息知识，共同完成项目任务。小组成员在台上向同学们展示项目学习成果并交流经验作品是全体组员齐心协力，经过思想碰撞之后的集体智慧的结晶。小组成员之间畅谈交流，分享经验，团队成员运用已经掌握的知识和活动学习中的经验来回答问题，通过询问与回答能够更加清楚地了解到自身知识的掌握情况，促进学生的深度思考，进而使学生能够自主建构知识体系。

（五）活动评价

评价遵循阶段性评价与终结性评价，自我评价、小组互评、教师评价相结合的原则，即结合自评、他评与互评。这一过程是项目教学法的总结，是对项目学习的检查和评估，是不容忽视的一个关键环节。

在这一项目中，每个小组派出代表上台进行自我评价，主要是从采访活动准备阶段、活动过程、活动特色以及活动收获等方面进行自我评价。组内成员根据评分表、按照成员的参与度和配合度等进行评价。其余小组认真聆听，派出代表就刚才上台小组的项目的成果做出公正评价，多方面选出班级的典型，如"最佳记者""最佳策划"等。这种互评方式能够有效增强学生集体的责任感和荣誉感，锻炼其发现问题、分析问题能力。最后，教师的系统全面点评，比如此次项目实施前的计划还有哪些地方需要改进，总体的教学效果如何以及怎样提高后续的项目学习等，总结各组的优点与不足，引导学生择善而从，吸取他人的闪光点来完善自己的项目，使学生综合能力在点评中得到提升。

三、方案实施中可能存在的问题

（一）活动方案设计上的问题

1. 在方案提交和学生进行讨论的时候，应该选择学生容易接受的方式进行。比如，若是在活动探究阶段的古今名人轶事和人居环境调查这两项采用演讲的方式来开展活动，可能很多高职学生都不能够做好。原因是演讲对于学生来说本来就是个难点，要完成一次像样的演讲，对于高职学生来说已经是个不小的挑战了。所以才去演讲方式开展活动的时候，很多学生可能会选择应付了事，效果不会令人满意。

2. 主观性评价表设计容易过于概括化，区分度不够，没有办法对学生的表现做出合理有效的评估。设计方案中的主观性评价主要是着眼于学生的学习状态以及各方面能力的提升进行评价。如果只是笼统地进行评价，可能会导致成绩比较集中，无法合理地评价学生的具体表现。

（二）活动方案实施中学生的问题

在方案实施过程中，学生的表现也很容易出现一些问题。

1. 在项目的开展过程中，有些学生参与热情不足

在方案实施的初期，项目教学法的应用通常能够提起很多学生的学习兴趣，学生参与的热情要比以前上课高涨很多，但是仍然会存在一部分学生的参与热情不够。他们虽然成功地加入了一个团队，但是在具体的讨论过程中，会存在始终一言不发的情况，总是感觉"事不关己，高高挂起"。在其他同学热烈地讨论的同时，他们却只是纯粹地听，充当一个听众的角色；或者就干脆只做自己的事情，充当一个局外人。有些学生自己没有一个很好的态度参与到活动中，反而时时唱反调，使得小组的讨论没有办法正常进行下去，小

组同学闹得很不开心。

2. 组内任务分配存在问题，能力训练目标得不到很好的落实

在实际的高职大学语文教学活动中，很容易发现在各学习小组的活动计划中，各小组成员的分工存在明显的不足。平时善于言谈，口才较好的学生通常会包揽了几乎本小组所有需要全班交流讨论的任务，而组内其他的同学则分担其他不太需要抛头露面的工作任务。这样，口语交际能力的训练就不能够得到很好的落实，而落到了几个平时口语能力较强的学生身上。其他更加需要得到锻炼和提高的同学反而失去了锻炼的机会。同样其他的一些任务也集中在组内某个比较优秀的同学身上,有些学生甚至没有被分配到任何任务。

四、高职大学语文项目开展中应注意的事项

（一）项目的选择充分考虑学生的专业

在选择具体项目的时候，应该充分结合学生的专业背景。由于不同专业的学生所具备的专业知识背景不同，为了坚持集体教学与因材施教相结合的原则，对与不同专业的学生，应该采取不同的情境进行教学活动。比如，健康美容专业学习美容、身体护理的学生可以创设夜间沙龙的情景教学，要求有礼貌的对待客人。

在模拟情境中，学生不仅能够学会感知尊严和礼度，语言表达上也可以做到游刃有余。课程既生动活泼，又能够潜移默化地使学生参与其中，感受其中，促进自身语言能力的提高。

在项目选取过程中，应当注意结合不同的专业，选取符合本专业特色的教学项目。这样才能够充分激发学生的学习兴趣，有助于学生专业的学习。比如，同样是职场模拟的模块，对于人物形象设计专业、服装设计专业或者会计电算化、健康美容专业都会有所不同，不然会很容易让学生难以接受。人物形象系学生模拟职场可以模拟竞聘影视、影楼、造型等方面的公司，而会计电算化学生很多对于这些全然不懂，所以在具体的模块选择中应当尊重学生的专业性质，让学生在模块学习中既能够得到语文技能的提升，也可以

加强对于专业学习的兴趣,并对未来就业打下基础。

(二)注重分组兼顾学生自主选择项目机会

在开展项目教学活动的时候,应该充分尊重学生的兴趣爱好,在平等的基础之上,让学生自由组合,教师只在过程中进行适当调整。小组活动贯穿于项目教学的始终,所以应该注重分组,充分尊重学生意愿,自由分组,同时又需要兼顾平衡适当调整,这样能够帮助学生更好地完成教学项目任务,激发学生探究学习与相互协作的能力。

通常在语文课程的项目教学中,学生都会拥有一定自主选择的空间,但是很多项目的选取都是取决于教师,在一定程度上可能会导致教师在选择模块中具体项目的时候出现程式化的现象,从而使学生失去自主选择项目的机会。由于项目教学并不是要求所有课程或章节都以项目化的形式出现,所以,教师应该结合课程或章节的实际情况进行选择性的项目教学。

在此应当注意的是,如果条件成熟,可以参考选修制的形式,一方面在课程开始之前为学生提供更多的项目,另一面让学生结合自身的兴趣自主选择相应的项目进行学习。应该充分考虑到小组的兴趣集中点,由学生自己提出可供选择的项目,以此提高学生在课堂中的参与度和积极性。

(三)教师多种能力的储备

项目教学法虽然是以学生为中心,但是教师也承担着指导整个项目活动顺利开展的重要任务,这就要求教师不但要具有扎实的专业基础,还应该具有多种综合能力。比如,在职场模拟中,对于职场礼仪等知识都需要具备,才能够更好地指导学生。再比如,学生在项目教学活动中,很多时候都是需要查找资料,进行探究学习的,这些都需要借助一定的工具,如百度文库、图书馆索书、PPT制作等工作,以及对经典案例的阅读理解,特别是如论文写作、简历等写作,要求教师具备运用各种新生工具以及引入经典案例的能力。

项目教学过程是一个开放式的教学过程,对教师业务水准是一个挑战,只有不断学习,加强自身职业素养,提高和丰富自己的综合能力,才能在教学过程中做个"授之以渔"的良师。

第三节 高职大学语文项目教学策略

一、高职大学语文项目教学活动开展的必要性

基于大学语文的学科特点，很难像拥有具体产品的工科类课程那样根据能力本位与项目课程进行教学改革，但是利用传统的教学方法进行高职大学语文教学的过程中，在很多方面，都显现出了其存在的不足和缺陷，针对高职院校学生学习的实际能力和水平，传统的教学方法所展现出来的教学效果也越来越有限，学生上课提不起兴趣，玩手机、戴耳机听音乐、趴桌子睡觉等情况越来越普遍，甚至很多高职院校的大学语文教学过程流于形式，成了摆设。

考虑到大学语文在中国传统文化传播以及提高学生人文素养方面的特殊作用是其他任何学科都无法替代的，高职院校的大学语文教学改革势在必行，基于此，应该坚持以学生为主体，以项目化课程为方法，实现能力为重的整体教学改革思路。而高职院校的每一名语文教师，为了提高其教学效果，都应该努力去尝试进行以重视培养学生能力的项目化教学改革，在项目化教学改革过程中，通过实践，也能够总结出一些经验。

第一，在任何一次教学任务进行过程中，将通过你的教学能够让学生获得什么样的能力这一问题，始终放在思考的首位。

第二，在教学进行过程中，应该采取适宜学生的教学手段和方法让学生获得相应的能力。

第三，借鉴项目化教学方式设计好每一课。

二、项目制教学势在必行

在人文素养与通识培育得到广泛共识的当今社会中，大学语文教学研究亟须从理论和思想上的重视与呼吁中走出来，深入到大学语文课堂教学的实

践当中，以符合教育规律的教学方法，把大学语文从一门边缘性、附属性甚至是点缀性的科目真正转化为学生愿意学习、教师喜欢教授、实效可见的课程，项目制教学法于是承担了非常重要的任务。

项目教学，是师生根据教学目标，通过共同实施一个完整的教学项目而进行的教学活动。其主要特点是教师通过分析教学内容，分解教学任务，把需要讲授的知识蕴含到学生需要完成的活动任务当中，学生通过完成任务达到掌握所学知识的目的。

分析教材是进行项目制教学的首要内容。教师应该按照教材、目标以及能力培养的相关要求明确教学的目标和重难点，再根据学生的实际情况，开发新的教学内容，把教学目标转化为一个或几个学生学习的项目。根据大学语文的特点，项目主要能够划分为三类：

第一类是单一项目，比如识记语音、文字、词语、作家作品等；

第二类是梯次项目，比如阅读教学当中对中心、结构、手法以及语言等有序合理的解读；

第三类是综合项目，比如一次作文训练通常会涉及审题、立意、构思、组材以及表达等多项项目的综合实施。

三、明确培养目标，突出能力本位

高职学生大多都抱着学好技能的目标进行学校学习。我们反对技能崇拜论，并不是反对高职学生要重视学习技能，也绝不是反对教学要适应对象、因材施教，而是认为高职大学语文教学必须要能够适应职业教育的特点，能够适应高职学生的要求，进而变革其教学内容和教学方法。不然，沿用老传统，必然会事倍功半，不能够获得良好的效果。大学语文教学在帮助学生学好必要知识的同时，也应该承担起人文素质培养的重任。在教学实践中，既要深入挖掘素质培养的元素，又要突出与专业结合，以突出能力培养目标为原则，而不是仅仅以学习大学语文知识为目标。

鉴于此，明确高职大学语文的培养目标是培养学生朗诵能力、书写规范汉字能力、写作能力和口语表达能力等。通过学习大学语文，能够重点突出能力培养，学生就会具有学习的动力。围绕确立的能力培养目标，改革大学语文教学内容与方法。为了培养学生朗诵的能力，应该多选择一些语句优美的诗歌和散文，可以选择有专家视频朗诵的篇章，适宜学生模仿学习；为了培养学生的汉字书写能力，每节课必须让学生动手写字；为了培养学生的写作能力，教师每周都应该安排写作练习；为了培养学生的口语表达能力，每节课都需安排听说练习。

四、精心设计任务

以郭孔生先生所主编的《大学语文》的第二单元的为例，围绕这一单元的主题和主要内容，可以具体设计以下五个任务：

任务一：网上搜集这一单元所涉及文章的相关资料，了解作者，阅读并评析作品，用ppt形式分组进行讲解。

任务二：每组都要找出本单元最感兴趣的一篇文章，用朗诵或者歌唱的形式来展示作品，并且要尽量做到自己创作诗词作品。

任务三：可以开展一次与这一单元主题相关的辩论会，题目可以是大学生恋爱的利与弊等。

任务四：学习策划书以及主持词的写作，以小组为单位围绕经典诵读活动写一份策划书以及主持词，明确此次活动的进程，并串联活动的主要内容。

任务五：以"经典诵读比赛"作为主题，各小组可以选出两名主持人，进行小组成果展示（经典诵读），并记录成绩。

通过这样一个项目的实施，可以巧妙地将大学语文、应用文写作以及普通话有机结合在一起，既能够提高品悟分析作品的能力，培养良好的审美情趣，又能够使学生学会策划书与主持词的写作以及辩论朗读的技巧和ppt的制作、个人微博的创建等，还能够锻炼学生的语言表达能力、团队合作能力、信息搜集能力、沟通协调能力等综合职业能力，可以说是一举三得。同时改变了以往沉闷的课堂氛围，提高了学生语文学习的主动性和积极性，学生真正成为课堂的主人,他们由知识的被动接受者变成了组织者、合作者、创新者以及表演者。

五、项目成果评价

项目评价主要是对项目成果所进行的检验。各个小组在完成任务以后,要及时进行交流和展示,并对其他学生的学习情况做出反馈与评价,以提高项目完成的质量,这是学生掌握知识与提升能力的重要阶段。在这一过程中,先由学生对本小组的项目成果进行自我评价,再由师生共同讨论、评判项目任务中出现的问题。教师应该设立一个评价小组,评价小组成员由各小组推选代表参加,负责为各组的项目成果打分并进行适当点评。学生在这一过程中,不仅可以学到知识,还能够锻炼他们的能力,同时也极大提升了学生的成就感。

在项目教学法的具体实践当中,教师不但是学生学习的向导,更是学生学习的重要顾问。他教会学生在学习中运用大量的信息,引导学生在实践活动中学习和掌握新知识。学生作为课堂学习的主体,在教师有目的的引导之下,提高了知识水平,培养了合作能力以及解决问题的能力;教师在引导学生、帮助学生完成任务的过程当中,也能够提高自己的专业水平。项目教学法不但能够提高学生学习语文的积极性,也大大提高了课堂效率。可以说,项目教学法是师生共同完成任务,共同进步的一种教学模式。

六、高职大学语文中应用项目驱动教学

(一)项目驱动型大学语文课堂教学模式优势

1. 能够充分激发学生学习兴趣。
2. 可以有效促进学生的自主学习。
3. 成功完成项目后有效地提高学生的自信心和学习的积极性。
4. 由于项目的完成过程就是学生利用已有知识建构新知识的过程,所以有助于学生学习策略的形成。

5. 项目驱动型课堂教学注重知识的真实性，能够使语文本身大大提高生命力，从而摆脱了枯燥无味的教授。

6. 在项目驱动型课堂教学中对学生的研究性学习能力的形成具有极大帮助。在项目教学活动中有些项目需要师生去收集、调查、实验、分析、比较和总结。而这正是研究性学习的基本方法。

7. 有助于学生学会沟通、分享和合作。大部分项目的完成都有赖于团队的力量，所以在项目的完成过程中必然会存在信息的交流与沟通，存在着分享与合作。

8. 有利于培养学生的自我管理能力。尤其是对于团队的领导者，即组长该项能力得到显著的发展。

9. 有的助于形成学生综合的语文素养。

（二）引入项目驱动型教学法，进行全新的教学分析、设计、实施

项目驱动教学法可以将整个学习过程分解为一个个具体的工作过程，设计出一个个项目教学方案，按照行动回路设计教学思路，有效地建构了课堂与社会生活的联系，整个过程活动都是真实的，是现实生活的一种反映。

新的教学方法的引入必然要求对整个课程进行全新的教学分析与教学设计，课堂教学的实施方式也会发生根本性的转变。具体来说可以根据以下步骤进行：

1. 以最新高职教育理论与素质教育理论作为指导，根据课程教学目标、素质教育阶段目标、单元内容教学目标以及分课教学要点目标，教师应积极地进行课程开发，制定具体可行的学生学习项目。

2. 以目标教学激励教学理论、情景教学理论、学习方法理论作为指导，创设情景，激发学生的学习兴趣；进行方法指导，为学生的学习研究提供帮助；交代具体可行的学习项目，明确目标和评估的办法。

3. 以控制论、语言习得理论、最近发展区理论以及心理学理论为指导，突显出学生的主体地位，抓住学生好表现的心理或需要训练的重点，激励学生自主、推究、合作学习，把"三尺讲台"变成学生表现自我才干与展示学

习成果的舞台。让他们自己在完成项目中,去摸索方法,探究结果,合作交流。

(三) 对其效果进行评价

为了检验和促进学生达到预期的目标,发现教学中的问题,要对学生的学习效果进行湿度的评价,教师可以根据学生的学习情况及时地改革教学方式,学生也可以通过评价了解自己的具体学习情况,及时地调整自己的学习方式。评价应当体现评价主体的多元化与评价形式的多样化,既要关注结果,也应该关注过程。在进行评价的时候,应该考虑评价活动占课堂整体教学时间的比例,要注重评价的实际效果。

课堂中,评价的重点应该是学生的知识与技能是否得到提高,而学习结论的准确与否就显得比较次要。具体的评价方法可以是观察法与结果评价法。观察法即通过观察学生在讨论和完成项目活动中的发言、技能、协作创新等对学生进行评价。教师和学生都能够通过表格来记录学习过程中学生的具体情况。

结果评价法是对学生完成项目所形成的作品进行评价,评价学生对知识的掌握、应用水平,作品中所包含的创意等,可以让学生自己进行评价,也可以让同学进行评价,也可以由教师来评价。值得注意的是:在有些时候,从结果来看,部分学生在结束"项目"以后没有很好地完成学习项目,但是从过程来看,他们能正确运用思路和方法,"项目"还是完成的,因此,从发展的角度讲,对他们也要予以肯定的评价。

七、项目式大学语文教学模式的优点

(一) 小组合作学习与讨论的方式大大改善了师生的关系

高职院校的课堂很多都是"一言堂",师生之间的互动比较少,学生对于老师常常是敬而远之,老师一学期下来可能记不住几个学生的名字。所以,课堂应该提倡一种民主、平等的学习氛围,师生之间互动较多,教师走下讲坛,在指导学生自主学习、参与其协作学习的当中,融入其中,师生关系才能够得到改善。

（二）能够充分激发学生的语文学习兴趣

自主、合作的方式可以充分发挥出学生的主动积极性，能够大大激发学生学习大学语文的兴趣。项目式大学语文教学注重学生的自主学习与协作学习，生生之间和师生之间互动较多，每个学生都具有较多的展示机会，课堂气氛比较活跃，很多学生都比较喜欢这样的教学方式。

（三）自主学习的方式符合学生学习语文的特点

《全日制义务教育语文课程标准》（实验稿）指出：阅读是学生的个性化行为，不应以教师的分析来代替学生的阅读实践。应让学生在主动积极的思维和情感中，加深理解和体验……要珍视学生的独特感受、体验和理解。这种理念用到大学语文的教学活动中仍然非常适合。项目式大学语文教学模式重视学生的自主学习，珍视学生的阅读感受和体验，鼓励学生主动去发现意义、创造意义，并在协作学习阶段把自己的阅读体验与别人进行交流，在成果展示阶段用书面的方式进行深化与创造。

（四）能够锻炼学生的核心能力

项目式大学语文教学模式不但能够发展学生的综合语文素养，还可以锻炼学生的职业核心能力。项目式大学语文教学模式不仅可以使学生的听说读写等语文能力得到锻炼和提高，还能使学生的合作与交流等职业核心能力得到一定的锻炼与提高，进而使学生的综合素质得到培养与发展。

八、大学语文项目教学要处理好的关系

（一）大学语文项目教学技能要处理好新的师生关系

从项目教学的整个过程来看，大学语文教师是教学项目的设计者、管理监督者、调控者、激励者以及评价者等等；从项目教学的具体实施当中来看，大学语文教师与大学生是学习的合作者和互动者。

（二）大学语文项目教学技能处理好课内和课外的关系

课外既是为课内做准备，也是课内的进一步延伸。课内是课外项目实施的检验与继续，二者之间应该协调统一。

（三）大学语文项目教学技能处理好项目小组力量和个人力量的关系

大学语文项目教学以项目为中心，项目小组为基础的合作探究性学习活动，评价也是对项目小组的集体成绩所进行的评价。因此，在项目小组活动过程中，应该处理好个人与小组之间的关系，避免出现强势学生主宰一切，弱势学生搭便车，人云亦云等现象。

（四）大学语文项目教学技能处理教学实践和教学理论的关系

教学技能是在实践教学活动中形成的，它实践检验并提升教学理论。教学理论与教学实践和教学技能要相得益彰，相互依托，相互促进，实现三者的同步发展和提高。

第十章 高职大学语文教学改革与创新的总体战略

第一节 改进高职大学语文教学的管理方式

一、教学管理概述

教学管理主要包括教学计划管理、教学运行管理、教学质量管理与评价，以及学科、专业、课程、教材、实验室、实践教学基地、学风、教学队伍、教学管理制度等教学基本建设管理，还包括教学研究与教学改革管理。

教学管理是为了实现特定的教育目标、完成规定的教学任务、对教学秩序加以规范，并对教学工作各个环节进行系统管理的过程，包括教学目标管理、教学过程管理、教学质量管理、教师和学生管理等。教学管理工作是学校各项管理工作的核心，是教学活动的基础，是提高教学质量的重要保证。其主要内容包括：

（一）过程管理

教学过程是根据一定的社会要求与教学目的和学生身心发展的特点，由教师的教和学生的学所组成的双边活动过程。这个过程是由教师、学生、教学内容和手段等要素构成。

教师是教学过程的主导因素，学生是教学过程的主体因素，教学内容和手段是教学过程的客观因素。教师教学的过程是由备课、上课、课外辅导、作业批改、成绩考评五个基本环节所构成。

（二）业务管理

教学业务管理是对学校教学业务工作所进行的有计划、有组织的管理活动。教学业务管理是学校教学管理的重要组成部分，它决定着学校教学管理的水平。

（三）质量管理

教学质量管理是按照培养目标的要求安排教学活动，并对教学过程的各个阶段和环节进行质量控制的过程。学校教学管理的中心任务在于提高教学质量。

（四）监控管理

教学监控分为教学质量监控（可归科组管理）和教学过程监控（可归年级管理）。所谓教学质量监控，就是根据课程对教学的要求，对教学的过程和情况进行了解和监测，找出反映教学质量的资料和数据，发现教学中存在的问题，分析产生问题的原因，提出纠正存在问题的建议，促进教学质量的提高，促进学生学习水平的提高和教师的专业发展，从而保证课程实施的质量，保证素质教育方针的落实。监控是过程，评价是结果，目的是促进。

二、语文教学管理

语文教学是语文教师有目的、有组织、有计划地指导学生去掌握系统的语文学科知识与技能，达成语文教学目标，形成语文素养的重要过程。语文教学活动的过程包含了组织、计划与追求目标达成等基本管理要素，组织和计划是管理的基本职能，而追求目标的达成尤其是有效率、高质量的达成即对有效性的追求是管理的基本内涵，所以语文教学活动包含了语文教学管理这一重要方面。反过来，我们都知道，好的语文教学管理也可以推动语文教学活动高质量地开展，是语文教学活动有效率、高质量进行的重要保障。曹明海认为，语文教学管理实质上就是按照具体的教学目的，协调好教学活动中出现的各种矛盾、问题，让师生关系走向民主与和谐，促使教学情境当中消极因素向积极因素进行转变，以便高效地实现语文教学目标的过程。

从上述介绍中能够看到，语文教学管理的本质是协调语文教学活动中的各种关系，其主要目的是让语文教学目标得以有效实现。这一定义强调了语文教学管理的本质是协调语文教学活动中存在的各种关系，主要目的是追求语文教学活动的效益，比较深刻准确的把握了语文教学管理的实质。这是从管理对语文教学的作用的角度下的定义，笔者认为这一定义忽略了对语文教学全过程的分析，由于语文教学包含了一系列环节，在每个环节当中对管理的需求都是有所不同的，所以语文教学管理的内容包含了多个方面，不仅仅是协调关系，还包括人与人之间的合作，比如语文教师与语文教师之间的合作，语文教师与学生之间的合作；人对时间的分配，学生如何安排自己的语文学习等等；人对资源的有效利用，比如语文教师对学校语文教育资源的利用，学生对各种语文学习资源的利用等等。

笔者认为，语文教学管理：首先，是以语文教学的整个过程当作研究对象的，主要包括语文教学活动的各个环节，以语文课堂教学活动为圆心，向前延伸到语文教师的备课活动，包括教师集体备课活动与教师个人备课活动，向下延伸至学生个人的语文学习活动与团体的语文学习活动。其次，语文教学管理是按照每个活动具体的需求而进行的，根据活动内容与组织方式的不同进行有区别的管理。最后语文教学管理的目的是帮助语文教学有效地实现其目标。

综上所述，语文教学管理主要是指在语文教学的全过程当中，根据活动的不同需要，有针对性的利用管理的计划、组织、控制、协调等职能，方法以及原则，解决教学活动中遇到的各种问题，促进语文教学目标有效实现的过程。

三、高职大学语文教学好管理策略

（一）大学语文教学管理的促进作用

1. 大学语文教学管理符合教育的根本目标

促进人的进步发展是教育的根本目标，对于这一点，不同的教育学家具有相似的观点和看法。夸美纽斯认为，人只有受到合理而恰当的教育以后才能被称为人，而教育的根本目的就是造就人的事业，帮助人的成长，而这种成长，是可以呈现出生命本质意义的成长。在教育中，往往会出现那种扭曲与戕害教育本质的教育形式，而夸美纽斯所说的教育推动人的成长，是与这种教育完全不同的。在夸美纽斯之后，黑格尔提出"解放"才是教育的本质。

2. 大学语文教学管理符合以人为本的教育理念

目前，虽然全社会都在大力提倡以人为本，但究竟什么是以人为本，怎样做到以人为本仍然有很多人不清楚。笔者认为，人首先应该做到身心健康。如果连身心健康这一对人基本要求都做不好，那么其他的聪明才智就会失去载体，无用武艺之地。

3. 大学语文教学管理可以推动教育主体和谐发展

提倡身心健康的根本是和谐。和谐，包含很多方面，它既有生命个体身体与精神的和谐，也有个体与他人的和谐，内心世界与外部环境的和谐，理想与现实的和谐等等，人达不到任何一种和谐状态都会变得不健康，甚至会一无所有。大学语文教学管理一直被教育学者称作是一种可以促进人和谐的教学理念，这是因为其能够充分意识到影响人和谐发展的各方面因素，将"情趣"当作促进身心发展的催化剂，帮助学生孕育出和谐的心向。

（二）有效的课堂教学时间管理策略

一堂高效率的课堂教学离不开有效的教学时间管理策略。不管教师要进行什么样的课堂教学内容，都应该对课堂时间进行详细的规划管理，减少不必要的教学时间，提前做好充足的课前准备，准备好教学材料与设备，准时开始教学，准时结束。心理学家表示，学生在课堂上最好的思维时间是开课之后的 5~20 分钟，教师可以充分利用这段时间，提高课堂教学的有效性，把教学内容的重点和难点放在这段时间内完成，进而高质量地完成教学任务。在课堂教学活动中还应该注意课堂信息量要适中，过多或过少都不行，过多，会超出学生的接受能力，教学效率低下；过少，环节松散，会导致时间的浪费。在课堂教学中，教师不但要注重学生对学习活动的专注度，还应该适度提高教学内容的水平，让课堂管理可以松弛有度，有易有难。

（三）转变管理意识

1. 高职院校管理者应培养"民主化""人文化"管理意识

目前，能够利用的方式主要包括：

第一，对学校管理团队进行"民主化""人文化"管理教育，让他们深刻意识到"民主化""人文化"对学校长远发展具有重要意义；

第二，对学校管理者进行人文素质的培养，提升他们的人文素质，以充分发挥模范带头作用；

第三，进行民主管理的职责培训，让他们学习民主化管理的基础知识，熟悉分权、制衡、程序与方法；

第四，高职院校长应该牢固树立"教师、学生是学校真正的主人翁"意识，尽力做好对他们的服务工作。

2．推广"教师治校"理念

"教师治校"的理念源于"教授治校"，是国外著名高校所推行的教育管理方式。"教师治校"的理念要求高职院校的教师要以"主人翁"的姿态进行日常的教学与科研活动，要以校为家，视学校为生命，视教育为自己终生奋斗的事业。我们可以预见：当一个教师既可以享受到学校的优厚待遇，又能够享受作为教师的无上光荣，那么他肯定会把自己的全部精力放到教学与科研上。所以，教师思想的转变，精力的调整也是人文教育顺利开展的重要因素之一。

3．树立"以生为本，以服务学生为导向"的理念

当前学生与学校管理主要存在三个基本矛盾，即学生多元化构成与管理手段单一的矛盾；学生日益增长的需求与学校提供有限服务的矛盾；学生的自由、民主化需求与学校传统管理理念的矛盾。这三个矛盾的存在，在一定程度上阻碍了人文素质的有效培养。所以，高职院校要树立"以生为本"的理念，尽可能为学生提供学习的便利。

（四）提高学生应用语文能力

1．采取模拟教学法

在日常教学中，经常会遇到有同学语文人文知识较好，但运用能力较差的情况。这主要是由于长期以来，语文教育工作者忽视了培养学生语文素质和语文能力，脱离了社会实践的语文教学必然会削弱学生适应社会发展的能力。所以，高职语文教学应该采取模拟教学，让学生模拟社会实践中的某一

角色，亲身体验这一角色所承担的工作任务。比如，可以模拟担任某一单位的文职，对此应该相应提升其语文应用文的写作能力，比如，熟练掌握通知、广告、会议记录、海报、启事等应用文体写作。

此外，还应该提高学生的语法知识，使其在文章写作中确保字词、句法等方面过关。模拟教学法一个关键目的是通过给学生施压，强化其主动学习的动机。明显的危机感能够帮助大学生自觉将自身所学与未来的职业规划进行联系，进而有针对性地提升其应对能力。

2．强化语言表达训练

首先，在语文课堂上应该鼓励学生养成大声朗读的习惯。通过朗读，人的各个器官能够相互作用，借用眼睛、耳朵、嘴巴、大脑等的相互调节作用，促进学生对文章思想感情进行准确把握，尤其是对于那些意境深邃、文笔优美的美文，更应该注重朗读的作用，在潜移默化的训练当中提高学生的语言表达能力。

其次，应该提供学生即兴发言的机会。语文教师可以在课前设置一些问题，通过针对性提问，让学生在课堂当中即兴回答。

最后，鼓励学生积极参加各种课外活动，比如辩论赛、演讲比赛等，培养学生临场应急发挥能力。

（五）完善教师考核体系

1．自我考核

自我考核的方式有很多，但最主要的，应用比较广泛的，还是自我评价与自我鉴定。自我评价的内容主要包括：个人的基本简介；思想觉悟上的重要认识；教学的基本情况；科研上获得的成果；存在的不足；下一步的工作目标等。教师的自我评价是考核的主要内容之一，也是考核的基本依据。

学校在对教师进行考核的时候，就可以根据教师的自我评价，来逐一进行调查、核实。这样，既能够减轻考核的工作量，也可以减少考核错误的出现。

2．学生评价

教师教的好不好，其实学生的心里是最清楚的，因为学生是教学活动的主要接受者。目前，对于教师的评价，学生主要是从网络上进行的。而且为了提高学生的参与率，评价系统还相应做了一些设置。比如，如果学生想查询这学期的成绩，那么他在查询之前，就要先对这科的教师进行评价，评价全部完成以后，学生能够查询成绩。

3. 机构考核

基于教师的自我评价、学生的评价，学校会对教师再做一次全面的考核。如果教师对于学校的考核结果存有异议的话，那他可以通过校委会来进行申诉，如果申诉不成功或者是拒绝答复的话，那教师也可以选择向上级主管部门申诉，或者是到法院提起民事诉讼。

第二节 加强高职院校大学语文课程建设

一、语文教育要从基础教育阶段抓起

（一）培养学生学习语文的兴趣

兴趣是最好的老师。一般来说，学生在感兴趣的事情上都会做得非常好。基础教育阶段是学生学习的重要阶段，学生的兴趣爱好、个性特长等都会在这一阶段形成一个较为稳定的基础。

所以，基础教育阶段不能只是追求学生的学习成绩，而应该重视培养学生的学习兴趣，为学生未来的学习打好基础。语文的学习也是同样的道理。基础教育阶段应当注重培养学生学习语文的兴趣。

1. 应该让学生在学习过程中充分认识到语文学习的重要意义。在基础教育阶段，语文的学习不只是为了提高成绩，更重要的是培养学生的综合素质。语文作为学校进行母语教育的重要途径，对于学生的成长与发展具有非常重要的作用。如果一个人连自己的母语都学不好，将来又怎么能够在社会上生存？

2. 学校也应该顺应时代潮流的发展，把先进的教学理念贯彻到语文教学活动中。作为学校，绝不能故步自封，而应该敢于创新，敢于尝试。比如，四川省的眉山师范附属小学就进行了大胆创新。为了给学生减负，留出足够

的时间进行课外阅读和课外知识的学习,其中一位教师坚持18年不给学生留作业,而另一位教师则大胆地取消了期末考试。结果却出人意料,经过三年的努力,学校在小升初考试中获得非常好的成果。

由此可见,学校教育如果可以大胆地尝试新的教学模式,对于提升学生学习语文的兴趣也非常有益。

3. 作为教学工作的直接参与者与引导者,教师应当努力提升自身素质,形成自己独特的教学风格,在实际教学工作中引导学生提高学习语文的兴趣。

如果学生在基础教育阶段就能够培养对学习语文的浓厚兴趣,那对于将来大学语文课程的学习无疑是打下了一个坚实的基础。这样大学语文课程的价值也就能够更好地实现。

(二)语文教育要兼顾工具性和人文性

在基础教育阶段,语文课程的教学理念并不只是在于培养和提高学生的语文能力,更在于充分发挥语文课程的育人功能。这就要求教师在教学过程中,既要发挥语文的工具性,也要发挥语文的人文性。

一方面,语文教师要通过语文教学培养学生学习的热情,培养学生正确理解和运用语言文字的能力,让学生具备学习语文知识的能力,顺利通过考试。同时,教师还应该培养学生的识字、阅读、写作以及口语交际等能力,这些都是学生在实际生活中必须具备的基本能力。

另一方面,语文教师还应该通过语文教学,培养学生全面发展的能力。语文课程与其他课程相比具有自己独特的优势,其包含了丰富的人文内涵与文化底蕴。

所以,语文教师在教学活动中应该结合教材内容对学生进行深层次的教育,让学生在优秀文学作品的学习中,形成积极乐观的人生态度和高尚的道德情操,进而推动学生成为全面发展的和谐人才。

二、根据专业教学特点给大学语文正确定位

由于专业课的难度和对学生要求的不断提高,学生学习压力逐渐增加,

学习语文的积极性也就明显不高。所以作为对专业学习具有基础作用的大学语文也就不能发挥其应该发挥的作用。大学语文只有根据专业教学特点进行重新定位，才能够为培养出高智能、高素质的应用型人才发挥其应有的作用。

（一）大学语文教学要培养专业人才的创新素质

素质教育的核心重在创新精神、创新意识以及创新技能的培养，这对于专业人才的全面发展会起到十分重要的作用。从语文学科本身来看，语文教学不仅是语言能力的培养，还承担了思维能力培养的重任。课堂教学活动中，能够启发学生进行想象、联想，潜移默化地培养了学生创造性思维的能力。同时，让学生阅读一定的作品，能够帮助学生认知社会和人生，丰富学生的情感，陶冶学生的情操，锻炼学生的意志和品质，形成健康的人格，为他们未来具备一定的人文素养，形成主动适应社会的能力，使其成为自觉、自治和负责的公民打下坚实基础。

（二）大学语文教学要符合专业人才的心理规律

大学语文教学应该遵循学生的心理发展规律。语文教学的实践性必须能够体现出以学生为主体的重要原则。专业教学的特殊性，使得学生带有非常鲜明的特点。作为语文教师只有充分了解学生，才能够更加具有针对性地授课。所以，教师应该充分利用语文的多功能性，发挥学生的优势，淡化学生的弱点，尊重学生的兴趣和内在需求。教学内容的安排和教学方法的选择，应该从学生的认知水平出发，而不完全取决于教师的主观意图和外界强加的标准。学生是环境刺激的主动寻求者、选择者和主动探索者。所以，应该充分激发学生学习语文的兴趣，避免一言堂，要师生互动，让学生大胆参与，建构师生对话交流的课堂氛围，培养教师与学生、学生与学生之间的合作意识。

（三）大学语文教学要适应专业人才的社会要求

大学语文教学只有与社会对人才的需求保持同步，才会具有更加旺盛的生命力，才能在生活、工作中得到创造性地运用和发展。现代社会发展的最重要标志之一，就是信息量剧增、信息传递速度快捷、信息传播途径多样。美国高等教育对人才的要求，其中一条就是具备信息检索和判断能力。在高科技广泛应用、迅猛发展的今天，获取和处理信息的能力成为一个人生存和发展的关键。大学语文教学要适应信息化社会的发展，鼓励学生充分利用各种信息源，开阔眼界，具备准确获取信息的技能，并能够针对不同目的和要求恰当表达出来。

三、革新教学方法，综合运用多种教学手段

在正确认识大学语文课程性质、目的，端正教学态度的基础之上，大学语文教师必须在教学方法上不断进行创新，以达到"传道"与"授业"的目的。

学生是教学双边活动的主体，所以要充分发挥学生的主动性，允许并鼓励学生大胆发表个人见解，增添课堂讨论内容，以形成良好的师生互动。人文素质的培养和提高是一个比较缓慢的过程，单纯地依靠每周几个学时的课堂教学是不能够达到目的的。所以，教师应该引导学生进行课外阅读，培养学生的自学能力。可以针对教学内容布置课外阅读的重点书目，并要求学生写出读书笔记，以培养学生的思辨能力、综合分析能力、鉴赏能力以及文字表达能力。当然，老师也应该给以必要的指导和点拨。

心理学、传播学的相关研究表明，多种感官参与学习过程、视觉媒体以及听觉媒体结合有助于信息的摄入和吸收。在科技迅猛发展的今天，大学语文教学怎样利用现代化的教学设备，实现教学手段的创新是摆在教师面前的一个重要课题。在大学语文课中，可以采取多媒体教学课件与影视资料二者相互配合的方式开展教学活动。

首先，教师应该根据教学需要把教材内容和相关的背景资料制作成图文并茂的课件，在课堂上展示给学生。这不仅能够达到在最短的时间内让学生获得最大信息量的目的，同时，又因为其具有鲜明的形象性和生动性，更加能够激发学生的兴趣。

其次，利用影视资料能够让学生欣赏到以前只能通过教师用语言描绘的图片或影视片段，加深了对作品内容和主旨的认识。此外，网络资源的共享为大学语文教学提供了非常丰富的资源。网络化的教学模式不但突破了传统

语文教学模式的时空限制,同时又能够实现师生共同学习的互动。需要强调的是,多媒体教学虽然为传统的教学方式带来了生机与活力,但其毕竟是辅助性的教学手段,它丝毫不能动摇教师在课堂教学中的主导地位。教师应该根据教学内容、教育对象来确定采取什么样的教学手段。

四、建立和谐、融洽的师生关系

"师生关系是教学活动中最重要的关系。师生关系的好坏,会直接影响到整节课的教学效果。所以,良好的师生关系是教学活动的重要组成部分,正所谓"亲其师"才能"信其道"。

首先,教师要尊重并爱护每一位学生,尊重学生的人格。尊重学生的前提是要关心每一个学生的成长,特别是关心他们的精神世界,有时候还需要从学生的角度思考和处理问题。所以,我们对学生应该给予充分的理解和尊重,少批评,多鼓励,为他们营造一个和谐而又愉悦的学习环境。

其次,应该尽可能地发现学生的价值,发掘学生的潜能,发展学生的个性。这就要求教师要始终将学生当作教育主体来看待,要重视培养学生的主体性。

五、大力拓展实践教学形式,不断开发实践教学资源

要达到大学语文课程课堂教育与实践育人相统一,就要着力开展大学语文课实践教学活动。实践教学形式主要包括两种,即语言实践与文化实践。语言实践主要包括书面语言表达和口头语言表达两个方面,书面语言表达主要包括进行作文和作文竞赛、社会实践撰写实践报告、校园文化活动拟写活动方案和总结等;口头语言表达则包括课堂专题讨论、学生自主教学、经典影视欣赏等。文化实践主要包括校外专家讲座和高雅艺术进校园两种形式。讲座主要以"聆听名师之哲思,共享思想之盛宴,品味理论之精华,启迪人生之理性,提升个人之素质"为宗旨,可以是一作家、作品、文体、流派、思潮,也可以是某一文化现象、历史事件或社会时尚。同时,讲座与课内教

学相比，更加具有深度和广度，又可以结合社会现实，满足学生需求。高雅艺术进校园活动，应该坚持先进文化作为导向，以交响音乐、话剧等作为主要载体，引领学生吸纳人类文明发展的优秀成果，追求真、善、美的精神境界，提高人文素养和艺术修养，推动学生健康和谐发展。

大学语文课实践教学目标能够实现以及实现的水平如何，开发大学语文课实践教学资源是其中的关键。对于大学语文课实践教学资源的开发、利用和管理，主要包括实践教学基地与网络教学资源两个方面，实践教学基地主要包括校内实践教学基地和校外实践教学基地。校内实践基地主要有大学生文化素质教育基地、校报、相关社团等；校外实践教学基地则主要包括展览馆、博物馆、名人故居、革命传统教育基地等。网络教学资源上可以制作《大学语文》课程建设情况、教学大纲、教学录像、电子教案、配套习题以及教师博客等内容的课程网页，学生可以利用网络，进行网上学习、交流和讨论。老师则可以公布自己的电子信箱、QQ号码给学生，进而架起师生网上交流、互动的桥梁。

六、开展丰富的语文教学实践活动，进一步调动学生的学习热情

语文是一门应用性很强的学科。语文教育不只是知识的传授，更重要的是培养学生运用语言文字的能力。而以往的"满堂灌"的教学模式实际上剥夺了学生运用语言的权利。大学语文教学应该为学生运用语言创造良好的条件。

第一，在教学过程中教师应该尽可能为学生提供听、说、读、写的机会。

第二，要加强教学与社会生活之间的联系。从某种程度上来说，这种联系越密切，学生的学习积极性就会越高。授课的地点也不能仅仅局限在教室里面，还可以进行田野式的教学。为了激发学生的学习热情，拓展学生的知识面，语文教学必须由单向的课堂教学延伸到丰富多彩的课外活动中去。高职院校学生的课余时间比较充足，正好可以开展各种各样的课外教学活动。

比如，举办即兴演讲比赛、书法比赛、手抄报比赛、诗歌朗诵比赛、话剧表演、国学知识竞赛、青年歌手比赛等活动。在活动中既能够展示出学生

的才华，也可以加强对学生实践能力的培养，让他们所学知识得到充分的运用。此外，为开拓学生的视野，丰富学生的知识，还可以组织学生去风景名胜地区进行参观考察，以弥补课堂教学活动中的不足。通过开展丰富多彩、灵活多样的课外活动，陶冶了学生的情操、也开阔了学生的眼界，锻炼了学生的能力，更能够充分体现出语文的实用价值，为更好地激发了学生的学习兴趣、求知的欲望奠定了初步的基础。

第三节 网络环境下高职大学语文教学改革

一、网络对高职学生语文学习的影响

（一）写作能力降低

伴随着网络技术的不断发展，在网络上的信息更新速度越来越快，资源也越来越丰富，从而使得学生在学习的过程中可以轻易地获取各项学习资料，这样在一定程度上就会助长学生的懒惰心理，从而使得学生养成一个懒惰的习惯。在网络环境下，有些学生写作业都是从网上查找答案，更有甚者，一些学生甚至直接从网上进行下载、打印，然后将下载的信息上交作为作业，这种做法由于缺乏真正的思考，使得很多学生在学习的过程中出现了非常低级的错误。比如，在写介绍信的时候，经常会出现"我校""贵校""该校"不知道应该怎样使用的现象；在写祝贺信的时候不知道如何使用尊称，甚至是一篇作文错字连篇，学生连基本的语文文学水平都没有。

（二）审美情趣减弱

随着智能化技术的不断进步和发展，智能手机等一些智能化的终端设备不断出现，改变了人们传统的阅读习惯，再加上现在校园网在各大高职院校的不断普及，使得校园网络成为学校的一大亮点，但是随着校园网的不断普及，学生的阅读模式也在逐渐地发生改变，由原来的纸质阅读到现在的电子阅读，虽然学生的阅读形式有所增加，但是网络本身就是一个非常开放的环境，在该环境中网络著作的作者层次高低不同，有很多的小说都会涉及一些

玄幻、迷信甚至暴力等故事情节，这些很容易误导学生的人生观和价值观，甚至有可能引导学生误入歧途。

（三）语言规范淡化

随着网络语言的快速发展，将"我"说成"偶"，将"哥哥"说成"欧巴"等，受到这些网络语言的影响，很多学生在大学语文的学习过程中也非常喜欢使用这些词语进行遣词造句。还有在网络中经常会使用一些成语的谐音进行广告宣传，从而使得学生对成语的语义理解出现错误，背离了中华上下五千年的文化，影响了学生的审美情趣，甚至有可能影响到学生对现代语言的掌握。

二、网络环境下高职大学语文对人文素质提高的作用

（一）塑造人格，提升品位，增强人文底蕴

大学语文在帮助高职学生树立正确的思想意识的同时，还具有相应的文化传播作用，即通过对大学语文进行学习，高职学生能够增强自身文化素养，提升自己的文化品位。比如，在对我国古代的思想和作品进行学习的时候，在教师的引导下，学生会引发诸多思考：如人类的起源何在、人类文明的发源何在、人生、青春、情感的意义何在等等问题。在思索的同时，学生可以根据我国先贤们的经典著作和事迹来寻求问题的答案，充分挖掘其自身的人文情感和生命感悟。

另外，大学语文课本中所选取的作品思想性和审美性都相对较强，学生能够在阅读的同时受到感染和熏陶。所以，大学语文中的作品是学生与先贤思想之间的重要纽带，通过对大学语文的学习能够熏陶高职学生的人格、提升他们的精神品位，增强他们的人文底蕴。

（二）丰富精神世界，提升情感智慧

所谓文学，就是对人类文明的一种理解和感悟，归根到底是一种人学，是对人的精神世界的一种深入研究和理解。在文学作品当中，人们通过语言文字表达着各类思想情感和丰富的精神世界。所以，通过大学语文的学习，

能够帮助大学生们更加深入地认识世界和了解世界，为其独立走向社会做心理建设和思想转变。

情感智慧指的是一个人对自身情感的控制和表达的能力，也是人类面对各种环境进行自我调节的能力的重要体现，其主要反映出一个人的基本心理素质和交往技能、抗压能力以及适应能力等。从某种意义上来讲，人的情感智慧对于人生的影响要远远大于智力水平对人生的影响程度。所以，加强人文素质教育，尤其是通过大学语文中的情感情操的培养，能够有效地提升学生的情感智慧，对其综合素质的提高能够起到积极的促进作用。

三、网络时代大学语文教学改革的必要性

现代大学语文的设立源于改革开放之后，鉴于大学生汉语水平素养普遍低下，1978年，在匡亚明和苏步青先生的倡导之下，全国各高校开始设立大学语文课程。大学语文作为一门基础课程，几乎每一所高职院校都有开设，这本身就说明了它的重要性，但是如今却频遭冷遇。

一方面，课时不断遭到压缩，不断为专业课让路，教学地位日益下降，非专业人员担任教师，教学理念陈旧，教学模式单一，极大地降低了课程吸引力，严重影响到教学效果。

另一方面，网络时代知识信息传播的多元化和迅捷化，使得人们可以从多方面获取知识，本就已经边缘化的大学语文面临着存在的危机。同时，网络用语的普及以及电子产品的广泛使用，网络读物和低俗话语的普及更使得学生的汉语水平和人文素养大幅下降。所以，通过教学改革，让大学语文发挥应有的教育作用是十分必要的。

四、网络时代大学语文教学改革的途径

（一）教学理念和教学模式的改变

教学理念的陈旧与教学模式的单一化，在很大程度上影响到了大学语文的教学效果。很多高职的语文教师仍然固守高中语文教学理念，灌输式教育

使得语文课堂气氛沉闷，师生之间缺乏互动，极大地影响了教学质量。教学模式的单一化使得课程缺乏趣味性，对于多媒体的运用，很多老师仅仅是将网上的资料或黑板上的内容搬到电脑上，不能够充分利用多媒体的便利性及丰富的网络资源。

新形势下的大学语文教学首先应当转变教师的教学观念，教师要充分注意网络时代大学生的特点，寻找与学生的共鸣。比如开展口才训练、新闻写作、活动策划、诗词大赛等拓展性活动，充分调动学生的积极性，培养学生的人文素养和综合能力，改变学生对语文的不良印象。利用多媒体工具的便利性和丰富的网络资源，制作精美课件，打造网络精品课程，播放名家讲坛，提升课程吸引力。利用微信、QQ等社交工具开展名篇阅读、线上答疑等活动，鼓励学生通过网络发表作品，进而提升学生的汉语水平。

（二）准确定位大学语文，确立教学观念的开放性

以往的大学语文教材编写和教学，或强调大学语文的基础性、工具性和人文性，或突出培养学生的语文能力和人文素养，或提高审美能力，传承文化精髓。教师是课堂教学的主体，是知识的讲授者和传播者，学生是课堂教学的客体，是知识的接受者。本课题研究小组经过研究和讨论，一致认为，大学语文课程是学生进入大学后必修的一门人文素质课程，是提高学生的人文素养和语文运用能力的一门公共课程。准确定位大学语文，确立教学观念的开放性，要做到以下两点：

一方面，要实现教师角色的转换。网络时代的新型教师，是课程开发和教学研究的主体，要系统掌握现代教育理论，掌握一定的网络技术手段，能为大学语文课程教学构建适宜的网络教学环境，把现代科技手段和人文素质教育很好地结合起来。同时，教师要主动树立终身学习的观念，立足较高的知识平台，努力扩大视野，不断更新和扩充知识，形成开放的知识体系。

另一方面，要构建新型的师生关系。教师要摆脱传统观念的束缚，牢固树立"以人为本，提高人文素养，培养素质能力"的教学观念，一切教育教学活动都必须服从和服务于学生的学习。教师要深入了解不同专业学生不同

的职业能力要求，了解学生的学习心理，有针对性地制定大学语文课程的教学内容，采取适宜的教学方法，与学生形成一种平等交互的师生关系，充分发挥组织者、参与者、启发者和引导者的作用。

（三）教学内容应趋于多元化

教学改革的第一步就是要修订教材，要注重多元文化的渗透。首先，应该明确大学语文的准确定位，教材编写应当体现出创新理念。在语文教学的课堂上适度增加网络文化与大众文化的教学比重，借助兼容并包的精神和准则，选择具有审美性、人文性，同时还能够使学生心灵有所触动的作品开展教学活动，以期为学生积极营造一个良好的文学氛围和学习境界。如此，才能够更接地气，得到高职学生的普遍认可。针对这一问题，有学者专门进行过调查研究。根据调查，有90%左右的学生认为一些很"火"的网络文学作品是实力加人气之作，有趣有味有意义。

所以，教学中应该针对学生的兴趣，贴近他们的专业进行选文。比如，针对徐中玉主编的《大学语文》，教师进行教材选文可以包括清人郑板桥的《范县署中寄舍弟墨第四书》、日本著名画家东山魁夷的《心灵的镜子》和美国欧·亨利的《最后的常春藤叶》等文章；网络文学方面可以选择画家蒋勋的《蒋勋说〈红楼梦〉》、诺贝尔文学奖获得者莫言的散文诗《你若懂我该有多好》等，以及本土作家在省市级报刊以及自媒体平台上发表的原创小说和散文等。

这些内容具有一定的专业性而且贴近现实生活，能够很容易引起学生的共鸣，从劝学的角度也非常具有说服力。他们和文学作品中的人物对话和作者对话，以此反省自己、改变自己，使其精神世界不断丰富，内心逐渐强大，形成正确的"三观"。

（四）构建新型师生关系

网络时代所带来的信息化时代，使得所有的信息都拥有了共享的权力，不仅是教师可以获得相关的教学知识，学生只要在网络上检索信息，大量的信息就会呈现在学生面前。过去有"师者，传道授业解惑者也"的说法，教师似乎是所有知识的来源,是传递知识、垄断知识的人,教师永远扮演着圣人的角色,在学生的心目中可望而不可即。现代教师要转变传统的师生观念,树立"以学生为主体"的教学观念,时时刻刻将教学服务于学习者的观念放在第一位,建立伙伴型、朋友型的师生关系。在语文课堂上采取开放式提问的教学方法,激发学生的思维,让学生能够走上讲台,讲述自己对某篇课文的看法,答案也应该不是唯一的,而是具有多元性的特点。

(五)实现教师的角色转换

教师是课堂教学的主导者,具有主导作用。角色转换是由传统型教师向新型教师进行转变的过程。新型教师要具备多媒体操作能力以及课程开发的能力,教师不但要将精力放到教学软件的编制设计上,还要为学生创设有利的学习情境,引导学生去主动学习,凭借现代教育技术,开发新的校本课程,为学生提高更多有用的学习课程。在语文的教学活动中,新型教师要懂得利用新的教学软件,将课文的内容呈现在学生眼前,制作出富有想象力的画面,启发学生思考。这样语文课堂的气氛就可以活跃起来,学生学习的积极性和主动性也能够得到提高。新型教师要向学生"授之以渔",达到"认同其理"的效果。

(六)创设网络化的教学环境

网络时代为人们提供了丰富的信息资源,网络交流工具极大地改变了彼此之间的沟通方式。教师可以充分利用网络资源和信息技术让学生们共同参与到教学中来。创建网络交流平台,让学生可以在平台上自主交流,了解学生对语文课堂教学的意见和建议,根据学生的反馈,及时进行教学调整,让学生真正成为教学活动的主体,有利于学生设定合理的学习目标,提高学习的主动性,

此外,教师可以通过网络辅助教学的形式,可以通过为学生设立大学空间城,作为教师与学生之间的沟通交流平台,学生们在平台上可以畅所欲言,互相交流学习心得。教师也可以通过平台为学生推荐优质的课外学习资源,在平台上布置作业,在线解答学生的疑难问题等。也可以通过网络平台对课

上的知识点进行深入分析探讨,对交流过程中产生的新问题可以在平台上搜集资料答疑解惑。通过网络辅助教学平台的构建,可以增进师生交流,强化学生自我学习意识,实现教学互动,培养学生的思维能力和实践能力,进而提升教学效果。

(七) 人文精神引导个性化教学

迫于升学和就业的压力,语文学科在不同时期扮演了不同的角色,大部分高职院校将重心放在了能力的培养上,忽视了语文学科的精神性和人文性。网络时代为人们的生活方式带来巨大改变的同时也在潜移默化的影响人们的三观,高职学生作为网络时代的主体,通过语文教学中人文精神的教育,可以帮助学生树立正确的人生观和价值观,促进学生身心健康发展。所以,大学语文教师要将人文精神与语文教学实际紧密联系,把握人文精神内涵,通过个性化的教学模式,提高学生的审美能力,引导学生了解语文学科所特有的个性,提高语文学习的积极性。

第四节 改善高职大学语文教学方法和手段

一、动手动口,改善表达能力

(一) 采用话题演讲的形式,提高学生的口头表达能力

不要求学生各个都能言善辩,至少应该可以清晰完整流畅地表述出自己的意愿和思想,但是很多高职学生一到正式场合就会出现紧张局促,言语迟钝的情况。所以大学语文教学中,教师要改变"一言堂"的教学模式,采取启发式教学,因势利导,为学生创造表达自己的机会。话题讨论、演讲等是一种非常有效的形式。话题可以是教材的内容,比如对作家作品的分析鉴赏,也可是读书学习生活中的一些感悟,或者是特定话题的演讲。教师利用合适时机让学生发言,学生谈的内容会非常丰富,比如动画片的发展、古代的游戏和对联、玄幻小说、难忘的名著和电影等,虽然只是几分钟的时间,却能够有效拓展学生的知识面,激发学生的积极性,提高学生的口头表达能力,

体现大学语文的素质教育的特征。

（二）多写多改，提高学生的书面表达即写作能力

写作在语文教学中一直是个难题，教师难教，学生难写，效果非常不明显。语文教学中的作文课大多比较空洞死板，学生们挖空心思闭门造车，教师多是"结构完整、中心明确"之类的套路式的评语，真可谓是流程式教学："空洞的指导—冰冷的命题—苍白的分数—老套的评价"。基于此，教师必须改变这种教学方式，把写作落实到大学语文课堂上，充分激发学生表达的欲望，真正提高学生的写作能力。

写作的内容形式是多种多样的，可以写感悟，可以叙心情，可以论观点，也可以或长或短地写出心中的任何感受，关键是动笔去写，让写作成为一种习惯。比如，让学生鉴赏周杰伦《菊花台》的歌词，高职学生对这首歌旋律都非常熟悉，而歌词当中化用了很多的古典诗词，意境很美。学生对之有兴趣，就能够写出很多精彩的赏析文章，也就能够逐渐改变对写作的态度，体会到写作在生活中是无处不在的，具有较强的实用性。这是提高学生综合素质的一个重要方面。

二、更新传统教学模式，创设"教师主导—学生主体"的教学模式

教学模式的设计应该根据教学目的、教学条件以及教学对象来确定。传统的大学语文教学模式是以"传递—接受"的教学理论与"刺激—反应"的行为主义学习理论作为指导的"以教师为中心"的教学模式。释题、作者介绍、写作背景、课文大意、字词讲解、主题归纳、特点总结等等成为大学语文课堂教学的固定模式。运用这种教学模式组织教学，教师是课堂的主宰，学生是被动的知识接受者。本来是富含人文内蕴、情感价值和审美趣味的学科，这种教学模式无疑将一篇篇优美的作品分肢解体，使其成为一堆摆设整齐、逻辑井然却了无生气的零件。

"以学生为中心"的教学模式是在建构主义学习理论的指导下，在现代

化教学手段的支撑下下，以学生自主学习为中心、教师引导学习为重要前提、多种媒体教学资源为支撑的"导学—自学—助学"模式。

用这种教学模式组织教学，有利于培养学生的创造性思维以及学生创造力的培养，但是如果完全采用这种模式，在当前大班授课的情况下教学的组织调控会显得比较困难。

根据相关的调查资料发现，学生渴望的是一种授课方式较为灵活、课堂气氛比较活跃、课堂信息量大的教学环境。其介于"以学生为中心"和"以教师为中心"两种模式之间的"教师主导—学生主体"的教学模式，既注重发挥教师的主导作用，又能够发挥出学生的认知主体作用，能够充分调动教与学双方面的积极性，比较适合当前大学语文教学的实际，可操作性较强。用这种教学模式组织教学，教师不仅是知识的传授者，更多的是课堂教学活动的组织者和学生学习的引导者。

三、采取多媒体教学法

随着电脑的日益普及，多媒体课件的运用，使得大学语文教学方法步入了现代化的历程。在多媒体教学的发展当中，有很多成功的经验，也有令人值得吸取的教训。多媒体课件的应用，确实能够给课堂教学带来新的面貌：诗歌与抒情散文的配乐朗诵，根据小说和戏剧改编的影视剧作的精彩片段等等，丰富了教材内容，创造了艺术氛围，激发了学生的浓厚兴趣。于是有人认为，在"读图时代""无纸化时代"，传统的教学手段肯定是枯燥无味的，现代多媒体教学必然会获得好评。

基于这种认识，一些教师特别是很多青年教师完全依赖于多媒体，讲课的时候看着屏幕上的文字照念不误，略为解释几句就算是完成了任务，或者至多再展示几幅无关紧要的图片，整堂课没有板书一字。结果，学生不知哪些是重点、难点，师生之间也缺少心灵的碰撞、情感的交流以及思想的沟通。现在有些学生只喜爱"读图"而不知道读书的乐趣，离开电脑就不会提笔写文章，这种情况非常值得注意。笔者认为，即便课件中存在再精美的图画，再生动的形象，也不能完全取代学生阅读文字文本之后的审美感受。

只有当学生认真钻研作品，体会文字内含的思想、情感及其文化意蕴，再结合个人的生活经验、知识积累，通过想象与联想把文字转化为具体的人物、景物、氛围的时候，才能够真正提高其思维能力、审美能力和写作能力。否则，他人再创造的"图"读多了，学生的阅读能力、想象能力和鉴赏能力反而会受到限制（文学作品尤其如此）。

所以，语文教师在运用多媒体进行教学的时候，不仅要提高课件制作的质量，而且要处理好几个关系：即传统媒体与现代媒体的关系；多媒体运用与教师讲授的关系；多媒体课件与教材的关系。

四、采取探究式的讲授法

大学语文课程本来就是一门较为灵活、生动的基础课程，在多年的教学活动中，我们一直都是以教师教授为主，学生学习为辅的方法进行授课。但是面对21世纪的信息时代发展，这样的方式已经不能适应当下的工作环境。所以，我们必须尝试让学生改变以往教师一味灌输的上课方式，通过学生自主学习，自我理解，让学到的知识转化为自己可以有效吸收的东西。

教师通过归纳讲授法、跳跃讲授法、综合讲授法、要点串讲法以及问题串讲法等手段，为学生提供适当的帮助，教师把教学重点放到引导学生对课文的自主探究上，提高学生的阅读理解和鉴赏作品的能力与水平。这样一来，既能够训练学生独立思考的能力和创新精神，又可以使教师的授课充满高度和水平，使学生真正学到知识。

五、采用导读法

坚持"学生为主体、教师为主导、训练为主线"的三线和"自读式、教读式、练习式和复读式"的四式模式的授课方式，让学生通过对语文教材的阅读和理解，达到认识教材和教材所反映的客观事物的目的。而且，建议学生采取自读式，通过教师的简单引导，让学生重塑学习理念，开始自我主动

进行学习。

六、利用图书馆教学

大量阅读是学习语文一直提倡的方法和模式,在高职院校开设大学语文同样可以使用这样的方式。教师在上课的时候开具一些相关的书目,并对书籍的相关作者和背景进行简短的介绍,让学生课后进行阅读。此外,可以利用学校的图书馆或者期刊阅览室让学生进行大量的课外阅读,还可以运用多媒体,建立电子阅览室,让学生进行阅读;定期举办一些与大学语文相关的选修课或开设一些与大学语文相关的讲座;组织一些文学沙龙,让学生有发挥自己特长的机会,有展示自己才华的可能等等。

七、建立师生互动型教学方法

师生互动型教学方法主要指的是在教学过程中,教师通过引导或设置情境,充分激发出学生的学习热情,让学生能够积极参与到教学活动的整个过程中。在这一过程中,师生为探究某一问题而进行对话。在对话过程中,师生各自可以凭借自己的一些经验,用自己独特的精神表现方式,通过心灵的沟通、意见的交流以及思想的碰撞,实现知识的共同拥有与个性的全面发展。具体来讲,互动式教学使得学生能够与教师面对面地交换见解,使双方的见解都可以得到检验,做到教学相长。

在互动式教学中,课堂不再是教师唱独角戏的舞台,不再是学生等待灌输知识的接受站,而是师生双方对自己的知识经验、学习态度、逻辑思维、言语表达、团结协作等能力进行检验,对于学生自信心的产生具有非常大的帮助作用。师生之间和生生之间的交往与合作是教学的本质属性。师生之间的交往与合作关系不只是知识的传递关系,而是具有共同话题的对话关系。学生与教师对话也是互动的。在教学过程中起主导作用的教师,其工作的目的是要与学生的发展要求保持一致,这从客观上要求教师要尊重并满足学生对发展的追求,尊重学生的发展规律,采取互动式教学。

八、提高大学语文教师的综合素质

师资队伍的建设比较薄弱是导致大学语文教学质量不高的一个关键问题。因为教师在公共课方面所花费的精力比在专业领域方面所花费的精力少得多，使得大学语文教师的人数较少，而且在学历、年龄及职称等方面的比例划分非常不协调，教师的综合素质也需要进一步提高。

大学语文教师首先应当具有非常丰富的专业理论知识，古今中外的历史文化都应该有所涉猎，要具有渊博的知识，可以让学生信服，在课堂教学过程中应该充满活力，能够运用高超的语言艺术让学生如沐春风，在潜移默化当中使学生的语言素养得以提高。语文教师对待生活和教学都应该始终保持着乐观积极的态度和热情，进而使这种积极的力量影响到学生，增加教师与学生之间的互动，使师生之间的关系可以更加融洽。利用现代化的教学手段，把多媒体技术与传统教学手段进行有效结合，扬长避短，使教学质量得以提高。

我国在不断推进素质教育，而素质教育的真正实现必须要依赖于课堂教学的创新与教学制度的改进来进行，素质教育的真正目的在于培养学生综合素养，使学生可以得到全面的进步与发展。而学生是否真正得到全面发展，其中一个非常重要的检验标准就是学生所在学校的发展水平。教学制度的不断创新能够促进教师的专业成长与素质教育的开展，只有在大学语文教学活动中不断进行教学理念和教学方法的创新才能使学生的思想观念得到更新，思维方式得到拓展。随着现代社会的不断进步与发展，科技越来越进步，经济社会不断繁荣，科教兴国的人才培养战略进入了成熟阶段，而学生能否从课堂教学活动中收获最有价值的教育信息，就成了人才培养中最值得关注的部分。大学语文进行创新性教学将会越来越被人们所重视，在人才培养中也将会发挥出更大的作用。

九、改革评价手段，探索合理的评价方法

大学语文教学正确的评价方法应该能够反映出学生语文能力的提高，语

言能力的长进。而传统的考试方法除了终结性的笔试或书面考查，几乎不存在其他更能体现语文特色的办法，这已经不能够适应高等职业教育教学的要求。所以，应该积极探索建立既能够体现出学生日常学习状态，又可以体现出学生学习成果的考试、考核制度。可以尝试以下几种方法：

第一，推行学分制。确保考试、考核能够涵盖学生学习的整个过程，做到对平时作业有成绩、课堂发言讨论有记录、课外征文比赛获奖或在报刊上发表文章有加分等，年终的时候综合各个方面学分评定学生成绩。

第二，改进考试形式。将以知识考核为主改为以能力考核为主，改单纯的闭卷考试为开卷、闭卷、口试、笔试以及课内与课外相结合的灵活形式，使考试形式灵活多样。

第三，改重写轻说为说写并重。改变传统考试中重写轻说的现状，在不弱化对"写"考核的同时，加大对"说"考核的比例，增加演讲、讨论课、分角色表演等方面的分值，借以提高学生口语训练的积极性。

第五节 改变高职大学语文考核模式

一、传统考核方式存在的弊端

（一）平时成绩的评定没有统一尺度

目前各高职院校得大学语文类课程考核方法基本上和下面所提到的一样：大学语文总成绩由平时成绩和期末成绩两部分组成，一般平时成绩占总成绩的10%～40%，平时考核的方式与内容也比较随意，大部分院校主要是根据学生出席或课堂表现情况酌情给分，也有一些高校根据平时出勤和作业的完成情况给分。这样的考核方法虽然有其优越性，但是其缺陷也是比较明显的，在这种没有尺度的情况之下，教师往往会出于同情或其他原因，对学生的评分相差无几，而且分值普遍比较高。

（二）试题库与现实之间的矛盾性

矛盾之一，传统的解读与现实的矛盾。由于大学语文课程中的某些内容与现实结合比较密切,"呈现出非序性、情感性、形象性的特点",在当今这个多元化思想相互碰撞较为激烈的社会当中,学生对于某种情感的认识一般不会拘泥于传统的理解和解读,这时我们的标准化的试题就会陷入一个比较尴尬的境地。

矛盾之二,试题内容与高职院校人才培养之间的矛盾。高职院校主要是培养高素质的技能型人才,但实际上,标准化试题的建立背离了高职院校的人才培养的初衷,仅仅靠一张试卷,希望可以全面考核学生的语文能力,毫无侧重点,可以说与其他非高职院校毫无区别。

(三)开卷比较随意

由于受到应试教育、标准化考试的影响以及教学内容、教学方法的限制,高职院校大学语文考试很多都会采用闭卷的方式考核,但是也有一些院校采用的是开卷形式,期末考试或者让学生交一篇给定范围的小论文或随堂开卷考试。这种测试是否可以真正反映出学生学习大学语文的真实水平,我们不敢肯定。开卷考试通常会使得学生忽视该学科的重要性,所以开卷考试对于学生的学习态度具有一定的负面影响。

(四)考题的难度偏低

考试的内容难度偏易,不能够引起学生足够的重视;偏难,似乎又不太应该,毕竟高职院校的学生的专业不是中文。目前很多院校由于种种原因,普遍把考题的难度降低,所以出现了如学生认为根本没有必要学习大学语文的想法等这样的负面效果。

(五)考评标准缺乏公平性

大学语文课程的最终考核在不同学校、相同学校不同老师的设定中存在着比较明显的差异,虽然综合考核比例有所规定,但是就平时成绩来看,教师的随机性和主观能动性决定了学生成绩的高低,由于作品完成情况、学生课下动手操作能力、期中考试等相对来说比较复杂,不管是从对成绩统计还是从汇总分析角度来看,都需要教师花费较多的精力,所以在实践当中很容易被教师所摒弃。

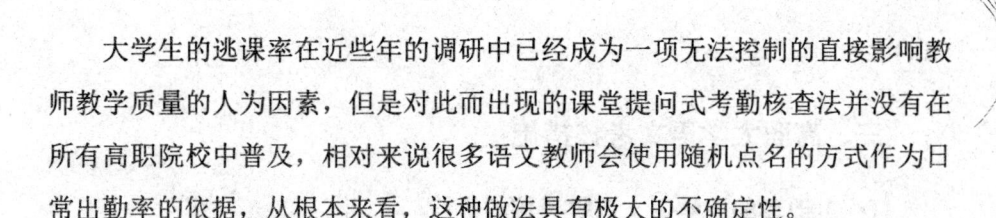

大学生的逃课率在近些年的调研中已经成为一项无法控制的直接影响教师教学质量的人为因素，但是对此而出现的课堂提问式考勤核查法并没有在所有高职院校中普及，相对来说很多语文教师会使用随机点名的方式作为日常出勤率的依据，从根本来看，这种做法具有极大的不确定性。

二、大学语文课程考核评价体系的特点

（一）开放性、过程化

除了制定课程考核评价体系，高职院校还应该根据各考核项目建立相应的学生成绩登记表以及评分依据，充分利用 QQ、微信等便捷、即时、互动性较强的特点，及时在教学群里面公布各考核评价观测项目成绩。其中作业、课堂交流互动、课外实践训练、语文阅读周记等四个过程化考核项目的成绩应该尽量做到勤于公布，其他三个考核项目的成绩待项目完成以后公布到群里。这样每个学生都可以根据评价体系随时核算自己、查看他人已获成绩，并及时调整自己的学习状态和学习投入。

（二）个体考核与团体考核相结合

团体考核主要体现在调查报告与阅读周记、班级活动以及部分课外拓展训练项目的成绩上等方面。第一次上课的时候，教师可以建立 4 人为一组、由学生自由组合的学习小组，然后根据不同的训练项目采取相应方式共同完成任务，组内成员共享小组相应的平时成绩，以此引导学生淡化基础教育阶段形成的纯个体式学习模式以及"为教师而学习"的思维定式，逐步建立"我能怎样，团队成员希望我怎么样"的反思自省式学习习惯和团队合作意识。

（三）比较公平全面地体现了学生的学习状况

常言"语文的外延等于生活的外延"，语文教学活动只有置于现实的生活背景中才能够真正实现"学"和"用"的有机整合。新的考核评价体系打通了大学语文考核内容与学生学习生活的通道，延展了大学语文的教学内容方式与学生的学习空间，并且通过这样的考核方式，引导和训练学生多方面能力，比如，团队协作能力、组织策划能力、口语表达能力、探索研究自主学

习的能力。

三、高职大学语文考核措施

（一）改革的大学语文课程考核的优势

大学语文课程是涉及全校最为广泛系院、最为广大学生的课程，很多院系的学生除了这一课程之外，就再也没有接触中国文化、中国经典文学作品的课程，再也没有提高语文基本能力的课程。儒家典籍《大学》开篇明义："大学之道，在明德，在亲民，在止于至善。"雅思贝尔也曾经说过："教育是人的灵魂的教育，而非理智知识和认识的堆积。"大学语文课程应该借助"经国之大业，不朽之盛事"的经典文学作品，潜移默化地体现出大学之明德、亲民、至善之道，为学生奠定了优良深厚的人文精神的底子，夯实学生语文基本素养以及阅读交际的基本能力。

大学语文课程不但其本身具有上面所说的课程性质优势，而且课程设置也存在着不可忽视的优势。大学语文课程大多为考查课，没有考试课的压力，教师可以放开手脚增强学生语文修养的培养以及语文基本技能的训练，学生也可以不围绕着最后的一张试卷来进行识记，而是扎实地以每一次佳作的赏析以及基本技能的训练作为中心，切实地增强语文修养与基本技能。

教育部高教司《大学语文教学大纲》（征求意见稿）中指出："在全日制高校设置语文课程，其根本目的在于：充分发挥语文学科的人文性和基础性特点，适应当代人文科学与自然科学日益交叉的发展趋势，为我国的社会主义现代化建设培养具有全面素质的高质量人才。"这一说法在高职院校中也同样适用。为了改变传统高职院校中大学语文课程的考核弊端，实现大学语文课程教学考核的新优势，高职院校语文教师以及相关人员必须要对其进行考核改革，以发展性考核评价为目标，定性考核评价与定量考核评价相结合。

（二）转变观念，树立学在平时、考在平时的评价观念

大学语文的教学目的区别于中小学语文教学，其主要是在中小学语文的基础之上提升大学生母语的应用能力与人文素质。考核考试是为教学目的所

服务的，所以，大学语文考试应该紧紧围绕着学生母语应用能力以及人文素养来进行。而要在考试当中得以实现这一目的，首先应该重视平时的测试与考核。当下大学语文考核的主要方式依旧是一考定音，即一张期末试卷或一篇论文就决定了学生全部的文化素质，至多让平时成绩占30%，期末成绩占70%，这种考试模式还是没有摆脱应试的窠臼，根本没有办法有效实现既定的教学目的。

笔者认为，一个学生的文化素养与欣赏、表达、写作能力主要是在平时显现出来的，所以想要通过考试的手段来切实提升学生的文化素养和母语应用能力，就必须要转变观念，树立学在平时、考在平时的评价观念，注重平时的各种测试，加大平时的成绩比重，可以扩大至总成绩的50%，这样才能够真正激发学生平时的学习积极性。

（三）量化平时成绩，提高学生读、说、写能力

高职院校着重强调培养学生的技能，而且大多数学生的语文基础相对来说比较薄弱。目前企业招聘，不仅需要其具有较强的专业技能，还需要学生具备一定的读、说、写等基本能力，而在平时教学的考核中，读、说、写能力是很难通过一张试卷考核出来的。所以在大学语文课程考核当中，老师应该根据学生的实际情况，设计出可以体现与强化学生各种能力的训练，尽可能科学、客观地量化平时成绩，以便更好地培养学生的各种能力。比如，把平时成绩的50%分摊给读、说、写三种能力的考核，如课堂提问、朗诵比赛、合作学习、演讲、写作大赛等考核方式，能够更加深入了解学生平时在课堂上的表现、课后作业情况以及能力展示等，可以充分调动学生读、说、写的欲望，大胆地表述自己的见解，尽情展示自我个性，进而发展学生的主观能动性。所以平时成绩不仅体现出了学生的学习状态，也有利于提高学生读、说、写能力，使其更好地适应社会。

（四）改革考卷，提高学生语文基础能力

语文是一门知识型学科，学习基础性知识是学好语文的重要基础。在高职院校大学语文教学活动中，由于很多的学生语文素质普遍较低，再加上应试教育所带来的学习压力以及标准化考试的刻板与教条，高职院校大学生语文教学质量水平普遍不高，阅读能力、理解能力和写作能力都比较差，久而久之就会打击学生自信心，阻碍学生健康发展。大学语文试卷考核通常是以文学常识和写作为主，忽视了语文基础能力的考核。因此，学校和任课教师应该注重试卷内容与题型的改革与优化。考试成绩的另外一部分，占50%的期末考试卷，应该包括文学常识、经典作品背诵、阅读理解、写作等必要的语文知识，基于平时训练与考核工作，需要再答做一张语文试卷，不但可以帮助教师检验学生的学习成果，还有利于巩固已学知识，科学客观地判断学生学业成绩。

（五）语文能力类考核评价指标活动化

语文能力的提高是建立在反复训练的基础之上的，只有通过训练，听、说、读、写能力才能够真正习得；只有通过训练，观察能力、逻辑思维能力才能够得到有效提升。当然，训练的内容并不仅仅局限于做一些习题，或者参加ZHC（国家职业汉语能力测试）就可以了，由于语文能力的综合性与运用性，大学语文的训练更应该注重以多样化的语文活动让学生得到全方位的锻炼和发展。以学生在演讲、辩论、专题讨论等活动中的表现作为语文能力的考核评价标准，不仅更真实、更全面，同时也可以引导学生找到自身差距。一句话来说，活动化的考核评价指标能够反映出学生语文能力究竟强不强。

（六）人文精神类考核评价指标注重动态变化性

人文精神是一个人的内在生命，具有潜在性的特点，而且是诸多因素共同作用的结果。人文精神的培育主要是通过个体的感知与体悟，大学语文在这一过程中主要是起到了提供养分的作用，一篇篇、一部部中外经典名作，无不在潜移默化地影响着学生的人生态度、人格操守和精神境界。只有注意到精神成长的综合性因素和动态性发展，教师才能够做到从每一次学生的听课、讨论和作业的情况中考评他们的人生理想、价值取向和审美情趣，也才能精心设计出教学内容引领学生真切地去感受、去感悟，提升他们的人文精神。所以，动态性的考核评价指标要明示的是学生的态度、情感、审美有没有变化和提高。

（七）在考核方式上，建构多元评价体系

大学语文考核可以采取多种多样的形式进行。比如，"考试与考查结合、笔试和口试结合、闭卷与开卷结合、规范的考纲和教师自主选择相结合"等等。特别是日常评定与考核，能够有效加深学生对母语水平的了解，敦促学生努力学习，奋起直进。考核形式的多种多样以及考核的连续性，可以使学生长期处于自觉努力学习的状态当中，避免考试临时突击，出现大幅度偏差，对学生的学习水平的测试有失公允。所以，教师对学生的考核应当贯穿于大学语文教育的整个过程之中。

（八）日常动态生成式考核与期末静态试卷式考核相结合

1. 期末静态试卷能够实现全员、全方位考核

期末静态试卷既可以达到全员、高效考核，又能够进行写字、行文、思维、习惯等基础素养考核，真正实现全员、全方位考核。

《大学语文》课程是全校性的课程，涉及范围非常广泛，人员也比较多，经常是三四个班合为一个大班上课，所以静态试卷考核是一个非常必要的手段，可以由此来全员性、高效率地考核学生的学习收获。

语文主要是以语言文字为目的，同时也是以语言文字为手段的学科，具有极强的应用性。但是，现在的学生大多数在之前的学习中只注重语文知识掌握了多少，能够获得多少分，很少在应试教育中可以扎实地掌握写字、写作的基本技能；加之当下学生多使用电脑等科技手段，动手、动笔的机会越来越少，所以我们在常规考核标准下应该注重考核学生写字、行文、思维、习惯等基础素养考核。

2. 日常动态生成式考核既能凸显学生个性，充分以学生个体成长为本，又能以考代教，以考促教

现代教学论认为："教"与"学"是相互统一的，学生也应该参与到"教"的活动中来，让学生动起来，达到教学资源生成与知识建构的重要目的。《大学语文》课程是全校性的，涉及全校非中文专业的全部院系，并且经常会有

几个系院在一起上课的情况，所以，我们变人员众多的弊端为优势，打破传统只有在整个教学结束时唯一考试的形式，形成了依据教学内容、依据学生表现、依据课堂活动等多元的日常动态生成式考核，记入总成绩。

参考文献

[1]许华春.高职语文教学指导书[M].浙江大学出版社，2010.

[2]曹洁萍.高职应用语文[M].高等教育出版社，2012.

[3]谷荣.高职语文读说写[M].北京交通大学出版社，2011.

[4]蒋东玲，何国强.新理念高职语文[M].北京交通大学出版社，2009.

[5]赖娟.高职大学语文教学现状分析及对策[J].佳木斯职业学院学报，2017，(11)：47.

[6]张晓红.浅议高职大学语文教学的瓶颈和出路[J].教师，2017，(24)：36.

[7]孙艳红.高职大学语文课程改革与再建设[J].包头职业技术学院学报，2017,18（02）：40-43.

[8]华夏.高职院校大学语文教育中应用文写作教学策略研究[J].职业技术,2017,16(05)：89-90.

[9]王莹.寓中华优秀传统文化于高职大学语文课程建设之中的策略研究[J].济南职业学院学报，2017，(02)：6-7+92.

[10]吴学科，张汉波.网络背景下高职大学语文课堂空间拓展研究[J].考试周刊，2017，(27)：143-145.

[11]王大福.高职院校大学语文教学现状与改革探析[J].课程教育研究，2017，(10)：52-53.

[12]张熙.提高高职高专学生应用文写作能力的途径分析[J/OL].北方文学（下旬），2017，(01)：148.

[13]葛雅萍.优秀传统文化传承背景下的高职大学语文课程教学改革[J].文学教育（下），2017，(02)：64-65.

[14]周奕含.基于项目教学法的高职大学语文教学改革[J].课程教育研究，2017，(08)：44-45.

[15]熊佳红."互联网+"视域下高职院校大学语文教学探讨[J].天津电大学报，2016，20（04）：62-65.

[16]宋芹.高职院校大学语文教学中存在的主要问题及对策初探[J].才智，2016，(36)：153-154.

[17]顾春花.高职大学语文课程的项目化教学探索[J].语文学刊，2016，(12)：108-110.

[18]姚江红.高职大学语文与中学语文课程性质比较研究[J].语文学刊，2016，(12)：154-155+176.

[19]郑红.浅谈高职院校网络化大学语文课堂教学[J].现代职业教育，2016，(34)：10-11.

[20]王桂英.浅谈高职大学语文模块化教学[J].教师，2016，(32)：22-23.

[21]徐小群.互动教学法在高职院校大学语文教学中的可行性分析[J].才智，2016，(28)：189.

[22]龚莉.高职院校大学语文有效课堂教学管理初探[J].语文建设，2016，(24)：19-20.

[23]周雨.高职《大学语文》课程教学与专业融通的思考[J].职业时空，2016，12（04）：66-68+83.

[24]李静，张筠，李源清.高职学前教育专业《大学语文》教材改革的思考[J].高教论坛，2016，(07)：36-38.

[25]蓝如中.网络环境下高职大学语文课程教学改革的几点思考[J].黄冈职业技术学院学报，2016，18（03）：37-39.

[26]仵兆琪.高职高专大学语文互动教学探究[J].亚太教育，2016，(15)：115.

[27]王楠.浅析高职院校大学语文教学现状与改革路径[J].求知导刊，2016，(11)：96.

[28]刘维国.高职大学语文面临困境原因探索[J].文教资料，2016，(09)：28-29.

[29]项璇.基于课程建设的高职院校大学语文教材编写思考[J].语文建设，2016，(02)：19-20.

[30]赵蜀玉，马丁.大学语文在高职人文素质教育中的重要性[J].时代教育，2015，(24)：69-70.

[31]唐明明.强化高职院校大学语文教学文化传承功能的若干思考[J].开封教育学院学报，2015，35（12）：146-148.

[32]魏向阳.高职院校大学语文教学存在的问题及改革措施[J].河南财政税务高等专科学校学报，2015，29（06）：71-73.

[33]常欣.高职院校大学语文考核方式改革之我见[J].高考（综合版），2015，（12）：168.

[34]陆玉娥.新时期如何以大学语文为核心加强高职学生人文素质教育[J].语文学刊，2015，（21）：117-118.

[35]任江维.高职《大学语文》教学改革思考及对策[J].中国职业技术教育，2015，（29）：87-90.

[36]程颖.互动教学法在高职院校大学语文教学中的可行性研究[J].哈尔滨职业技术学院学报，2015，（05）：33-34.

[37]许燕.高职大学语文教学改革的探究[J].企业导报，2015，（18）：71-72.

[38]宋凤龄.网络环境下高职大学语文教学评价体系的构建[J].湖南大众传媒职业技术学院学报，2015，15（05）：81-83.

[39]易前伟.高职大学语文教育现状分析及对策[J].中国成人教育，2015，（15）：181-183.

[40]何哲群.项目教学法在高职"大学语文"课堂的应用——以《雪花的快乐》教学为例[J].岳阳职业技术学院学报，2015，30（04）：63-65.

[41]蔡江.高职院校大学语文互动课堂的构建策略[J].管理工程师，2015，20（03）：65-68.

[42]张莉.论高职大学语文和应用文写作课程衔接[J].吉林广播电视大学学报，2015，（06）：49-50.

[43]喻春玲.从审美阅读的角度谈高职语文教学[J].陕西教育（高教），2015，（06）：73-74.

[44]易小会.基于职业汉语能力培养的高职大学语文教学改革研究[D].江西农业大学硕士学位论文，2015.

[45]曹丽萍.发挥大学语文的育人功能提高高职学生的人文素养——湖北省教育科学"十二五"规划课题大学语文教学与高职生人文素质培养的研究[J].襄阳职业技术学院学报，2015，14（03）：137-139.

[46]武文雯.文化素质教育视域下高职《大学语文》问题与对策[D].四川师范大学，2015.

[47]江朝辉，彭华姣.高职"大学语文"项目教学法与专业特色结合探讨——以《诗经·蒹葭》教学为例[J].安徽文学（下半月），2015，（04）：130-132.

[48]张莉.高职院校大学语文课程考核方式新思路[J].吉林广播电视大学学报，2015，（04）：66-67.

[49]高文英.高职大学语文项目化教学改革与创新[J].中国成人教育，2015，（07）：139-140.

[50]潘满全.高职院校大学语文教学中项目教学法的应用[J].中外企业家，2015，（11）：180.

[51]王洪生.高职大学语文教学方法改革探析[J].课外语文，2015，（08）：94.

[52]张国玲.大学语文教学与高职生就业软实力的培养[J].开封教育学院学报，2015，35（03）：143-145.

[53]汪艳.高职语文教学中问题教学法的应用浅谈[J].才智，2015，（03）：217-218.

[54]韩玉.大学语文课程改革对提升高职学生人文素质的路径探索[J].中国校外教育，2014，（36）：125.

[55]尤延生.高职院校《大学语文》项目化教学改革的思考[J].天津职业院校联合学报，2014，16（12）：60-62.

[56]唐骋帆.试论"以学生为主体、教师为主导"教育理念在高职高专大学语文阅读教学中的应用[J].现代语文（学术综合版），2014，（12）：89-90.

[57]刘志庆.高职语文教学方法作用和地位[J].品牌（下半月），2014，（11）：193.

[58]韩玉.大学语文课程改革对提升高职学生人文素质的路径探索[J].中国校外教育，2014，（33）：193.

[59]潘美明.基于职业核心能力培养的高职"大学语文"教学改革探究[J].兰州教育学院学报，2014，30（11）：79-81.

[60]唐骋帆.试论高职高专大学语文阅读教学模式创新[J].柳州师专学报，2014，29（05）：85-87+91.

[61]路小燕.高职大学语文课程开设方向的调查与实践探索[J].佳木斯职业学院学报，2014，（09）：25-26.

[62]邓洁莹.关于高职院校大学语文教材建设的问题研究[J].吉林省教育学院学报（中旬），2014，30（09）：126-127.

[63]李金颖.当前高职大学语文教育的困境及对策建议[J].辽宁经济管理干部学院(辽宁经济职业技术学院学报)，2014，（04）：101-102.

[64]唐骋帆.凸显职业差异性——高职高专大学语文阅读教学策略探析[J].柳州师专学报,2014,29(04):119-121+118.

[65]刘康声,李瑛,张丹."大学语文"的文化素质培育功能探究——吉林省6所高职院校大学语文课程的调查[J].厦门城市职业学院学报,2014,16(02):37-41.

[66]陈云.论高职高专院校大学语文教学的情境教学法[J].柳州师专学报,2014,29(03):98-100.

[67]王培环.强化大学语文教学提高高职高专学生人文素质[J].山东商业职业技术学院学报,2014,14(03):76-78.

[68]曹丽萍.大学语文教学与高职生的人文素质培养[J].文学教育(下),2014,(05):60-61.

[69]杨营.高职院校大学语文中的应用文写作教学方法探析[J].科技创新导报,2014,11(15):143.

[70]张立英.高职院校人文素质教育在大学语文教学中实现的途径[J].吉林省经济管理干部学院学报,2014,28(02):105-108.

[71]仲崇霞.对在网络环境下高职大学语文教学改革的几点思考[J].文教资料,2014,(10):23-24.

[72]李芳.对高职院校《大学语文》教学改革的几点思考[J].教育理论与实践,2014,34(09):22-23.

[73]魏彤光.关于高职院校大学语文教学的思考[J].辽宁高职学报,2014,16(01):30-32.

[74]刘邦凡,张松竹.高职院校大学语文课程建设与发展策略[J].语文学刊,2013,(23):95-96.

[75]肖斌.试论高职院校大学语文教学存在的问题及对策[J].语文学刊,2013,(23):136-137+139.

[76]邓梦兰.高职院校《大学语文》教学中渗透人文素质教育的探索与实践[J].职教论坛,2013,(32):66-68.

[77]张明.网络环境下的高职大学语文教学策略[J].学园,2013,(29):15-16.

[78]刘芳.运用现代教育技术构建高职语文情境教学模式的研究[J].文教资料,2013,

（25）：34-35.

[79]张立山.高职院校工学结合有效模式下大学语文教学探索[J].中国成人教育，2013，（15）：164-166.

[80]杨桃.把握高职生的特点实现高职大学语文的有效教学[J].职业教育研究，2013，（07）：111-113.

[81]田素芹.高职大学语文教学中优秀传统文化教育实施策略研究[J].天津商务职业学院学报，2013，1（02）：59-61.

[82]于晓楠.我国高职院校《大学语文》课程教学研究[D].江西农业大学硕士学位论文，2013.

[83]张松竹.我国高职院校大学语文教育管理的困境与发展研究[D].燕山大学硕士学位论文，2013.

[84]潘晨.项目教学法在高职基础课《大学语文》中的应用[J].中小企业管理与科技（下旬刊），2013，（03）：289-290.

[85]华春兰.高职院校大学语文课程有效教学的探讨[J].长春理工大学学报，2013，8（03）：134-135.

[86]李昆蔓.对高职大学语文教学现状的评述和教学改革[J].现代交际，2013，（02）：190-191.

[87]周峰.论高职大学语文的课程标准[J].教育与职业，2013，（03）：131-133.

[88]李彬彬，林莉.浅析新形势下的高职应用写作教学[J].时代教育，2012，（23）：232.

[89]蒋文化.中国传统文化对高职生人文素质的影响与强化——以《大学语文》教学为例[J].剑南文学（经典教苑），2012，（09）：332-333.

[90]杨桃.高职大学语文课堂要突出学生职业核心能力的培养[J].职教通讯，2012，（24）：37-39.

[91]吴兰.高职院校大学语文课程教学研究[J].学园（教育科研），2012，（16）：30+33.

[92]曲伟.高职语文课程项目化教学探索[J].时代文学（下半月），2012，（07）：207-208.

[93]马延军，张宪立.谈高职院校大学语文教学与审美教育[J].辽宁高职学报，2012，14（02）：30-32.

[94]王宝岩.高职院校大学语文教学的改革与实践[J].现代教育科学，2012，（01）：92-93+95.

[95]洪群英.高职院校《大学语文》课程教学法探析[J].大众文艺，2012，（01）：235-236.

[96]于娟.高职语文项目教学法初探[J].教育教学论坛，2011，（29）：148-149.

[97]魏艳伶.关于高职院校大学语文教学内容的思考[J].当代职业教育，2011，（10）：44-46.

[98]丁雪艳.高职大学语文网络化教学探索[J].中州大学学报，2011，28（04）：86-88.

[99]李宏涛.浅议高职大学语文教学的瓶颈和出路[J].延安职业技术学院学报，2011，25（04）：61-63.

[100]肖兰萍.高职语文教学模式探析[J].时代教育（教育教学），2011，（08）：210-211.

[101]丁雪艳.网络教学环境下高职大学语文走向[J].科教导刊（中旬刊），2011，（07）：115-116+143.

[102]王敏.人文素质教育观照下的高职高专大学语文教学改革初探[J].商丘职业技术学院学报，2011，10（03）：118-119.

[103]郭红娟.探索网络环境下高职大学语文探究式阅读教学的理论和实践意义[J].中国教育技术装备，2011，（18）：159.

[104]张守兴.高职大学语文教学的拓展与延伸[J].高等职业教育（天津职业大学学报），2011，20（03）：72-75.

[105]刘超.试论大学语文教育与高职学生人文素质的培养[J].天津市财贸管理干部学院学报，2011，13（02）：47-49.

[106]陈嫣嫣.高职院校大学语文课程的定位及改革取向研究[D].华东师范大学硕士学位论文，2011.

[107]涂常青.高职《大学语文》快乐教学法实施策略探究[J].重庆电力高等专科学校学报，2011，16（02）：5-7.

[108]王明利.高职大学语文教材编写的五个基本"现实"[J].考试周刊，2011，（25）：18-19.

[109]田素芹.当前高职大学语文教学中存在的突出问题及对策[J].教育与职业，2011，

（02）：127-128.

[110]傅湘莉.论新形势下高职语文课程教学改革[J].文学教育（上），2011，（01）：140.

[111]舒立辉.试论高职院校大学语文教材的建设[J].社科纵横，2010，25（10）：144-145.

[112]张潭秋.浅谈高职大学语文的情景教学[J].价值工程，2010，29（24）：202.

[113]葛金平.高职大学语文教材与专业结合探析[J].卫生职业教育，2010，28（15）：13-14.

[114]洪山，杨锦鸿.论高职院校《大学语文》教学与学生人文素质培养[J].皖西学院学报，2010，26（03）：136-140.

[115]刘超.浅谈网络环境下的高职大学语文教学[J].天津职业院校联合学报，2010，12（03）：50-52.

[116]韩向阳.关于高职《大学语文》教材建设的出路[J].职业教育研究，2010，（04）：100-102.

[117]韦星.例说项目驱动型大学语文课堂教学模式的实施[J].消费导刊，2009，（21）：176.

[118]钱旭初.面向对象的互动教学——浅谈高职高专《大学语文》教学设计[J].海南师范大学学报（社会科学版），2009，22（05）：151-155.

[119]倪蒙.高职院校大学语文教学困境与对策研究[D].东北师范大学硕士学位论文，2009.

[120]殷润林，徐梅.以大学语文为核心加强高职高专人文素质教育[J].成都电子机械高等专科学校学报，2008，（03）：53-56.

[121]张玉霞.高职《大学语文》应重视实用文的写作教学[J].吉林省教育学院学报（学科版），2008，（06）：147-148.

[122]赵小春.对高职院校大学语文写作教学的思考[J].广西轻工业，2008，（06）：138-139.

[123]吴鹏.浅论高职院校大学语文课程定位[J].科技资讯，2008，（06）：139+141.

[124]黎修良.高职院校大学语文的课程定位研究[J].文教资料，2008，（03）：212-213.

[125]罗燕.高职大学语文教学改革的思考与构想[A].江西省语言学会.江西省语言学会

2007年年会论文集[C].江西省语言学会，2007：4.

[126]邝春明.高职院校应实施人文素质教育——兼论《大学语文》课程的出路[J].教育与职业，2006，（12）：46-47.

[127]杨定明.高职院校大学语文课程定位问题研究[D].湖南师范大学硕士学位论文，2006.

[128]韦晓军.浅谈网络时代的高职大学语文研究性学习[J].高教论坛，2005，（04）：174-176.

[129]陈桂良.从写作视角看高职大学语文课程的改革[J].教育理论与实践，2005，（14）：44-46.